Tage
1 Start bei Point 660
2,3
4 Wechsel von Steigeisen auf Ski, kein Land mehr in Sicht
5
6 wir finden keinen gemeinsamen Gehrhythmus
7
8 wir verteilen das Gewicht neu
9
10 in der Nacht brechen unsere Zeltstangen
11
12 wir erreichen die DYE-2
13, 14, 15
16 die Spannungen zwischen uns wachsen

17 Zusammenbruch

18 Ruhetag

19 wir überschreiten den Sattel
20, 21
22 Anschluss an Bengts Gruppe
23, 24
25 erste spürbare Abfahrt
26
27 wir erreichen die Hütte am Fjord

28 Zalo bringt uns per Boot nach Isortoq

0 50 100 150 200 250 km

Birgit Lutz · Grenzerfahrung Grönland

Birgit Lutz

Grenzerfahrung Grönland

Mein Expeditionsthriller

btb

Verlagsgruppe Random House FSC® N001967
Das für dieses Buch verwendete
FSC®-zertifizierte Papier *Munken Premium*
liefert Arctic Paper Munkedals AB, Schweden.

1. Auflage
Copyright © 2014 by btb Verlag
in der Verlagsgruppe Random House GmbH, München
Vorsatzkarte: Peter Palm
Nachsatzkarte: Astrid Fischer-Leitl
Satz: Uhl + Massopust, Aalen
Druck und Einband: GGP Media GmbH, Pößneck
Printed in Germany
ISBN 978-3-442-75412-0

www.btb-verlag.de

Inhalt

Eiszeit	11
See you on the other side!	19
Don't make a mess	29
Nur ein Schlitten	35
Wir sind dann mal weg	45
Die Eiskante	49
Warum mache ich das?	61
Auf dem Eis	63
Das erste Camp	69
Was wir essen	81
Unser Weg	83
Der Hubschrauber	95
Tiefe Gräben	101
Lieder im Kopf	105
Camp, abends	113
Zäh und immer zäher	115
Tandem	133
Der Bruch	151
Bessere Tage	161
DYE-2	177
Zurück in der Hölle	201
Camp, morgens	209
Der Tupilak	211
Die Monster des Inlandeises	219
Warum mache ich das?	231
Die Polizei	233
Drei Dinge, auf die wir uns freuen	239
Die Einsamkeit	241

Zweieinhalb Kilometer	251
Freunde	257
Freude	277
Hannes!	287
Die Eishörnchen	289
Die ersten Berge	295
Die Hütte	305
Zalo	321
Glossar	329
Packliste	356
Ein paar Anmerkungen zur Packliste	365
Verlauf der Grönland-Durchquerung	374
Literaturhinweise und Bücher, aus denen ich zitiert habe	379
Bildnachweis	380
Danke	381

»Nun sollten wir wieder zu Menschen und Luxus zurückkehren. Hier verbrachten wir den letzten dieser wundervollen Abende unter freiem Himmel. Als wir dort unter den Sternen auf der Felseninsel saßen, empfanden wir die Stunden wie einen Abschied von der Natur und von diesem Leben, an das wir uns so sehr gewöhnt hatten. Unsere Reise neigte sich dem Ende zu; manches Missgeschick und unerwartetes Hindernis hatten uns den Weg versperrt, waren aber glücklich überwunden worden… Oft hatten wir uns bis zur Erschöpfung schinden müssen, aber nun war die Tat vollbracht. Seltsamerweise hatten wir gar keine Eile mehr, ans Ziel zu kommen. Wie so oft verleiht wohl nicht der Erfolg dem Leben seinen größten Wert, sondern der Kampf an sich für ein bestimmtes Ziel.«

Fridtjof Nansen
Auf Skiern durch Grönland

Für alle,
die verstehen, warum.

Eiszeit

20. Mai 2013, Tag 15
Distanz: 22,3 km, Gesamtstrecke: 251,7 km,
Höhe: 2325 m,
noch vor uns: 308,4 km

The weather will improve. It always does.
Just wait patiently.
Sprichwort der Inuit

Geduld. Wie viel Geduld muss man haben auf diesem verdammten Eis, das nicht endet, in dem wir gefangen, eingeschlossen sind, nicht vorankommen, Eis, Eis, Eis. Nichts als Weiß, ich halte es nicht mehr aus. Ich will es nicht mehr sehen, ich will endlich nicht mehr sehen, dass ich nichts sehe. Herr, lass einen Sturm kommen. Lass es neblig werden, verbirg diese Welt vor mir, ich will sie nicht mehr sehen, ich will nicht sehen, wo ich bin!

Fange ich wirklich an zu beten?

Weiter, weiter, Schritt, Stock, Schritt, Stock. Atem ein, Atem aus. Ein Meter. Noch ein Meter. Noch ein Meter. Du. Bleibst. Nicht. Stehen. Die Sonne lacht. Wer hat sich das ausgedacht? Die Sonne lacht nicht. Sie knallt. Sie prallt. Sie schleudert ihre Strahlen auf uns, verachtend, vernichtend. Sie ist mir zu hell. Sie ist hämisch. Sie triumphiert. Schau, sagt sie, schau dir an, wo du bist, du kleiner Inuk, du kleines, unwichtiges, ohnmächtiges Menschlein, da stehst du nun und heulst. Im großen Eis. Schau es dir an, das Eis! Schau es an! Stunde um Stunde um Stunde zeig ich es dir, ich gehe nicht weg, ich bleibe hier! Du sollst sehen, wo du bist, wo deine Hybris, dein Stolz, deine lächerliche Abenteuerlust dich hingebracht haben. Wo du dachtest, du seiest zuhause. Hier bist du also zuhause? Warum heulst du dann? Komm, sag es mir, weinender Wicht!

Ich heule nicht!

Ich beiße die Zähne zusammen.
  Verdammte Sonne. Du verdammte, verhasste, zerstörende Sonne. Hau doch endlich ab! Hau ab und lass mich, lass uns in Frieden! Wir brauchen dich nicht. Wir finden den Weg auch ohne dich. Auch deine Wärme brauchen wir nicht, wir sind warm genug, und am allerwenigsten brauchen wir dein Licht. Das Licht, das uns immer nur das Gleiche zeigt, das Immergleiche, das Immerimmerimmergleiche, Weiß, dieses Weiß, es bohrt sich in die Augen und ins Herz, es füllt das Hirn mit dieser einen Farbe aus, als würde sich ein zäher Kleber ausbreiten im Kopf, lass es doch endlich einmal verschwinden! Geh weg, geh unter! Wir wollen dich nicht. Ich will, dass es dunkel ist!
  Doch ich kann dich aussperren, ich kann meine eigene Nacht machen. Dunkel. Nacht. Wie sehne ich mich nach einer Nacht! Ich schließe die Augen. Einen Schritt, zwei Schritte. Dann strauchele ich und muss mich mit dem Stock stützen. Augen wieder auf.

Die Sonne kreischt.

Schrill. Sie schreit vor Häme, da bist du ja wieder, Menschlein, Wicht, du kleiner, armer Tropf! Und er ist immer noch da, immer noch da, schau ihn dir an, den Horizont! Dem du nachläufst wie ein Äffchen. Du erreichst ihn nicht! Nie wirst du ihn erreichen, schau ihn dir an. Mit jedem Schritt, den du machst, rückt er einen Schritt weiter weg. Du kriegst ihn nicht! Das ist das Gesetz, das Gesetz des Weißes. Das hast du nicht gewusst? Das hast du nicht bedacht? Dann bist du ein dummes, dummes Menschlein.

Im Weiß, weit entfernt, ein roter Punkt, so groß wie eine Stecknadel. Thomas.

Ich will diese Stimme nicht mehr hören, halt den Mund, du verdammte Sonne! Halt endlich den Mund!

Da schweigt die Sonne beleidigt.

Doch nicht für lang. Leise fängt sie wieder an zu reden, nicht mehr hämisch, nicht mehr schreiend. Bohrend. Hinterrücks. Alle Zweifel, die es gibt, die ich an mir habe, fädelt sie an einer langen, leichten Schnur auf und wedelt damit vor mir herum; im grenzenlos scheinenden Weiß lässt sie dieses Band endloser Zerfleischungen perfide vor mir herflattern und senkt ihre kreischende Stimme zu einem gemeinen, fiesen Flüstern.

Dir fehlt alles. Du hast nichts, gar nichts von alldem, was man braucht, um durch das Weiß zu gehen, nackt stehst du da, hilfloser als ein Robbenjunges. Siehst du nicht, dass du ein Nichts bist? Was nützt er dir nun, der ganze Tand, den du mit dir schleppst, wenn dir doch das Wichtigste fehlt, kleines Menschlein, wenn du doch noch nicht einmal den Anblick aushältst, den Anblick dessen, was dich umgibt?

Was ist das Wichtigste? Was ist das, was mir fehlt, was muss ich haben, hier?

Geduld, kleines Menschlein. Geduld.

Bitte, sag es mir doch!

Dummes Inuk! Nicht einmal, wenn ich es dir sage, hörst du zu, hast es zu eilig, willst nur weiter. Willst nur ein weiteres Werkzeug von mir, irgendetwas, das du auf deinen Schlitten legen und hinter dir herziehen kannst, und alles ist gut? Du Närrin!

Ich werde verrückt. Ich starre auf meine Skispitzen, die sich abwechselnd nach vorne schieben, links, rechts, links, rechts, eigentlich sind es doch große Schritte, und ich denke, ich werde jetzt – hier – auf – diesem – Eis – verrückt, jetzt hakt mein Hirn aus. Ich kann mein Hirn fühlen, auf einmal, und es ist, als würden seine Ränder in Flammen stehen.

Wer ist das, mit dem ich da rede? Es ist, als würde ich kurz auftauchen aus einem Eisschlamm. Mein Inneres ist auf einmal zweigeteilt, da bin ich, und da ist noch etwas andres, da ist ein andres Ich, das sich mit der Sonne unterhält? Kurz staune ich darüber, doch dann sinke ich wieder hinab, irgendetwas zieht mich hinein in das Innere meines Kopfes, in dem diese Stimme spricht, und ich höre wieder auf zu fürchten, wahnsinnig zu werden, denn wer schon irre ist, der fürchtet es nicht mehr.

Schweigen.

Meine Gedanken werden jetzt geordneter. Ich bin mir nicht mehr sicher, ob es die Sonne ist, die da zu mir spricht, oder ob ich anfange, mit mir selbst zu reden.

Du hast das Eis nicht verstanden, seine Größe nicht begriffen. Schau es dir doch an! Schau dir an, was ich seit Tagen versuche, dir zu verstehen zu geben, mit meinem Licht, mit dem Tag, den ich nicht enden lasse. Du starrst auf den Horizont und begreifst nicht, was das Eis dir sagen will, du armseliges Menschlein. Dass es Geduld ist, die dir fehlt. Nicht jene Geduld, die dich deine künstliche Welt lehrt. Sondern die Geduld, die dich diese Welt hier lehrt. Die Welt ohne Menschen. Wie kannst du mit deinen Maßstäben hierherkommen? Die Natur, das Eis, ist so viel älter, so viel größer als alles in deiner Welt. Alles unterliegt hier anderen Maßstäben, anderen Gesetzen. Wie kannst du glauben, du könntest hier überleben, einfach so?

Warum sollte ich nicht, frage ich? Warum? Ich hab doch so viel gelesen!

Gelesen! Das Wort wird mir zurückgeschleudert. Die Gesetze, die hier gelten, kannst du dir nicht erlesen. Lesen gehört zu deiner Welt. Zu dieser gehört nur erleben. Du musst erleben, dass die Zeit hier langsamer vergeht, und das darf dich nicht ängstigen, weil auch deine Zeit langsamer vergeht. Du musst ruhig werden. Du musst akzeptieren, dass du die Größe des Eises nicht erfassen kannst und auch nicht sein Alter, denn das ist mit Menschenzeit nicht zu messen. Hier ist Eiszeit.

Eiszeit.

Wie viele Schritte sage ich dieses Wort vor mir her, Eis – Zeit – Eis – Zeit – Eis – Zeit. Rechter Fuß Eis. Linker Fuß Zeit. Hundert. Tausend. Eis – Zeit.

Einmal wurde ein Inuitboot von Nuuk zum Ameralikfjord geschickt, Fridtjof Nansen hat diese Geschichte aufgeschrieben. Gras sollte geholt werden, für die Ziegen des dänischen Vorstehers. Das Boot blieb lange aus. So lange, dass man schon dachte, den Inuit sei etwas zugestoßen. Tage, Wochen. Als das Boot endlich zurückkam, waren aber alle wohlbehalten. Auch das gewünschte Gras war an Bord. Warum sie so lange fortgeblieben waren, fragte sie der Vorsteher. Da erzählten die Inuit, dass das Gras noch ganz kurz war, als sie im Ameralikfjord angekommen waren. Also hätten sie gewartet, bis es lang genug gewachsen war. Nansen beendet die Geschichte mit den Worten: Es ist ein geduldiges Volk.

An diese Geschichte erinnere ich mich jetzt.

Ist es das, was du meinst?, frage ich. Muss ich diese Geduld erlangen? Muss ich alles hinter mir lassen, alle Maßstäbe, alle Regeln, alle Rahmen meiner Welt? Muss ich nur noch sehen, was ich sehe, und lernen, das zu akzeptieren? So, wie die Inuit nicht aufbrechen und an anderer Stelle nach Gras suchen. Nicht zurückfahren und viele andere Dinge erledigen in der Zwischenzeit? So, wie wir es selbstverständlich tun würden. Wer hat sich je hingesetzt, um dem Gras beim Wachsen zuzusehen? Muss ich heraustreten aus meiner Welt und ihrer Zeit, ihrer Geschwindigkeit?

War es tatsächlich vermessen zu denken, man könne hierherreisen, am nächsten Tag losgehen, mit Zeitdruck voranziehen? Schon auf dem Eis zu stehen, wenn die Seele noch nicht einmal in Kangerlussuaq angekommen war? Hat hier schon die Hybris begonnen, eine Expedition über jahrtausendealtes Eis mit moderner Zeitrechnung zu planen? War hier nicht etwas ganz anderes nötig? War das nicht unglaublich respektlos gewesen?

Nansen, Rasmussen, Amundsen. Bevor sie sich aufs Eis wagten, lebten sie lange mit den Inuit. Monate, Jahre. Lernten von ihnen. Vielleicht lernten sie von ihnen, und das begreife ich in diesem Moment, nicht nur die Techniken, sie lernten nicht nur, wie sie Robben jagen, Zelte bauen und heizen oder Schlitten ziehen mussten. Und deshalb reicht es auch nicht, einfach ihre Bücher zu lesen, in einem Bruchteil der Zeit, in der sie geschrieben wurden, in einem Bruchteil der Zeit, in der das Niedergeschriebene erlebt und gesammelt wurde. Wir denken, wir wüssten dadurch das Gleiche. Und seien sogar noch besser vorbereitet, ist doch unsere Ausrüstung viel moderner. Das sind wir nicht.

Wir haben nicht alles, was wir brauchen. Das Wichtigste kann man nicht auf einen Schlitten laden, man kann es nicht kaufen oder basteln. Es ist eine ganz andere Begegnung mit der Welt, als die, die wir erlernt haben, als die, die wir gewohnt sind. Es ist eine andere Zeitrechnung. Eine andere Geduld. Eine Ergebenheit in die Gegebenheiten der Natur, die wir nicht mehr kennen, wir, die wir uns die Natur ständig zurechtbiegen, Untertan machen wollen. Wenn ein Inuit auf Robbenjagd geht, stellt er sich an ein Agloo, das Atemloch, in dem die Robbe irgendwann wieder auftauchen muss, um Luft zu holen. Er stellt sich auf ein Stück Karibufell, damit auch wirklich kein Geräusch seiner Füße durch das Eis nach unten dringt und das nahende Tier warnen könnte. Dann beugt er seinen Oberkörper über das Loch und hält seinen Speer bereit. In dieser Stellung kann ein Inuit stundenlang, ja einen ganzen Tag und mehrere Tage hintereinander verharren. Denn er weiß: Irgendwann kommt sie, die Robbe. Und wenn er sie dann, nach Stunden des Ausharrens in dieser einen Position, verfehlt – dann versucht er es einfach weiter.

Wenn du so geduldig sein kannst, dass du stundenlang regungslos auf das Auftauchen einer Robbe und wochenlang auf wachsendes Gras warten kannst, sagt die Stimme, dann macht dir auch die Sonne nichts mehr aus, die dir immer nur das Gleiche zeigt. Denn dann hast du gelernt, dass es irgendwann auch wieder anders sein wird. Irgendwann wird eine Änderung eintreten. Weil es immer so ist.

Du wirst außerdem gelernt haben, dass den Zeitpunkt dafür nicht du bestimmen kannst. Du kannst es nicht ändern. So, wie du den Weg, den das Eis die Berge hinab nimmt, nicht ändern kannst, liegt es nicht in deiner Hand, was auf dieser Welt passiert, du kannst nicht beeinflussen, wann die Krabbentaucher zurückkehren oder die Wale. Du kannst nur auf sie warten, und sie dann jagen, wenn sie da sind. Das Einzige, was du bestimmen kannst, ist, wie du selbst die Welt siehst.

Das heißt, ich kann nichts tun, nichts ändern, es ist vollkommen gleich, was ich tue?, frage ich. Dann kann ich mich doch ebenso hinsetzen und gleich aufgeben.

Du hast noch einen weiten Weg vor dir, sagt die Stimme. Aber wenn du all das verstanden hast, wirst du dich selbst nicht mehr als machtlos empfinden. Denn du wirst dich als den Teil des großen Ganzen erkennen, der du bist. Und vor allem wirst du warten können.

See you on the other side!

6. Mai 2013
Kangerlussuaq
Ankunft in Westgrönland

Respect elders.
They may add more years to your life.
Sprichwort der Inuit

Hej, my friend! Die Stimme kenne ich. Ich drehe mich um, und vor mir steht Bengt. Bengt, mein norwegischer Freund und Polfahrer, ein wilder Kerl, mit dem ich 2011 am Nordpol war.

Hannes und ich sind soeben aus dem Flugzeug gestiegen, das uns von Kopenhagen nach Kangerlussuaq gebracht hat, wo Thomas schon auf uns gewartet hat. Es herrscht ein irres Gewusel in der Ankunftshalle; Menschen mit riesigen Pelzkragenkapuzen wuchten noch größere Expeditionstaschen und Skisäcke durch die Gegend, und mitten in diesem Gewirr steht nun also Bengt.

Bengt!, rufe ich überrascht, und es folgt eine Polarfreunde-Umarmung, viel Rückenklopfen, viel Freuen.

So schön, dich zu sehen, sage ich zu ihm, und ziehe ihn zu meinem Team, zu Hannes und Thomas, um ihn vorzustellen. Sie wissen, wer Bengt ist. Er hat uns bei der Vorbereitung wichtige Hilfen gegeben, sein Name ist oft gefallen.

Wir wussten, dass wir Bengt in Kangerlussuaq treffen würden, denn er führt eine kommerzielle Expedition quer über Grönland. Dass wir ihn schon am Flughafen treffen, ist eine schöne Überraschung. Er wird zwei Tage nach uns starten, fünf Kunden haben seine Tour gebucht.

Die Hände in den Taschen seiner Kapuzenjacke steht er wie eine Insel der Ruhe in dem Gewusel um uns herum. Bengt ist einer jener Menschen, die weithin ausstrahlen, wie sehr sie in sich ruhen. Ich habe ihn 2011 in Spitzbergen kennen gelernt, bei meiner zweiten Nordpoltour mit meinem Polarfreund Thomy, dem Schweizer Abenteurer und Polfahrer Thomas Ulrich. Bengt sollte auf dieser Tour den gefrorenen arktischen Ozean kennen lernen, um künftig selbst Touren zum Nordpol zu führen. Es wurde eine großartige Tour, kalt, aber sonnig, und vor allem: mit einer Superstimmung. Wenn man mit Bengt und Thomy gleichzeitig unterwegs ist, trainiert man neben allem anderen vor allem die Lachmuskeln. Es war eine Freude, zusammen unterwegs zu sein.

Dabei sind beide, Bengt und Thomy, sehr ernsthafte Polfahrer. Auf Skiern hat Bengt die Nordwestpassage durchquert, dreieinhalb Monate lang und 2500 Kilometer weit, ist auf 1900 Kilometern durch Alaska marschiert und über 1120 Kilometer zum Südpol. Grönland quert er als Guide nun zum vierten Mal. Viele, viele Tage seines Lebens hat er auf dem Eis verbracht. Er hat mir viel geholfen bei der Vorbereitung, hunderte Fragen beantwortet, mir Tipps gegeben, Innenschuhe für meine Expeditionsstiefel geschickt und vieles mehr.

Und obwohl wir unsere Grönland-Termine nie verabredet haben, treffen wir nun schon am Flughafen aufeinander und werden am Ende in Isortoq auch im selben Hubschrauber sitzen.

Wir verabreden uns zum Abendessen, dann geht Bengt

Einkäufe für seine Gruppe erledigen, und wir schleppen unser Gepäck in die Polar Lodge neben dem Flughafen.

Und so sitzen wir am Abend schließlich zu später, aber polartäglich heller Stunde gemeinsam bei Moschusochsengeschnetzeltem mit Kartoffeln.

Habt ihr doppelte Zeltstangen dabei?, fragt Bengt.

Nein, sagen wir, haben wir nicht.

Mist, sagt er, das habe ich ganz vergessen, dir zu sagen. Wegen des starken Windes ist es hier nicht schlecht, doppelte Zeltstangen zu verwenden. Er überlegt kurz.

Ich glaube, ich habe noch eine übrig, sagt er dann. Die kann ich euch morgen vorbeibringen, dann könnt ihr wenigstens die mittlere Stange doppelt nehmen.

Wieder einmal, einfach so, Hilfe, Unterstützung. Das ist es, was ich an meinen Polarkumpanen so mag. Wenn sie helfen können, helfen sie. Das lernt man wohl, wenn man so oft so weit draußen unterwegs ist: dass alles einfacher ist, wenn man sich gegenseitig hilft. Gäbe es doch mehr Menschen in der Welt, die so sind.

Es ist schön zu wissen, dass Bengt hinter uns sein wird, auf diesem weiten Weg. 560 Kilometer haben wir vor uns, auf unserer Überquerung der größten Insel der Welt. Der Anfang wird dabei am härtesten sein. Weil wir einerseits über den Gletscher bergauf gehen und andererseits unsere Schlitten dann noch am schwersten sein werden. Weil noch das ganze Essen darin sein wird, mehr als 30 Kilo pro Person. Nach einigen Tagen wird die Steigung abnehmen, die letzten Berge verschwunden sein – dann sind wir auf der Eiskappe und haben nichts anderes zu tun, als zu gehen. In einer deutlich weniger spürbaren Steigung als am Anfang bis hinauf auf 2500 Meter Höhe. Und dann geht es wieder hinunter, an die Ostküste nach Isortoq.

Von Bengt haben wir noch etwas anderes, sehr Wertvolles bekommen: die GPS-Wegpunkte seiner letzten Querung durch den Gletscher. Denn natürlich gibt es dort, wo wir hingehen, keinen Weg, keine Straße, es gibt nicht einmal Berge oder landschaftliche Ausformungen, an denen man sich orientieren könnte. Es gibt nur Eis. Bengt hat auf seinen Grönlandtouren in seinem GPS-Gerät immer wieder diese Wegpunkte gesetzt. Das sind schlicht Markierungen einer Strecke; das Gerät speichert Koordinaten und Höhe, und man kann den jeweiligen Punkten auch Namen geben. Bengt hat uns seine aufgezeichnete Route gegeben, und wir haben sie uns zuhause schon auf unsere Geräte geladen.

Das ist ein ziemlich guter Weg, sagt Bengt jetzt über die Punkte. Bei jeder Querung habe ich ihn noch mal ein bisschen verfeinert. Wenn ihr euch vor allem am Anfang an den Markierungen orientiert, dann kommt ihr gut voran.

Anfangs hat mich das skeptisch gestimmt, Wegpunkten in einem Gletscher zu folgen. Aber die Gletscher hier bewegen sich sehr langsam. Das ist nicht überall so in Grönland, aber hier kann man diese Wegpunkte wahrscheinlich mehrere Jahre verwenden, so langsam gehen die Veränderungen voran – abgesehen von der Schmelze. Diese Wegpunkte sind Gold wert, denn natürlich gibt es bessere und schlechtere Routen über das Eis bergauf. Es gibt auch Stellen, Schmelzwasserschluchten, an denen überhaupt kein Weiterkommen möglich wäre, oder Regionen, in denen der Gletscher sehr steil wird. Durch die Punkte haben wir mehr Sicherheit, einen möglichst kräftesparenden Weg zu finden.

Super, dass wir die Punkte haben, sagt Hannes zu Bengt. Und zeigt ihm die Koordinaten, die wir von Robert Peroni bekommen haben, einem in Grönland lebenden Südtiroler. Robert Peroni hat Grönland 1983 als Erster auf dem längsten

Weg durchquert, zusammen mit Wolfgang Thomaseth und Pepi Schrott. 1400 Kilometer in 88 Tagen, ohne Unterstützung. Eine unvorstellbare Leistung. Heute betreibt er in Tassilaq das Red House, eine Unterkunft für Touristen, in der er vorwiegend Inuit beschäftigt. Hannes hat Peroni vor unserer Abreise mehrmals angeschrieben, und er hat uns bereitwillig sehr viele Informationen geschickt, unter anderem eben auch die Koordinaten dieses Abstiegspunkts.

Von dort wollen wir nach Isortoq abfahren, sagt Hannes zu Bengt und deutet auf den Punkt an der Ostküste. Bengt schaut sich die Koordinaten auf der Karte an, befindet unseren Plan für gut.

Am wichtigsten ist, sagt Bengt, dass ihr euch am Anfang nicht nervös machen lasst. Ihr müsst langsam gehen, eure Kräfte gut einteilen. Kümmert euch nicht darum, dass ihr nur sehr kleine Distanzen schafft, das ist normal. Das wird später alles anders.

Wir nicken.

In den ersten Tagen könnt ihr euch so verausgaben, fährt er fort, dass ihr es dann gar nicht mehr weiter schafft. Glaubt mir, man kann sich völlig zerstören auf diesem Eis. Das passiert jedes Jahr mindestens einer Gruppe. Weil sie zu schnell gehen. Nervös werden.

Wie weit kommst du im Eisbruch pro Tag, frage ich Bengt.

Das kann man schwer sagen, antwortet er. Aber am Anfang nicht weiter als ein paar Kilometer. Erst wenn es abflacht und man nicht mehr so viel nach dem Weg suchen muss, wird es deutlich mehr.

Wie lange brauchst du normalerweise bis zur DYE-2, frage ich weiter. Die DYE-2 ist im Grunde der einzige Fixpunkt auf dem Weg, eine verlassene Radarstation des US-Militärs, 180 Kilometer von der Westküste entfernt.

Elf oder zwölf Tage, sagt Bengt, je nach Schnee. Aber wenn es einen richtigen Sturm gibt, können es auch dreizehn werden. Das darf einen nicht kümmern. Ihr habt ja genügend zu essen dabei, oder?

Für 27 Tage, sage ich.

Das ist gut, sagt er. 27 Rationen kannst du locker auf 30 strecken, wenn es am Ende doch länger dauert. Du isst ja nicht immer alles auf.

Der Abend endet früh, wir sind alle müde – und morgen schon werden Thomas, Hannes und ich auf dem Eis sein. Besser, wir versuchen, noch so viel Schlaf wie möglich zu bekommen.

Am nächsten Vormittag gehen Hannes, Thomas und ich in den Supermarkt von Kangerlussuaq, um ein paar letzte Sachen einzukaufen. Und auch einfach, um zu sehen, was es in einem grönländischen Supermarkt so gibt. Es gibt ein bisschen alles und ein bisschen nichts, viele Konserven und wenig Frisches, eine Unmenge Süßigkeiten, daneben Gummistiefel und Harpunen. Der Markt ist gleichzeitig die Apotheke, hinter der Kasse stapeln sich die Medikamente. Am größten ist kurioserweise das Sortiment an Rauchentwöhnungsmitteln. Nicht Sonnencreme oder Mittel gegen Erfrierungen. Sondern eine komplette Regalreihe, gefüllt mit Nikotinpflastern und -kaugummis und dergleichen. Wir kaufen ein paar Energieriegel.

Als wir zurück zur Polar Lodge laufen, sage ich, hoffentlich haben wir Bengt jetzt nicht verpasst. Der wollte ja noch kommen. Und schaue auf meine Uhr. Und da kommt von Thomas einer der ersten Sätze, die mich stutzen lassen; er sagt, ja, hat er *gesagt*. Für mich steht dadurch in Klammern dahinter: Und das will ja nichts heißen. Aber bevor ich noch etwas darauf antworten kann, sind wir an der Polar Lodge angekommen, und neben unseren dort aufgestapelten Schlitten steht: Bengt. Die Zeltstange in der Hand. Natürlich, denke ich mir. Wenn er sagt, er kommt, kommt er auch.

Hier, sagt er, wenigstens eine habt ihr jetzt doppelt. Und drückt mir die Stange in die Hand.

Der Wind zerrt an uns. Dann müssen wir jetzt wohl Auf Wiedersehen sagen, sagt er.

Ja, müssen wir wohl, sage ich.

Vergesst nicht, sagt Bengt, ihr dürft nicht zu schnell gehen. Lasst euch nicht nervös machen.

Er klopft Hannes und Thomas auf die Schultern.

Und urplötzlich muss ich fast mit den Tränen kämpfen. Auf einmal merke ich, wie sehr mir Bengt fehlen wird. Bengt ist wie ein Bindeglied zu den Expeditionen, die ich schon gemacht habe, eine Verbindung zu Thomy nach Spitzbergen, nach Russland, zu allem, was ich bisher im Eis kenne. Diese Verbindung kappe ich jetzt; und damit ist alles anders. Ich gehe nun mit neuen Partnern, die ich weniger kenne, in einem Land, in dem ich noch nie gewesen bin. Bin allein verantwortlich. Ohne einen Guide. In diesem Moment fühlt sich das überhaupt nicht gut an.

It's good to know you behind us, sage ich zu Bengt, es ist gut zu wissen, dass du hinter uns sein wirst.

Es ist gut, euch vor uns zu wissen, sagt Bengt. Du kannst in Isortoq schon mal das Bier kalt stellen!

Da muss ich lachen, aber es ist nur ein halbes Lachen. Hoffentlich kommen wir dort an, denke ich mir. Thomas, Hannes und ich. Hannes kenne ich aus Spitzbergen, ich habe ihn 2010 dort getroffen, 2010 im April – dem Monat, in dem der isländische Vulkan Eyafjallajökull ausbrach. Just an dem Tag, als ich von meiner ersten Skitour zum Nordpol nach Spitzbergen zurückkehrte. Hannes und ich saßen also in Spitzbergen fest, so wie in diesen Tagen sehr viele Menschen irgendwo festsaßen. Als nach ein paar Tagen ein erstes Flugzeug abheben sollte, sagte die Flughafenmitarbeiterin zu uns: Wir wissen aber nicht, wohin. Also verzichteten wir lieber.

Als wir schließlich nach Tromsö fliegen konnten, ging es von dort wieder nicht weiter, und Hannes und ich stiegen um auf die Nordlys, ein Hurtigruten-Schiff. Fuhren damit langsam Richtung Süden. Schauten auf die Küste. Die beste aller Möglichkeiten, in dem Chaos dieser Tage zu reisen. Acht Tage später als geplant kamen wir nach Deutschland zurück. Auf diesem Schiff war der erste Plan entstanden. An der Reling der Nordlys stehend sagte ich zu Hannes: Was hältst du eigentlich von Grönland?

Grönland, antwortete er damals, Grönland ist groß.

Und jetzt waren wir hier.

Thomas war erst viel später zu uns gestoßen. Ich hatte irgendwann in einem Radiointerview gesagt, dass ich Grönland durchqueren wollte. Thomas schrieb mir darauf, ob er mitkommen könnte. Wir trafen uns also, erzählten uns vom Eis, unseren Touren, schauten Bilder an, die Stunden flogen nur so dahin. Dann trafen wir uns mehrmals zu dritt, und dann beschlossen wir: Wir machen das.

In der Folge aber verliefen unsere Vorbereitungen nicht so, wie es gut gewesen wäre. Wir hatten alle drei zu viel zu tun, unsere Terminpläne unter einen Hut zu bringen war schier unmöglich. Thomas erledigte die ganzen bürokratischen Schritte mit den grönländischen Behörden, hätte er das nicht getan, wären wir wahrscheinlich erst ein Jahr später aufgebrochen, weil ich einfach keine Zeit dafür fand. Was aber der größte Mangel an unserer Vorbereitung war, den ich aber immer zu verdrängen versuchte: Wir hatten kein einziges Mal gemeinsam etwas unternommen, keine einzige Skitour. Ein einziger, fest geplanter Termin, auf den wir uns hatten einigen können, war wegen mir geplatzt, weil ich es nicht geschafft hatte.

Unsere Ausgangssituation ist also nicht die beste. Wir sind ein Dreierteam, was generell kritisch ist. Und wir sind eigentlich noch gar kein Team. All diese Faktoren führen jetzt, wo ich mich von Bengt verabschieden muss, von Bengt, von dem ich weiß, dass wir uns blind im Schneesturm verstehen, dazu, dass es mir die Kehle zuschnürt.

Bengt umarmt mich fest.

It's a long way, sagt er. Promise, you don't destroy yourself in the beginning! Mach dich nicht kaputt am Anfang!

Promised, sage ich.

Er klopft ein letztes Mal auf meine Schulter, dann geht er sein Team vom Flughafen abholen. Nach ein paar Metern dreht er sich noch einmal um und ruft: See you on the other side!

Don't make a mess

7. Mai 2013
Kangerlussuaq, Westgrönland
Vor dem Start

Perhaps they are not stars, but openings in the sky where the love of our lost ones pours through to let us know they are happy.
Sprichwort der Inuit

Der Inuit fasst nach meinem Arm, aber er sieht mir nicht in die Augen. Er ist ein paar Zentimeter kleiner als ich. Riecht nach Alkohol. Er schaut irgendwohin in diesem Flur, in dem es nichts zu sehen gibt.

Don't make a mess, sagt er.

Er sagt es ruhig, langsam, mit viel Nachdruck. Er sagt es, nachdem er die Essensbeutel angeschaut hat, die sauber aufgereiht in der Polar Lodge in Kangerlussuaq auf dem Boden liegen und die ich gerade befülle. 28 Stück, einer für jeden Tag. Ich weiß nicht, was ich antworten soll. Ich weiß nicht, was er meint.

You go over the icecap, stellt er mehr fest, als er fragt.

Ja, sage ich. Morgen.

Was ist das für ein Essen, fragt er weiter, und ich sage ihm, es sei gutes Expeditionsessen, ein Kilo etwa für jeden Tag, 5000 Kalorien, alles gut.

Mehr Kohlenhydrate, fügt Thomas noch hinzu, der mit im

Flur steht, aber unsere Antworten scheinen den Inuit nicht weiter zu interessieren. Er will etwas loswerden.

Wo kommt ihr her, fragt er.

Aus Deutschland, sage ich. Und du?

Nuuk.

Noch immer hält er meinen Arm fest. Ich fühle mich langsam unbehaglich.

Das Eis ist groß, sagt er. Sehr groß.

Das wissen wir, sage ich. Mach dir keine Sorgen.

Zu jenem Zeitpunkt weiß ich noch nicht, dass ich nicht einmal den Hauch einer Ahnung habe, wie groß und mächtig das Eis wirklich ist. Anders als ich, anders als wir, weiß dieser Mann um unsere Ahnungslosigkeit. Weil die, die da aus dem Süden kommen, das große Eis zu queren, immer ahnungslos sind. Weil es immer schon so war mit diesen frohen Helden mit ihren vielen Gerätschaften, die des Eises wegen auf die Insel kamen – dabei kannten sie das Eis doch gar nicht. Und sie gaben sich auch keine Mühe, es kennen zu lernen, bevor sie es forsch betraten. Das Eis mochte das nicht.

Der Inuit drückt meinen Arm noch fester und wiederholt:

Don't make a mess.

Ich bewege mich nicht.

Like the Brits, fügt er hinzu.

Mir stellen sich alle Haare im Nacken auf. Der Mann wankt, dann nickt er ruckartig. Als habe er kurz über seinen Satz nachgedacht und ihn nachträglich noch immer für gut befunden. Dann fällt seine Hand erschlaffend von meinem Arm. Unsicheren Schritts geht er an meinen Essensbeuteln vorbei zu seiner Zimmertür. Er braucht lange, bis sein Schlüssel sich im Schloss bewegt, dann verschwindet er in dem Zimmer. Durch die Tür kann ich hören, wie er auf sein

Bett fällt. Dann ist es still. Am nächsten Morgen, wenn die Zimmermädchen kommen, wird es lange dauern, bis er wach ist, und dann werden sie viele leere Flaschen aus seinem Zimmer in den Müll werfen.

Ich stehe regungslos da, in der Hand einen Essensbeutel. Like the Brits. Es ist, als greife eine kalte Hand nach meinem Herzen. Ich weiß jetzt, wovon der Inuit gesprochen hat. Von einer Expedition, die nur zehn Tage vor uns gestartet war. Und bereits zu Ende ist.

Am 25. April 2013 waren drei Briten aufgebrochen zu einer Grönland-Durchquerung von Osten nach Westen, also in der entgegengesetzten Richtung zu uns. Drei junge Männer.

Einer von ihnen hatte einen sehr besonderen Grund, diese Expedition anzutreten, obwohl er noch nie eine derartige Unternehmung gemacht hatte. Er hatte keine Erfahrung im Eis. Aber Philip Goodeve-Docker, 31 Jahre alt, hatte nach dem Tod seines Großvaters im April 2011 ein Foto geerbt. Das Foto eines Gletschers in der Antarktis. Dieser Gletscher, der Gordon-Gletscher, war nach seinem Großvater benannt worden, nach Patrick Pirie-Gordon. Pirie-Gordon war ein hochdekorierter schottischer Adliger, der sich auf vielfältige Weise für wohltätige Zwecke engagiert hatte. Außerdem war er einst der Vizepräsident der ehrwürdigen Royal Geographic Society und zudem ein großzügiger finanzieller Unterstützer von Expeditionen in die Arktis und Antarktis.

Pirie-Gordon also war für seinen Enkel ein Held. Und wie es scheint, wuchs für den 31-Jährigen die Bedeutung des polaren Engagements seines Großvaters nach dessen Tod immer mehr. Er rahmte das Bild ein, hängte es in seiner Wohnung auf. Jeder, der ihn besuchen kam, musste sich das Bild ansehen und die Geschichte seines Großvaters anhören. Und irgendwann wollte es ein Zufall, dass ihn ein Freund fragte, was er davon halten würde, Grönland zu durchqueren. Grönland.

Und Goodeve-Docker sagte Ja; er sagte Ja, weil er irgendetwas tun wollte, was irgendwie mit seinem Großvater zu tun hatte. Und damit die Verbindung noch enger werden würde, beschloss er, mit seiner Expedition Spenden für eines der Institute zu sammeln, die schon sein Großvater unterstützt hatte: das Queen's Nursing Institute.

Die Dreiergruppe begann ihren Aufstieg auf die grönländische Eiskappe am 26. April. Sie stiegen durch das trichterförmige Gebiet oberhalb von Isortoq auf, in dem es immer wieder zu Piteraqs kommt, den heimtückischen Fallwinden, mit denen die kalte Luft auf dem Inlandeis hinunter Richtung Küste donnert. Piteraqs können alles niederwalzen; sie sind gefährlich und zerstörerisch. Am 27. April geriet die Gruppe in einen solchen Piteraq. Ihr Zelt wurde fortgeweht. Sie setzten einen Notruf ab, aber wegen des anhaltenden Sturms konnte ihnen niemand zu Hilfe kommen. Erst am nächsten Tag erreichte eine Rettungsmannschaft die drei Männer. Da war Philip Goodeve-Docker bereits tot; seine Teamkameraden hatten schwere Erfrierungen. Irgendwann in der Nacht sei Philip gestorben, sagten sie.

In Grönland und in der ganzen Expeditionsszene hat dieser Vorfall immense Bestürzung verursacht. Dass Teams vom Eis geholt werden müssen, kommt jedes Jahr vor. Dass dabei jemand stirbt, nicht. Es ist eine jener brutalen Erinnerungen daran, dass es nicht nur Spaß ist, was wir tun.

In einer Gedenkschrift für Philip schreibt sein Bruder, die Expedition hätte seinem Bruder viel mehr bedeutet als nur das verrückte Abenteuer, als das er es auf seiner Internetseite beschrieb. Es sei seine Art gewesen, seinen Großvater ein letztes Mal zu ehren.

An dem Tag, an dem unsere Zeltstangen im Wind brechen werden, wird Philip Goodeve-Docker in der Nähe von London begraben.

Nur ein Schlitten

Februar 2013
Huberspitz-Ostwand, Rosenheim, Schliersee
Drei Monate vor dem Aufbruch

*If you wear the same clothes that you use in town
to go hunting, they will be very cold*
Sprichwort der Inuit

Hanna schreit, Birgit, hopp jetzt, Schuss! Pizzastück!
Ich muss so lachen, dass ich kaum noch Skifahren kann. Hanna liegt in meinem Schlitten, ihre Beine baumeln über den Schlittenrand. In der Hand hält sie eine Kamera, mit der sie mich filmt. Insgesamt eine recht bequeme Position, in der sie sich da befindet, eine gesicherte Position, aus der man ganz famose Anweisungen geben kann.

Meine Position ist weniger gesichert, denn es geht bergab, und ich habe sehr weiche Expeditionsstiefel an, die in einer Langlaufbindung auf schmalen Expeditionsskiern stecken – nicht gerade eine stabile alpine Skikombination. Und an zwei Karabinern an meinen Hüften hängt an 2,5 Meter langen Seilen außerdem eben der Schlitten samt Hanna. Entsprechend eiernd bin ich unterwegs, und entsprechend oft zieht es mir die Ski unter den Füßen weg, wenn zum Beispiel der Schlitten stehen bleibt, ich aber nicht. Genau deswegen sind wir hier.

Hanna ist meine Freundin aus Hausham. Sie hilft mir bei

meinen Grönland-Vorbereitungen mit vollem Körpereinsatz. Sie rennt nicht nur bei jedem Wetter mit mir auf Berge, sie hat nun auch noch beschlossen, mein Gepäck zu simulieren. Denn Hanna hat meinen ersten Versuch beobachtet, als ich den – mit Kartoffeln beladenen – Schlitten einen Berg hinunter steuern wollte. Als ich endlich bei ihr ankam, stellte sie fest: Auweh, des muasst no üben.

Also übt sie nun mit mir. Dafür kann ihre Familie dann drei Wochen lang Kartoffelsalat essen, aus meiner ursprünglichen Schlittenladung.

Üben ist wichtig, wenn man sich vorgenommen hat, Grönland zu durchqueren. Am Ende der Strecke werden wir aus etwa 2500 Metern Höhe über einen Gletscher bis hinunter ans Meer abfahren. Das Abfahren mit diesen fragilen Faktoren – weiche Schuhe, Langlaufbindung, schmale Ski und Schlitten – will ich unbedingt vorher lernen. Denn will man die Entscheidung, wo es langgehen soll, nicht seinem Schlitten überlassen, muss man üben, wie man ihm das beibringt.

Als Übungsgelände haben wir den Weg auf die Huberspitz ausgewählt. Die Huberspitz ist ein Hubbel westlich von Hausham und von Hannas Haustür erreichbar. Er hat den Vorteil, dass hier wenige Menschen unterwegs sind und die Steigung der breiten Forststraße eher mäßig ist. Der Weg hinauf ist unproblematisch. Dann fahren wir ab.

Nach dem dritten Crash, bei dem der Schlitten samt Hanna in meine Hacken schlittert und ich entweder auf Hanna oder neben ihr im Schnee lande, habe ich kapiert, dass ich die Zugseile der Pulka nicht nur kurz, sondern so kurz wie nur möglich in die Hand nehmen muss – nämlich genau so kurz, dass sie senkrecht zur Befestigung verlaufen, der Schlitten also neben mir fährt. Wie ein Hund, den man lehren will, bei Fuß zu gehen ungefähr. Sobald die Seile nicht mehr senkrecht oder auch nur ein bisschen lockerer hängen, schlägt der Schlitten überraschende Kurven ein. Und fährt mir dabei entweder über die Ski oder so abrupt von mir fort, dass ich ebenso abrupt abgebremst werde. Ich halte also beide Stöcke in der linken und die Zugseile an den extra dafür eingeflochtenen Knoten in der rechten Hand, und so schleudern wir die Huberspitz-Ostwand hinunter. Hannas Vertrauen in meine Fähigkeiten beeindruckt mich, vor allem angesichts des dichten Baumbestands um uns und des teilweise doch recht steilen Abhangs gleich neben dem Weg.

Obacht, schreit Hanna, da kommt eine Baustelle. Tatsächlich wird der Weg hier ausgebessert, oder er wurde es vor dem Wintereinbruch, und am Rand stehen rot-weiße Baustellenwarnschilder, die ich noch knapp verfehle, danach aber doch im Graben ende. Auch oder vielleicht gerade weil Hanna nicht aufhört zu lachen und ich des Abfahrens nur noch begrenzt mächtig bin. Lenken muss ich, so lerne ich dadurch aber, in einem geschickten Zusammenspiel meines rechten Unterschenkels mit dem linken Bein. Der rechte Unterschenkel muss immer in Kontakt mit der Pulka bleiben. Wenn ich passend zum Gefälle dann mit dem linken Fuß einen Pflug oder, wie es heute heißt, ein Pizzastück! bilde, dann fahren wir so sicher, als hätte ich nie etwas anderes gemacht. Und wir werden schnell! Was Hanna schließlich zu dem begeisterten Ausruf verleitet: Wahnsinn, Birgit, so wird des was mit Grönland!

Dieses Schlittentraining wiederhole ich noch einige Male, mit Hanna oder mit Sandsäcken, wenn Hanna keine Zeit hat. Denn ich habe einen ziemlich straffen Trainingsplan zu erfüllen. Einen Plan, den mein Sportsfreund Hauke aufgestellt hat, der von meiner Fitness nicht so recht überzeugt ist. Dieser

Trainingsplan ist eine Exceltabelle mit sehr vielen Farben und Spalten. Auf Anraten Haukes habe ich mir diese Tabelle im Bad neben den Spiegel gepappt. Damit ich mindestens zweimal täglich beim Zähneputzen ein schlechtes Gewissen habe, sollte ich die Angaben im Plan nicht erfüllen. Das hilft tatsächlich. Diese stumm anklagende Tabelle bringt mich sehr oft dazu, die Ski doch noch anzuschnallen und samt Schlitten irgendwo hochzustapfen.

Und natürlich treffe ich dabei auch auf andere Menschen. Bei jeder dieser Begegnungen bin ich froh, dass ich keine Autoreifen mehr hinter mir herziehe, wie ich das beim Nordpoltraining gemacht habe. Ein Schlitten wirkt nicht ganz so seltsam. Kommentarlos geht dennoch kaum jemand vorbei. Die häufigste – oft auch ernst gemeinte – Frage, die mir gestellt wird, ist: Bist du von der Bergwacht und hast jemanden gerettet? Dazu muss man sagen: Die Pulka ist ganze 1,56 Meter lang. Verunglückten ist schon ein etwas längeres Gefährt für den Transport zu wünschen. Andere fragen, was ich mit einem Boot auf dem Berg mache, lassen also ebenfalls Defizite in der Deutung meines Tuns erkennen. Kinder, die ich überhole, wollen sich hineinsetzen, vor allem bergauf. Alle Männer wollen helfen, vor allem bergab. Hunde schnüffeln, bellen den Schlitten an oder wedeln mit dem Schwanz; einer wollte ihn sogar markieren, was ich gerade noch verhindern konnte. Es ist insgesamt ein sehr kontaktförderndes Erlebnis, mit einem Polarschlitten unterwegs zu sein.

Bei all diesen Touren vertieft sich mein persönliches Verhältnis zu meiner Pulka. Ein Polarschlitten ist mehr als nur ein Gegenstand. Wenn er sich gut verhält, leicht über Eis, Schnee und Hindernisse gleitet, nicht umkippt und nicht hängen bleibt, dann liebst du ihn. Manchmal verfluchst du ihn trotzdem, weil er so schwer ist und nicht aufhört, dich zu bremsen. Eine Pulka wird dir zum treuen Freund, zum Begleiter, denn sie trägt all deine Lasten, schützt sie vor dem Wetter, bringt sie dir nach. Du bist mit ihr verbunden; sie hängt an dir, jeden Tag, wochenlang. Irgendwann weißt du nicht mehr, wie sich Skifahren ohne sie anfühlt.

Mein Schlitten ist darüber hinaus noch viel mehr für mich. Ich habe ihn nicht einfach irgendwo bestellt oder gekauft, ich war bei seiner Entwicklung dabei und habe das erste Exemplar aus der Maschine kommen sehen. Dieser Schlitten ist das beste Beispiel, wie viel Arbeit, Wissen und Erfahrung hinter Abenteuern steckt.

Denn diesen Schlitten hat Thomas Ulrich konzipiert, mit dem ich zweimal am Nordpol war. Thomy ist einer der größten Polfahrer der heutigen Zeit, er ist zusammen mit dem Norweger Børge Ousland 2007 vom Nordpol über den zugefrorenen Arktischen Ozean nach Franz-Joseph-Land gewandert, 100 Tage lang und mehr als 1000 Kilometer weit, und von dort nach Norwegen gesegelt. Er und Børge waren die Ersten, die das Südliche Patagonische Inlandeis ohne Depots durchquert haben. Menschen wie sie sind die letzten Abenteurer unserer Zeit, weil sie wirklich noch neue Wege gehen.

Thomy hat seine Ausrüstung bei seinen Touren immer weiter perfektioniert; er ist geradezu besessen davon, immer die bestmögliche, den Anforderungen optimal entsprechende Ausrüstung dabeizuhaben, er kann wochenlang herumtüfteln und Zulieferer oder Produzenten rund um den Globus nerven, bis sie ihm maßgeschneiderte Lösungen anfertigen. Thomy ist so gewissenhaft und exakt, wie das nur ein Schweizer sein kann, sage ich oft zu ihm.

2015 will Thomy die Arktis durchqueren, von Russland

über den Nordpol nach Kanada, 1800 Kilometer weit. Solo. Ohne Unterstützung von außen. Am Anfang wird er 180 Kilogramm Gepäck bei sich haben. Keinem Menschen ist dies bisher je gelungen. Seit Jahren arbeitet er an diesem Projekt.

Der Schlitten ist ein Teil davon, ein entscheidender. Je energiesparender sich die Pulka verhält, umso besser das Vorankommen. Thomy wandte sich mit seiner Problemstellung also an die Technische Fachhochschule in Bern: Er wollte eine Pulka, die dem Schnee bei möglichst großem Packvolumen möglichst geringen Reibungswiderstand bietet, leicht, kippstabil und sehr strapazierfähig ist und außerdem auch mit einer Temperaturbandbreite von plus 20 bis minus 45 Grad zurechtkommt. Eine ungefähre Form hatte Thomy bereits im Kopf, einen Schlitten, der mehr an ein Kanu denn an eine Pulka erinnert. Die Studenten der FH errechneten also einen Korpus, und mit diesen Plänen wandte sich Thomy an den Kajakproduzenten Prijon in Rosenheim. Prijon, einer der bekanntesten Kajakhersteller der Welt, fertigt Kajaks aus Polyethylen in einer Blastechnik aus einem Stück – dadurch werden Nähte und potenzielle Schwachstellen vermieden. Polyethylen erfüllt zudem die Kriterien, dass es leicht und robust ist und sich mit schwankenden Temperaturen so gut wie nicht verformt. Um den Schlitten produzieren zu können, wurden Formen und Werkzeuge gebaut – mehrere Monate dauerte das.

Im Frühjahr 2013 schließlich ist es so weit: Die ersten Schlitten werden geblasen. Zusammen mit Thomy und Toni Prijon – und dem Schweizer Fernsehen, das eine Dokumentation über Thomy dreht – stehe ich vor der riesigen Maschine, aus der ein orangefarbener Plastikschlauch nach unten gleitet, um den sich dann ein Gerät schließt, das einem Sarkophag nicht unähnlich ist. Über etliche Schläuche wird Luft ins Innere geblasen – und binnen weniger Minuten soll aus dem Schlauch dann eine Pulka werden. *Die* Pulka. So einfach ist dann aber auch das nicht. Es braucht mehrere Anläufe, viele Justierungen an der Maschine. Immer wieder sind wir enttäuscht, wenn nur ein schlaffes Etwas aus der Maschine kommt.

Aber irgendwann öffnet sich die Maschine, und sichtbar wird ein straffer, starker Korpus. Mit Spannung schauen wir ihm entgegen, als er über unseren Köpfen aus dem Apparat nach unten schwebt. Er sieht großartig aus.

Alle sind aufgeregt, der Ingenieur ebenso wie Toni Prijon, und am allermeisten Thomy. Als der Schlitten vor ihm steht, klopft er auf ihm herum, kann es kaum glauben, begutachtet ihn von allen Seiten, schneidet Plastikreste ab. Dann streicht er andächtig über den Schlittenboden.

Wow, ruft er, es hat funktioniert! Dann läuft er aus der Halle, kommt mit einer Flasche Champagner wieder. Er lässt den Korken in die Halle explodieren und ein paar Tropfen auf den Schlitten fallen, der von nun an Beluga heißt. Toni bringt einen Stift. Alle unterschreiben auf dem Schlittenboden, von ihm selbst bis zum Hilfsarbeiter, einer nach dem anderen, und ich darf auch. Was für ein Moment.

Das machen wir immer so, sagt Toni Prijon, immer das erste Kajak einer Serie wird unterschrieben und bleibt im Haus. An irgendeiner Wand. Der erste Schlitten also auch. Ein schöner Brauch.

Thomy nimmt den zweiten Schlitten, den die Maschine ausspuckt. Er schneidet mit einem Messer die überschüssigen Plastikreste weg. Und dann gibt er ihn mir.

Das ist deiner, sagt er. Für Grönland.

Meine Expedition durch Grönland wird also der erste Langzeittest des Beluga, der so allerdings noch in einem sehr rohen Zustand ist. Thomy hat mir Schlaufen mitgebracht, an denen die Zugseile fest geknotet werden, außerdem die Abdeckung und jede Menge Schrauben. Fertig bauen musst du ihn dir halt selber, sagt er, und gibt mir einen Plan. Aber das schaffst du. Toni Prijon sieht mein ratloses Gesicht. Und bietet mir an, meine Pulka in seiner Werkstatt fertig zu bauen. Dankbar nehme ich sein Angebot an.

Zu dem Plan gehört auch eine Schablone für die Aluminium-Umrandung, unter der die Schlittenabeckung befestigt wird. Diesen Plan lasse ich in Miesbach in Originalgröße ausplotten. Drei Tage später bin ich wieder bei Prijon und zeichne zusammen mit dem Formenbauer Klaus Schäffer, den mir Toni zur Hilfe abgestellt hat, die Schablone auf eine riesige Aluminiumplatte. Aus der schneidet Klaus dann mit einer noch riesigeren Bandsäge die dünne Umrandung aus, fein säuberlich. Und dann lerne ich druckluftnieten: In etwa 15 Zentimeter Abstand nieten wir die Abdeckplane und darüber die Aluminiumschiene an die Pulka. Ich niete mir nur ein paar Mal in den Finger.

Einen ganzen Tag dauern diese Arbeiten. Klaus fragt mich am Ende, warum ich das eigentlich mache, Grönland und so.

Weil's schön ist, sage ich.

Aber Kinder hast keine, sagt er.

Nein, sage ich.

Dann ist das Leben nur halb so schön, sagt er, Grönland hin oder her.

Als der Schlitten fertig ist, stelle ich fest, dass ich vergessen habe, einen Klettverschluss an die Abdeckung zu nähen. Der soll verhindern, dass Triebschnee in den Schlitten weht. Ich leihe mir von meiner Freundin Vroni eine Nähmaschine und versuche, auf dem Boden sitzend, das Klettband anzunähen. Die Maschine brummt kurz erzürnt, und in dem Stoff steckt sehr viel Garn auf sehr wenig Fläche.

Meine Nachbarin Derya versucht ihr Glück mit ihrer Nähmaschine und scheitert nicht ganz so jämmerlich, aber doch auch. Also fahre ich nach Miesbach und frage in einem Nähladen. Schlitten, Abdeckung? Die Dame schaut mich groß an und sagt gedehnt, oooh, so was Kompliziertes? Ich verlasse den Laden und fahre zurück nach Schliersee, wo Derya inzwischen mit einer Freundin, der Frau von Turbo Tunar, telefoniert hat. Turbo Tunar hat in einer Hütte gegenüber des Haushamer Bahnhofs eine Änderungsschneiderei. Laut Derya kann er alles. Und morgen um 14 Uhr soll ich kommen. Als ich am nächsten Tag bei Turbo Tunar aufschlage und meinen Schlitten vor die Tür wuchte, schlägt seine Frau die Hände vorm Gesicht zusammen. Sie ist nämlich diejenige, die nähen muss.

Oh, so schwierig, sagt sie. Kurze Pause, und dann: Kommst du rein! Ich hieve den Schlitten neben ihre Nähmaschine in das winzige Hüttchen, das mit mir, ihr, Turbo Tunar und dem Schlitten fast völlig ausgefüllt ist. Innerhalb von 30 Minuten näht sie mir einen breiten Klettverschluss an meine Schlittenabdeckung und außerdem noch vier Griffe, damit man ihn auch mit dicken Handschuhen noch gut öffnen kann. Schreibst du Buch, sagt sie am Ende, bringst du vorbei!

Am Tag vor meiner Abreise sitze ich vor dem Schlitten, der in meinem Wohnzimmer steht. Schaue ihn an. Und als ich ihn lang genug betrachtet habe, weiß ich, dass eine Blume und eine Schneeflocke seine Seiten zieren werden.

Fast zwei Stunden male ich an dem Schlitten herum. An seine Seite schreibe ich: Life is good. Dabei denke ich an die Zeit, die nun kommen wird. Was dieser Schlitten alles mit mir erleben wird, wo ich ihn hinziehen werde, wohin er mir folgen wird.

Als ich fertig bin, fotografiere ich ihn und schicke das Bild an Thomy, der mich umgehend anruft.

Cool sieht er aus, sagt er am Telefon. Hoffentlich hab ich da keinen Scheiß konstruiert, und du verfluchst mich in Grönland.

Glaub ich nicht, sage ich. Hat doch ein Schweizer erfunden.

Wir sind dann mal weg

7. Mai 2013
Kangerlussuaq
Der Morgen vor dem Start

My way is not the only way.
Angaangaq Angakkorsuaq, Ältester der Eskimo-Kalaallit

Der Hüne trägt eine dunkelblaue Uniform, ist blond und hat gletscherfarbene Augen. Er gibt erst Thomas, dann Hannes und schließlich mir die Hand, schaut uns fest in die Augen und sagt: Take care. Wir stehen in dem langgestreckten, roten Haus, neben dessen Eingangstür ein einfaches, grünes Schild mit der Aufschrift »Politi« hängt. Die Polizeistation von Kangerlussuaq. Dort müssen wir uns abmelden; so sind die Regeln, wenn man das Inlandeis durchqueren will. Dass man sich besser sehr akribisch an sie hält, sollten wir später noch lernen.

Wer zu einer Expedition aufbricht, egal wo, muss zuvor bereit sein, die Zivilisation von ihrer mühseligsten Seite zu erleben. Muss Anträge und Lebensläufe schreiben, Versicherungen abschließen und Bürgschaften nachweisen, kurz, einen Wust an Bürokratie bewältigen, der auf sehr spezielle Art ein Abenteuer für sich ist.

Die meiste Korrespondenz mit den grönländischen Behörden hat bei uns Thomas erledigt. Außerdem hat jeder von uns eine teure Expeditionsversicherung abgeschlossen, die für eine Rettung aufkommen würde. Die Versicherung muss einen deutlich längeren Zeitraum als die geplante Dauer der Expedition abdecken – um auch bei größeren Verzögerungen noch zu gelten. Sie würde allerdings nur dann greifen, wenn wir einen medizinischen Notfall hätten. Bei allen anderen Gründen müssten wir eine Evakuierung selbst bezahlen. Dafür verlangt die grönländische Regierung seit einiger Zeit eine Bankbürgschaft über 25 000 Euro von jedem Teilnehmer. Zu schlecht waren die Erfahrungen mit der Zahlungswilligkeit von geretteten Abenteurern, wenn die erstmal wieder im Warmen saßen. Das ist in Grönland nicht anders als in den Alpen.

Irgendwann hatten wir all diese Voraussetzungen erfüllt und nachgewiesen und bekamen unser Permit und die Expeditionsnummer A-13-6.

Diese Genehmigung legen wir heute also in Kangerlussuaq vor. Um uns abzumelden. Der Polizist überprüft noch einmal die Daten unserer Kontaktperson in Deutschland, falls es einen Notfall gibt. Bärbel wird das bei uns sein, Hannes' Frau. Eine Formsache erscheint uns das jetzt. Aber irgendwann wird tatsächlich bei Bärbel das Telefon klingeln. Das wissen wir nur jetzt noch nicht.

Thomas weist den Beamten auf ein falsches Datum im Permit hin. In dem Formular steht, dass wir 14 Tage für die Querung planen.

Das ist falsch, sagt Thomas zu ihm. Das habe ich schon per Mail geschrieben, aber es ist nicht geändert worden. Es müssen 21 Tage sein.

Der Hüne streicht das Datum durch und setzt ein neues darüber.

Das ist erledigt, sagt er. Wenn ihr länger braucht, sagt uns rechtzeitig Bescheid. Und wenn ihr in Isortoq angekommen seid, meldet euch noch am gleichen Tag bei der Polizei, damit wir wissen, dass alles in Ordnung ist mit euch. Vergesst das nicht!

Dann wünscht er uns auf Deutsch viel Spaß, drückt unsere Hände und sagt sein Take care. Die Art, wie er es sagt, lässt meine Knie weich werden. Zwei Minuten später stehen wir wieder draußen, auf dem windigen Vorplatz des roten Holzgebäudes, das gleich neben der Polar Lodge steht.

Wir sind aufgekratzt, aber schweigsam. Wieder ein Schritt weiter, wieder ist etwas erledigt. Es wird immer weniger, was noch zwischen uns und dem Weggehen steht; immer näher rückt der Moment, in dem wir das Eis betreten werden.

Wenig später bleibt Hannes beim Weiterpacken wie eingefroren stehen.

Was ist los, frage ich ihn.

Ich muss das erst noch verdauen, sagt er, diesen riesigen Polizisten und sein Take care. Wenn so jemand so was zu dir sagt, da schluckt man schon.

Ich setze mich zwischen meine Klamottenhaufen aufs Bett und lasse den Beutel sinken, in dem ich gerade krame.

Aber wir passen ja auf uns auf, sage ich. Oder?

Schon, sagt Hannes.

Die Eiskante

7. Mai 2013, Tag 1
Von Kangerlussuaq zum Inlandeis, Point 660

If you are afraid, change your way.
Sprichwort der Inuit

Der Truck rutscht. Wir stehen neben einem wuchtigen Gefährt, das mehr an einen Container erinnert denn an einen Bus. Mit diesem Koloss fährt Kim, der Betreiber der Polar Lodge, regelmäßig Touristen an die Eiskante. Dort angekommen, klettern die Touristen über eine ausklappbare Metalltreppe aus dem Heck des Busses. Und werden von einem eisigen Hauch empfangen, ganz so, als würden sie im Supermarkt die Tür eines Gefrierschranks öffnen, aus dem Kälte auf sie strömt, sie umfließt und einhüllt. Die Gefriertruhe hier ist der Eispanzer, der die größte Insel der Welt überzieht. Ein tief in den Körper dringender Wind weht von ihm herunter auf das fröstelnde Häuflein Menschen, das an seinem Rand steht und von einem Fuß auf den andren tritt, die Schultern hochgezogen, die Hände in den Taschen vergraben. Kleine Digitalkameras und Mobiltelefone werden dann vor das Eis Grönlands gehalten beim Versuch, diese Dimensionen schnell auf einem Bild einzufangen, was niemals gelingen kann.

Zwei Stunden hat die 30 Kilometer lange Fahrt hierher gedauert, zum so genannten Point 660, über eine Schotterpiste mit knietiefen Schlaglöchern und Steinen, die größer sind als Fußbälle. Wir durchfahren das Tal, das sich östlich von Kangerlussuaq zur Eiskante zieht. Das Tal trägt den Namen Akuliarusiarsuup Kuua; ein Fluss mit gleichem Namen durchschneidet hier die eisfreie Hochebene Isunngua. All das sind geheimnisvoll klingende Wörter, denen man noch nachlauscht, wenn Kim sie ausgesprochen hat, während der Blick über die kargen Hügel gleitet. Doch so schön und fremd und vielverheißend diese Wörter in den Ohren hallen, so wenig wird dieser Klang von der Realität gedeckt. Was daran liegen mag, dass wir in der wohl trostlosesten Jahreszeit überhaupt hier sind. Die Moränenlandschaft ist nicht mehr mit Schnee bedeckt, nackt und farblos breitet sie sich vor uns aus. Dort, wo nicht sowieso Geröll vorherrscht und sich tapfere Tundra-Vegetation angesiedelt hat, ist deren Blüte noch fern. Die niederen Büsche ducken sich graubraun im Wind. Die Schönheit der Arktis erschließt sich dem Betrachter hier nur schwerlich; leblos und gepeinigt wirkt dieses Land.

Der Eindruck täuscht nicht ganz, erfahren wir, denn zwar haben sich mehrere Seen in dem Tal angesammelt, doch gibt es keine Fische in ihnen, erklärt Kim: Die meiste Zeit im Jahr sind sie bis auf den Grund gefroren. Zudem enthalten sie eine hohe Menge an fein zerriebenen Geröllpartikeln, das mit dem Schmelzwasser der immensen Gletscher herangespült wird, welche die Hochebene begrenzen. Im Norden ist das der Isunnguata-Sermia-Gletscher, im Süden der Russellgletscher. Rentiere, Moschusochsen und Polarfüchse fristen ihr karges Dasein in dieser windverwehten Ödnis; Rentieren begegnen wir auf unserer durchschüttelnden Fahrt gleich mehreren.

Den Anblick unseres weißen Ungetüms scheinen sie gewöhnt zu sein, denn sie betrachten uns weitgehend ungerührt; nur wenige ergreifen weit ausholend die Flucht. Moschusochsen bekommen wir keine zu sehen, obwohl hier etwa 3500 Exemplare unterwegs sind. Die der Mensch hierhergebracht hat: In den frühen Sechzigerjahren sind 27 einjährige Kälber ausgesetzt worden.

Wir hängen unseren Gedanken nach. Tage wie dieser sind von einer Intensität, wie sie nicht viele Tage im Leben haben. Wenn etwas sehr lange Vorbereitetes Realität wird. So viele Gedanken, Gefühle. So vieles ist in den vergangenen Wochen und Monaten um dieses Vorhaben gekreist. Jetzt geht es los. Jetzt sind sie vorbei, die Vorbereitungen und Vorkehrungen, die Einkäufe und Gespräche, alle Planungen. Jetzt füllen wir ihn mit Leben, den Plan. Heute wird der erste Tag sein, an dem ich mit meinem Bleistift die ersten Eintragungen in die Tabelle schreiben werde, die ich schon vor Wochen ausgedruckt und in mein Tagebuch geklebt habe. Position, Strecke, Gehzeit, Wetter. Alles ist bereit.

In dem Bus, der sich durch die Straßenbiegungen hineinächzt in das lange Tal, denke ich an Bengts Sätze, die er zu uns gesagt hat. Don't destroy yourself. Hoffentlich gelingt uns das. Ich weiß, dass der Anfang das schwierigste Stück ist, dass gerade die ersten Tage die größten körperlichen und mentalen Herausforderungen bergen, weil man nur langsam vorankommt, so langsam, dass es einem unmöglich erscheint, in der zur Verfügung stehenden Zeit auf der andren Seite anzukommen. Das muss man aushalten können. Und darauf vertrauen, dass man irgendwann größere Distanzen schafft, wenn der Schlitten leichter und das Gelände flacher ist.

Mein Handy summt, mit jeder Straßenbiegung, die sich der Bus weiter in das Tal holpert, kommt und geht die Mobilverbindung; es ist eine Nachricht von Bengt, er fragt, ob er uns morgen Abend auf dem Satellitentelefon anrufen kann, um die Bedingungen von uns zu erfahren. Klar kannst du, antworte ich ihm. Dann ist das Netz endgültig weg.

Vor uns taucht die gewaltige Wand des Russellgletschers auf. Er ist einer der Gletscher, mit denen das Eis Grönlands auf dem Land endet und dessen Eismassen nicht in die See kalben. Bonbontürkis ragen seine zerklüfteten Pfeiler vor uns auf, tiefe Spalten, Schluchten, Einschnitte, unüberwindbare Hindernisse; es ist eine Menge an Eis, dessen Anblick das Gehirn kaum verarbeiten kann. Wie wird es dort aussehen, wo wir unseren Weg beginnen? Diese bange Frage tut sich auf angesichts dieses Spaltengeländes.

Einer der Touristen im Bus dreht sich um und fragt, ob wir sicher sind, dass wir da raufwollen. Das sind wir, sagen wir. Und wer ein Foto von uns machen will, muss fünf Euro bezahlen, füge ich hinzu. Die Leute im Bus lachen, es stellt sich heraus, dass die meisten von ihnen Zahnärzte sind, die sich in Kangerlussuaq zu einem Kongress getroffen haben. Sogar ein Deutscher ist darunter. Dieter aus Schwaben, zukünftige Zahnfee Grönlands. Fünf Jahre will er hierbleiben, sagt er, vor einer Woche ist er angekommen. Was treibt einen deutschen Zahnarzt nach Grönland, frage ich, und er sagt, hier gibt es richtig viel zu tun. Inuit hätten sich nie die Zähne geputzt – und hätten es auch nicht nötig gehabt. Denn ein Effekt des traditionellen Essens sei gewesen, dass die Zähne sich praktisch selbst gereinigt hätten, mit rohem, zähem Fleisch und dergleichen.

Aber dann kam Coca-Cola, sagt Dieter. Und die ganzen Süßigkeiten. Und weil viele Inuit noch immer relativ wenig mit Zahnbürsten anfangen können, geht es bergab mit der Zahngesundheit Grönlands. Dieters Praxis steht deswegen direkt neben einer Schule, in einer Siedlung weiter nördlich. Die Kinder sollen Zähneputzen lernen.

Mit einem Ruck hält der Truck. Wir sind an einem Flugzeugwrack angekommen. Ein solcher Stopp erscheint mir fast obligatorisch; wie beinahe überall nahe nordischer Außenposten ist auch hier schon eine Maschine abgestürzt. Und wie im Norden üblich, bleiben die Trümmer einfach dort liegen, wo das Flugzeug aus dem Himmel gefallen ist. Und wie ebenso üblich, bereichern die Wracks in diesen Orten die Touren der Tourismusanbieter, die meist ein recht karges Angebot an Sehenswürdigkeiten zu bieten haben. Hier gehören die aus dem Sand ragenden Überreste zu einer nur mit dem Piloten besetzten Lockhead T-33a des US-Militärs, verunglückt während eines Whiteouts am 8. Dezember 1968. Mit ihm sind noch zwei weitere Maschinen abgestürzt, alle Piloten konnten sich über die Schleudersitze retten.

Kim setzt seiner Erklärung noch den Satz hinzu, die Amerikaner seien nicht gerade dafür bekannt, dass sie hinter sich aufräumen würden. Er sagt das, weil es auf Grönland mehr als nur einen Ort gibt, an dem Ruinen von Militärstationen vor sich hin verfallen, ohne dass es jemanden kümmern würde. Kims Kritik kann man aber schwerlich nur auf die USA beschränken. Denn was das Aufräumen angeht, strengt sich im Norden kaum ein Land besonders an, habe ich auf meinen Reisen festgestellt. Egal, ob es nun die Norweger in Spitzbergen, die Kanadier in Churchill oder die Deutschen und Russen in Franz-Joseph-Land sind – zu aktiven wie inaktiven Siedlungen im Norden gehört unvermeidlich auch jede Menge recht unansehnlicher, vor sich hinrostender Müll und langsam verfallende Bauten. Um Stationen hoch im Norden zu errichten, wurde in der Vergangenheit kein auch noch so bizarrer Aufwand gescheut. Für den Abbau aber gibt es keine Ressourcen.

Dass es hier überhaupt eine Straße zur Eiskante gibt, ist eine jener wunderlichen Geschichten, auf die man in der Arktis stoßen kann. Hier werden Straßen selten gebaut, um den hier lebenden Menschen den Weg von A nach B zu ermöglichen. Im Gegenteil, tatsächlich sind die Menschen bei vielen Projekten im Norden das Letzte, worum es geht. Das mag weltweit gelten, doch hier ist es besonders offensichtlich. Meistens sind es militärische Zwecke, ebenso oft geht es um den Zugang zu Bodenschätzen und damit also immer: um Geld und Macht.

Die Straße hier allerdings ist ein Sonderfall, der in seiner Aberwitzigkeit noch ein Stück herausragt aus den bizarren arktischen Bauten. Denn diese Straße wurde von einem deutschen Autokonzern in die Moränenlandschaft planiert: von Volkswagen. Der Konzern kam Ende der Neunzigerjahre des vergangenen Jahrtausends auf die famose Idee, auf dem grönländischen Inlandeis eine Teststrecke für seine Autos zu errichten. Zuvor hatten die Tester ihre Neuwagen bereits über das übersichtliche Straßennetz von Kangerlussuaq geschickt, und von halb sechs Uhr morgens bis Mitternacht über die lediglich 36 Kilometer langen Straßen fahren lassen – um zu sehen, was die harschen Bedingungen mit den Autos machten.

36 Kilometer allerdings waren bald zu wenig, außerdem

wollte man die Erlkönige vor neugierigen Augen und Kameras schützen, und so beschloss man, eine 135 Kilometer lange Strecke auf dem Eis zu errichten, 170 Kilometer von der Küste entfernt. Fern von Blicken. Fern von Menschen – und ganz nebenbei auch fern von Umweltkontrollen. Zu der Anlage sollte auch ein Hotel für 40 Mitarbeiter und eine Werkstatt gehören. Was dort wirklich gebaut und schließlich getestet wurde, ist in keinem Zeitungsarchiv und auch sonst nirgends zu lesen, denn Volkswagen verweigerte damals jede Auskunft zu dem Thema. Und scheinbar hat sich kein Journalist auf Ski gestellt und das Testgelände besucht. Mehrere damalige Grönland-Durchquerer allerdings berichten von ebenso surrealen wie unangenehmen Begegnungen auf dieser Straße. Nach Wochen im Eis trafen sie dort auf Autos – und wurden sehr unfreundlich gezwungen, die Filme ihrer Kameras herauszugeben, da sie diese Autos natürlich fotografiert hatten. Wie es jetzt dort aussieht, das war bei der VW-Pressestelle in Wolfsburg leider nicht zu erfahren, denn noch immer gibt das Haus keine Auskunft zu diesem seltsamen Unternehmen. Man gebe generell keine Auskünfte zu Testgeländen, hieß es dort, man wolle keine Paparazzi anziehen.

Für die Allgemeinheit sichtbar ist von diesem ganzen Spuk also nur noch die Schotterpiste, auf der wir nun auf die Eiskante zurumpeln. Dort ist Schluss. Die Piste, die auf dem Eis weiterführte, ist über die Jahre von den Bewegungen des Eises zerstört worden. Kangerlussuaq hat von dem Bau insofern profitiert, als dass es nun einen relativ einfachen Weg zum Inlandeis gibt, den man touristisch nutzen kann. Das letzte Teilstück allerdings ist nicht öffentlich zugänglich, eine abgeschlossene Schranke verwehrt Unbefugten den Weiterweg. Kim hat einen Schlüssel zu dieser Schranke.

Grönland-Durchquerer wie wir haben es heute also kurioserweise dank VW leichter als noch vor zehn Jahren – wir müssen uns keine aufwändigen Lösungen überlegen, wie wir unsere schweren Schlitten unbeschadet über das Moränengeröll bis zum Eis bringen können.

Wie anstrengend das wäre, davon bekommen wir einen guten Eindruck. Denn plötzlich stehen wir am Anfang unserer Tour. Früher als geplant.

Kim kann nicht bis zur Eiskante fahren. Vor ein paar Tagen hat es kräftig geschneit, und auf einem Teilstück des Weges hat sich eine Schneewehe angehäuft, die stellenweise gut einen halben Meter tief ist. Kim lässt die Touristen aussteigen und die letzten anderthalb Kilometer zum Eis laufen; er will Ketten auf die mannshohen Reifen aufziehen und sie dann abholen kommen, sagt er. Thomas und Hannes versuchen, ihm zu helfen, schaufeln Schnee zur Seite – aber es hilft nichts. Auf jede kleinste Vorwärtsbewegung folgt ein seitliches Rutschen, dorthin, wo der Geröllhang steil abfällt. Nach gut 20 Minuten des erfolglosen Anfahrens und Abbremsens gibt er auf. Er winkt mich zu sich. Ich kann nicht weiterfahren, sagt er. Es ist besser, ihr nehmt eure Schlitten aus dem Bus und geht von hier los. Dann geht er, um seine Gäste einzusammeln.

Ich nicke. Rufe nach Hannes und Thomas. Und spüre, wie so viel Adrenalin in meinen Körper flutet, dass mir leicht schwindelig wird. Nun geht es also los. Der Bus war der letzte zivilisierte Ort für die nächsten drei, die nächsten vier Wochen. Von jetzt an haben wir nur noch uns, nur noch das Zelt. Und dieses gigantische Eisplateau, das sich hier vor uns aufbaut.

Darüber noch nachzudenken, das nun auf uns wirken zu

lassen – dafür haben wir keine Zeit. Wir hieven unsere Schlitten aus dem Bus, der beängstigend schief steht, und wollen schleunigst aus dem etwas unbehaglich anmutenden Bereich am Heck verschwinden. Die Pulkas wiegen schwer. 75 Kilo bringt jede einzeln auf die Waage, mindestens. Wir schließen unsere Jacken. Schnallen uns das Zuggeschirr um. Zurren unsere Ski auf dem Schlitten fest, denn anfangs gehen wir mit Steigeisen.

Mist, sagt Thomas. Er hat einen der Schraubhaken verloren, an denen er das Zuggestänge mit einem Karabiner an seinem Geschirr verbindet. Wir stehen in aufgewühltem Schnee. Und der Haken ist weg. Mit den Händen arbeiten wir in dem Schnee, Thomas wird nervös. Mist, sagt er immer wieder, das darf doch nicht wahr sein. Den finden wir schon, sagen Hannes und ich. Aber nach einer Weile frage ich doch, was ist denn der Plan, wenn der Haken weg ist, hast du einen Ersatz dabei? Nein, sagt Thomas. Also suchen wir weiter, und Kim gibt uns eine Schaufel. Vorsichtig ziehe ich die Schaufel über die pulvrige Oberfläche. Und irgendwann klimpert es tatsächlich. Der Haken, da ist er. Yippeeh.

Wir wuchten die Schlitten an dem Truck vorbei. Und leider ist die Schneedecke keine geschlossene mehr. Nur wenige Meter oberhalb des Trucks endet der Schnee. Wir müssen die Schlitten tragen. Würden wir sie über dieses Geröll ziehen, würde meiner zumindest verkratzt, was später die Reibung erhöhen würde, und die Schlitten der andren beiden würden es wahrscheinlich nicht mal überleben.

Wir tragen, du filmst, sagt Hannes. Somit fühle ich mich nicht ganz so nutzlos, als die Burschen unsere schweren Lasten über die Geröllstraße schleppen. Zwischendurch können sie sie immer wieder auf kleinen Schneeflecken absetzen und ein Stück ziehen. Insgesamt ist es eine elende Plackerei. Jungs, sage ich, ich bin euch ziemlich dankbar, dass ihr mich davon abgehalten habt, den Weg von der Küste weg zu gehen – das wollte ich ursprünglich, von Wasser zu Wasser, ohne Bus. Die Jungs lachen. Das hätte mindestens zwei Tage länger gedauert, und der Spaßfaktor wäre recht gering gewesen. Das haben Thomas und Hannes immer gesagt, und jetzt glaube ich es ihnen.

Die Zahnärzte kommen uns von der Eiskante zurück entgegen. Aber die Kälte ist ihnen mittlerweile in ihre Knochen gekrochen, diese große Kälte, die der Wind uns vom Eis entgegenweht. Ungelenk, eingefroren trippeln sie eilig auf den Truck zu, nur zwei oder drei halten kurz an, richten ihre Mobiltelefonkameras auf uns und knipsen unser Geschleppe.

Wie müssen wir aussehen, denke ich. Wie unfassbar muss es für die Ausflügler erscheinen, dass wir hier aussteigen und uns auf diesen Weg machen. Und wenn ich einer von ihnen wäre, erschiene es mir wohl genauso absurd. Es ist immer eine Frage der Perspektive, eine Frage des Wegs, den man wählt. Für uns gibt es nun nur diesen einen, ohne Alternative. Deswegen wäre es für uns nun absurd, wieder in den Bus einzusteigen.

Bald verschwindet auch der Letzte von ihnen hinter der Wegbiegung Richtung Bus. Kim zeigt uns eine Abkürzung auf das Eis, und dass wir nicht bis zum Ende der Straße gehen müssen. Wir können ein Stück davor schon links eine kleine Geröllmoräne hinuntersteigen und dort auf einen Ausläufer des Gletschers wechseln.

Dann müsst ihr nicht so weit schleppen, sagt Kim.

Good luck!, ruft er zum Abschied, reckt den Daumen hoch und eilt seinen Gästen hinterher.

Danke, rufen wir ihm nach.

Und dann sind wir nur noch zu dritt.

Es ist so weit. Ich setze mich auf meine Pulka und schnalle die Steigeisen über meine Expeditionsstiefel. Dann richte ich mich wieder auf, schließe die Schnallen der Schlittenabdeckung, streife das Zuggeschirr über und zurre es fest. Zum ersten Mal hake ich den Karabiner meiner Schlittenseile in das Zugseil meines Geschirrs ein. Zum ersten Mal spannen sich die Seile, als ich mein Gewicht in sie lege. Zum ersten Mal stütze ich mich auf die Stöcke, spanne meine Oberarmmuskeln an und versuche, so viel Druck wie möglich aufzubauen. Zum ersten Mal spüre ich diesen Druck auf den Hüften, den Oberschenkeln, den Fußsohlen. Die Pulka setzt sich mit einem Ruck in Bewegung. Hannes und Thomas sind vor mir; ich gehe ihnen hinterher, die ersten Schritte über gefrorenes Schmelzwasser unterhalb des Gletscherabbruchs, die ersten Schritte von 560 Kilometern. Die Zacken meiner Steigeisen graben sich in die türkisfarbene Oberfläche. Der Schlitten tanzt über das blanke Eis. Wir sind unterwegs.

Warum mache ich das?

Weil ich es will, weil ich es kann, weil ich mich verliebt habe, in das Eis, das Licht, die Menschen, ins Unterwegssein, ins Aufbrechen, ins Verrücktedingetun, weil ich frei sein will, weil das Leben kurz ist und ich nicht im Konjunktiv leben will, weil ich Dinge auch mal tun will und nicht nur sagen, man könnte mal, weil es ein unschlagbares Gefühl ist, einen Gefährten anzuschauen und zu sagen, wow, jetzt haben wir das wirklich gemacht, wie verrückt ist das denn!, weil es wunderschön ist, mit rotwangigen, vor Glück strahlenden Freunden in einem Zelt zu sitzen und Tomatensuppe zu essen, weil ich gern Teil eines Teams bin, das zusammenhält und für das Grenzen keine Rollen spielen, weil der Start genauso prall gefüllt ist mit Emotionen wie das Ankommen, weil ich das Licht nicht vergessen kann, das goldene, blaue, silberne, rote, weil ich Freunde für's Leben gefunden habe, die wissen, warum, weil nichts an das Gefühl kommt, verrückte Erlebnisse an Orten, die kaum jemand betreten hat, mit Freunden zu teilen, weil es erfüllend ist, ein Ziel zu haben und gemeinsam darauf hinzuarbeiten, weil es erstaunlich ist, wie sich manchmal Mosaiksteine zusammenfügen, weil es wie ein Wunder ist, wenn man auf einmal überall, wo man im Norden hinkommt, schon Leute kennt, weil es behaglich ist, in ein unsichtbares Netz eingewoben zu sein, weil es warm ist, sich gegenseitig zu helfen, weil ich mich auf die Menschen des Nordens verlassen kann, weil sich die eigenen Grenzen verschieben, je mehr man trainiert, weil ich gefühlt habe, wie es ist, über sich hinauszuwachsen, weil es im Grunde so einfach ist, weil ich mich nicht quälen, sondern vor Begeisterung immer weitergehen will, weil ich staunen will darüber, wozu der Mensch fähig ist, weil ich so viel gelernt habe dort und immer noch lerne, weil ich gerne lache und froh bin und mich an der Schönheit unserer Erde freue, weil ich zurückkommen und berichten will, weil ich will, dass wir die Welt besser behandeln und irgendwie dazu beitragen will, weil ich erzählen und etwas zurückgeben will.

Auf dem Eis

> 7. Mai 2013, Tag 1
> Der Start bei Point 660
> noch vor uns: 560,1 km

> *Glorious it is, when the wandering time has come.*
> Sprichwort der Inuit

Wir gehen über Blankeis. Helles, blaues, schimmerndes Eis, so türkis wie ein Gletscherbonbon. Die Widerhaken unserer Steigeisen bohren sich in dieses Türkis und hinterlassen weiße Kratzer. Unsere Schlitten tänzeln und schwänzeln uns auf dem so gut wie keinen Reibungswiderstand bietenden Eis hinterher, so leicht, als wögen sie gerade mal zehn Kilo.

Diese Freude hält hundert Meter lang. Ungefähr. Dann haben wir ein erstes, kurzes Flachstück hinter uns, einen gefrorenen Schmelzwassersee vor einer Gletscherwand. Von jetzt an werden unsere Schlitten nicht mehr tänzeln und uns auch nicht mehr leicht erscheinen – das werden sie erst in 550 Kilometern wieder. Denn jetzt geht es bergauf.

Vor uns breitet sich eine bizarre Landschaft aus, eine Landschaft, die mich an nichts erinnert, weil ich etwas Ähnliches noch niemals gesehen habe. Es sieht aus, als würde eine Eislawine auf uns zurutschen, ein ganzes Universum aus Eis, ein

Bild, gemalt einzig aus Eis und Schnee und Wind. Das Inlandeis Grönlands flacht gemächlich Richtung Küste ab. In sanften Wellen schiebt es sich in diesen Breiten von einer Höhe von etwa 2500 Metern Richtung See. Die letzten Kilometer, der Gletscher- oder Eisbruch, sind dabei die steilsten, wobei auch der Bruch hier ein sehr zahmer ist, eigentlich kann man ihn gar nicht als solchen bezeichnen. Er ist nicht böse zerklüftet wie das Ende des Russellgletschers, und wer bei Gletscherbruch an die Geschichten aus den Eisfällen des Himalaya denkt, liegt ebenfalls falsch. So dramatisch ist es hier nicht. Auch können wir hier nicht von einem herabbrechenden, sich verschiebenden Eisturm erschlagen werden. Die Dramatik des Anblicks dieser Landschaft entsteht nicht aus deren potenzieller Gefährlichkeit oder Bedrohung. Diese Landschaft ist dramatisch durch ihr bloßes Vorhandensein. Das Ausmaß dieses Eises ist gigantisch.

Das Blankeis allerdings, das sich hier vor unseren Augen aufbaut, emporschwingt, und das es zu überwinden gilt, ist nicht glatt, nicht eben. Es ist wellig, es sieht aus, als sei ein bewegtes, aufgewühltes Meer innerhalb des Bruchteils einer Sekunde zu Eis erstarrt. Der Wind hat dieses Muster in das Eis geschliffen, der Wind und das Schmelzwasser, das im Sommer über das Eis gluckert. Vermeintliche Wellenberge und -täler, sogar Schaumkronen kann man sich hier denken, zackige, eingeschliffene Schneewehen zwischen den eisigen Hügeln und auf manchem Wellenscheitel. Doch in dieses Meer lässt sich nicht eintauchen, in seinem Innern ist kein reiches Leben. Es ist hart, massiv. Still und starr.

Dieser Anblick, in seiner Größe, Farbe und schlichten Existenz, ist ein bisschen viel für das Gehirn. So schnell lässt sich dies alles nicht erfassen. Es wird Tage dauern, bis wir angekommen sind im Eis. Immer wieder bleibe ich stehen. Nicht nur zum Atemholen, nicht zum Verschnaufen. Zum Ansehen, Aufnehmen. Verarbeiten. Begreifen. Ich ziehe die Handschuhe aus, knie nieder und fahre mit den Fingern über dieses pure Eis, ich will wissen, wie es sich anfühlt. Es ist hart, doch rutscht man ab von dieser Härte, denn die Oberfläche ist seltsam glitschig, weil feucht, weil sich sofort eine Schmelzwasserschicht zwischen meiner Hand und dem Eis bildet. Es stößt einen weg, dieses Eis.

Und während ich so ertaste, wo ich bin, denke ich an den gefrorenen arktischen Ozean zurück, über den ich vor zwei und drei Jahren zum Nordpol gewandert bin. Nie habe ich dort ein solches Eis erfühlt. Denn die Oberfläche des arktischen Ozeans lässt sich seine ausschließlich eisige Existenz nicht einmal dort anmerken, wo sie aufgerissen und schwarzes Wasser zu sehen ist. Das Meereis ist verweht von Schnee, der sich mit dem Eis zu verbinden scheint, undefiniert ist dieser Übergang. Und auch wo man den Schnee zur Seite schaufeln kann und schließlich abwischt, findet man kein Eis dieser Glätte und Klarheit vor; es ist durchzogen von Salzwasserkanälen und oft von einem verwaschenen Türkis, das an das Leuchten hier nicht herankommt. Meereis wirft keine Wellen, höchstens stapelt es sich eckig und kantig und meterhoch auf, und dazwischen ist es –zumindest im Winter und Frühjahr – oft so dick und massiv, dass es kaum einen Anhaltspunkt dafür gibt, dass man sich auf gefrorenem Wasser und nicht auf Land bewegt. Es sieht aus wie Land, und mitunter wähnt man sich sogar so sicher, als sei man auf ebensolchem unterwegs. Weil Wasserrinnen gut erkennbar sind und keine heimlichen Gefahren im brüchigen Schnee lauern.

Und nun stehe ich auf festem Grund. Auf Land, bedeckt

mit Eis. Und so wie das Meereis wie verschneites Land aussah, sieht nun das Inlandeis aus wie gefrorenes Meer. Verrückt.

Spalten gibt es dennoch, und während man im Arktischen Ozean nur nass würde, unangenehm nass zugegeben, würde man hier in den Spalten verschwinden, denn sie sind tief, sehr tief. Sie sind jetzt, im Frühjahr, mit einer Schneeschicht bedeckt, die hoffentlich stabil genug ist für uns und unsere Schlitten. Ein Sturz wäre fatal – selbst wenn man ihn überleben würde, eine Millisekunde später würde man dann immer noch vom nachfolgenden Schlitten erschlagen. Spaltenbergung braucht es hier nicht. Gedanken, die man besser verdrängt.

Thomas ist wohl der aufgeregteste von uns dreien. Wie ein junger Hund rennt er voraus, geht in die Knie, schaut mit zusammengekniffenen Augen in die Ferne. Als ich ein Foto von ihm mache, lacht er.

Zeig das bloß nie meiner Mutter, sagt er.

Warum, frage ich ihn.

Weil ich keine Mütze aufhabe. In Grönland! Das geht doch nicht!

Wir lachen alle drei, weil keiner von uns eine Mütze trägt. Uns ist so warm, dass wir keine brauchen. Die Schlitten hängen schwer an unseren Hüften. Dort, wo Schnee das Blaueis bedeckt, werden die Pulken gebremst. 75 Kilogramm sind viel, sehr viel, wenn man selber 65 Kilo wiegt. Ich muss mich weit nach vorn lehnen, mit aller Kraft in meine Stöcke stemmen. An steileren Stufen muss ich aufpassen, dass der Schlitten mich nicht nach hinten zieht und ich mitsamt der Pulka nach hinten umfalle. Das Eis knirscht unter den Steigeisen.

Auf dem Blaueis wird der Schlitten nicht gebremst, aber er schießt, kaum ist er dem schneeigen Untergrund entkommen, nach rechts oder links, und es ruckt an meinen Seilen; ich muss alle Muskeln anspannen, um mich selbst in der Spur zu halten. Was werden meine Rumpfmuskeln nach ein paar Tagen dazu sagen?

Wir sind unterwegs, das ist sie also, die erste Etappe, die schwierigste, der Teil der Strecke, von dem alle sagen, hier entscheidet es sich schon, ob man es schafft oder nicht. Ich habe keine Angst vor dieser Etappe.

Das Meereis am Nordpol hatte sich 2010 zum Teil mehrere Meter hoch aufgetürmt. Wir mussten über riesige Presseisrücken klettern, mit den Skiern und den Pulken. Tausende Male hat sich mein Schlitten damals verkeilt, ein einfaches Plastikgefährt, ungezählte Male bin ich auf dem Eis ausgerutscht und auf die scharfkantigen Eisbrocken gefallen, bin wieder aufgestanden, habe meinen Schlitten mit den Händen angehoben und mit den Seilen über die Eisbrocken gezogen. Wenn ich nun vorausschaue, sehe ich keine derartigen Kraftakte auf mich zukommen. Und noch dazu bewegt sich der Untergrund nicht. 2010 waren wir wie auf einer rückwärtsfahrenden Rolltreppe unterwegs gewesen. Wir wollten nach Norden, das Eis aber driftete nach Süden.

Hier bewegt sich nichts, die Distanzen, die wir tagsüber gehen, werden in der Nacht, wenn wir ruhen, nicht wieder verringert werden, jeder Meter, den wir gehen, gehört unwiderruflich uns, mit jedem Schritt wird der Abstand zu dem Fjord von Isortoq, unserem Ziel auf der anderen Seite, kleiner. Was wir haben, haben wir. Nicht umsonst sagten mir viele, Grönland sei viel einfacher als das Meereis. Wie bereitwillig ich das geglaubt habe.

Das erste Camp

> 7. Mai 2013, Tag 1
> Distanz: 2,4 km; Gesamtstrecke: 2,4 km
> Höhe: 690 m
> noch vor uns: 557,7 km

> *Don't let the windows of your home be so small
> that the light of the sun cannot enter your rooms.*
> Sprichwort der Inuit

Da drüben sind wir vor zwei Jahren losgegangen, sagt Thomas und deutet ein Stück weiter nach Norden. Er ist nicht zum ersten Mal in Grönland. Als er die Querung vor zwei Jahren mit einem Freund versucht hat, hat er sich an einigen Fingern Erfrierungen zugezogen. Er musste an der DYE-2 aufhören.

Hannes schaut auf sein GPS, sucht nach dem ersten von Bengts Wegpunkten. Ich bin froh, dass wir diese Hilfen haben. Diese Wegpunkte werden unter Querungsaspiranten für ziemlich viel Geld gchandelt – und jetzt sehen wir auch, warum. Wie soll man in diesem Gewirr einen Weg finden? An manchen Stellen kann man einer Längswelle fast hundert Meter folgen, bevor man samt Schlitten wieder herab- und auf eine andere hinaufsteigen muss, um die Richtung zu halten. An anderen Stellen ist das Eis so bergig, dass man keine zehn Meter gehen kann, ohne den Schlitten umherwuchten zu müssen. Hier kann man viel Energie verschwenden. Hier einen Irrweg einzuschlagen und dann auch noch umdrehen zu müssen, das würde sehr viel Zeit und sehr viel Kraft kosten. Sobald wir Bengts Punkte hatten, zuhause noch, haben wir besprochen, dass wir sie als Orientierungshilfe verwenden werden, um gut durch den Anfang zu kommen.

Hannes zeigt also mit seinem Stock nach Osten. Das ist die Richtung, in die wir gehen müssen, sagt er. In 500 Metern ist da der nächste Wegpunkt.

Thomas vergleicht Hannes' Weisung mit seinem GPS. Das erste Lager der Norweger, die vor vier Tagen gestartet sind, ist aber in der Richtung, sagt er, und zeigt ein Stück weiter nach Süden. Wir haben uns in Kangerlussuaq über diese norwegische Gruppe unterhalten. In einem Blog haben sie ihre Koordinaten veröffentlicht, und diese Koordinaten hat sich Thomas offensichtlich in sein GPS geladen. Nur uns hat er davon seltsamerweise nichts gesagt.

Die DYE-2 ist auch in der Richtung, und da vorne schaut es recht gut aus, fährt er fort. Er hat es noch nicht ganz fertig gesprochen, da gibt er seinem Schlitten auch schon einen Stoß und geht in die Richtung, in die er gezeigt hat. Hannes' noch in die Luft staksenden Stock, der eine andere Richtung zeigt, ignoriert er.

Perplex schaue ich Hannes an. Der zuckt mit den Schultern. Weil die beiden Richtungen nicht arg weit voneinander abweichen, setzen wir uns ebenfalls in Bewegung. Wir werden die Richtung sowieso noch oft korrigieren müssen, denke ich.

Die Bedingungen sind wunderbar, die Arktis sehr gnädig mit uns. Es hat ein Grad plus, ab und an weht ein heftiger, böiger Wind. Manchmal sind die Eiswellen zehn Meter hoch und fallen steil ab. Es stellt sich heraus, dass sich unsere Pulken sehr unterschiedlich verhalten auf diesem Untergrund. Vor allem Thomas' Schlitten, eine schmale Acapulka, erweist sich in diesem Gelände als nahezu untauglich, so oft fällt sie um. Weil er ein Gestänge verwendet, muss er sich dann jedes Mal, wenn Hannes und ich zu weit weg sind, um zu helfen, aus den beiden Gestängekarabinern aushaken, zurückgehen, die 75-Kilo-Pulka wieder aufrichten, wieder zum Gestänge gehen und erneut einhaken. Manchmal geht er dann drei Meter, und die Pulka liegt wieder auf der Seite. Wäre das mein Schlitten, ich hätte ihn spätestens am zweiten Tag in eine Gletscherspalte geworfen und wäre umgedreht. Um diese unliebsamen Unterbrechungen zu minimieren, beginnt Thomas einen Slalomgang über das Eis, mit dem er alle Stellen vermeidet, bei denen seine Pulka auch nur ein bisschen in Schieflage geraten könnte. So gelingt es ihm, sie einigermaßen im Zaum zu halten. Hannes' breiteres Modell fällt nicht ganz so oft um, aber beide Schlitten verlangen einen sorgsamen Umgang, um auf dem harten Eis nicht zu brechen.

Und meine? Erfüllt sie die Anforderungen, die Thomy an die Konstrukteure gestellt hat? Ja, sie erfüllt sie alle. Als Fridtjof Nansen, der große norwegische Polfahrer, sich sein Schiff, die Fram, konstruieren ließ, in der Hoffnung, sie würde wegen ihrer runden Rumpfform nicht von den Eismassen des Arktischen Ozeans zerquetscht, schrieb er nach den ersten Eispressungen in sein Tagebuch: »Die Fram verhält sich ganz wunderbar.«

Als mein Beluga sich nun in dem welligen Gelände immer wieder weit zur Seite neigt, dann aber scheinbar in der letzten Sekunde aufrichtet und tatsächlich nie umfällt, rufe ich Hannes diesen Satz zu.

Der Beluga verhält sich ganz wunderbar!

Hannes hat eine ebenso große Arktisbibliothek wie ich zuhause. Er erkennt diesen Satz und lacht.

Da hat er kein Glump gebaut, der Schweizer, hm, sagt er ebenso erfreut wie ich.

Nein, da hat er kein Glump gebaut, sage ich, Gott sei Dank.

Die Wellen werden größer, und leider können wir ihnen nicht auf ihren Wellenkämmen folgen, unser gewünschter Kurs verläuft leicht quer zu diesen Erhebungen. Immer wieder müssen wir also in die Wellentäler und wieder hinauf auf den nächsten Kamm. Diese kleinen Hügel, die wir immer wieder erklimmen müssen, tauft Hannes Schnapper. Sind sie kleiner, heißen sie Schnäpperle. Als wir an einen Schnapper kommen, der gut 15 Meter hoch ist, wuchten wir unsere Pulken zu dritt nach oben, und von dort beschließt Hannes, sie auf der anderen Seite abzuseilen. Er dreht eine Eisschraube ins Blankeis, holt sein Seil und lässt die erste Pulka langsam ab.

Mir ist das zu umständlich. Ich wage mich mit meiner den Hang hinunter, leider aber, ohne sie auszuhängen. Das ist ein Fehler, den man nur einmal macht. Die 75-Kilo schwere Pulka schlittert auf dem Blankeis an mir vorbei nach unten und schleudert mich mit einem harten Ruck von meinen Steigeisen auf das Eis. Und weil man sich auf dem welligen Blankeis nirgends festhalten kann und ich auch kein Eisgerät in der Hand habe, schleudere ich samt Schlitten den gesamten Steilhang hinunter. Über sehr viele kleine, harte Wellenspitzen. Unten bleibe ich in einem Schneehaufen liegen.

Aua, sage ich, das gibt ungefähr hundert blaue Flecken. Hannes und Thomas stehen oben und schütteln den Kopf.

Du bist nicht so stabil wie dein Beluga, wenn's drauf ankommt, ruft Hannes mir nach.

Jaja, sage ich, und reibe mir die Ellbogen.

Aber dafür bin ich schon unten.

Bei solchen Steilhängen also ist es besser, die Pulka auszuhängen und langsam vor sich hinunterzulassen. Den Beluga, stelle ich bald fest, kann man allerdings auch einfach loslassen und seinen Weg allein finden lassen. Durch seine runde Form kracht er nicht in Schneewehen, er gleitet elegant an allen Hindernissen ab. Er verhält sich eben einfach wunderbar.

Wie lange wollen wir heute noch gehen, fragt Hannes nach vier Stunden. Ich finde, wir sollten uns an den ersten Tagen nicht völlig verausgaben, sondern das Ganze langsam angehen, sagt er.

Vier Stunden des Auf und Ab reichen auch mir langsam. Zudem ist es mittlerweile halb acht Uhr abends – wir sind erst nach drei Uhr an der Eiskante gestartet. Wir stehen in einer breiten, schneeverwehten Rinne, in der wir das Zelt gut aufstellen können und keine Eisschrauben brauchen. Diese Gelegenheit sollten wir nutzen. Ich stimme Hannes zu.

Machen wir Schluss, sage ich, und gehen morgen zeitig los.

Thomas steht unentschlossen in seinem Geschirr.

Weit sind wir halt noch nicht gekommen, sagt er.

Es ist deutlich zu spüren, dass er noch nicht anhalten möchte, aber er sagt es nicht. Eine Weile sagt keiner was, wir stehen nur unschlüssig da.

Ich finde, es reicht für heute, sage ich. Es ist halb acht, bauen wir doch heute lieber in Ruhe das Zelt auf, zum ersten Mal, gehen früh schlafen und morgen früh los.

Thomas zuckt mit den Schultern. Wir können auch heute noch ein Stück weiter gehen, wenn der Tag eh so kurz war.

Klar, wir können auch noch eine halbe Stunde gehen, sagt Hannes. Ob wir das Zelt hier oder 500 Meter weiter aufstellen, ist egal. Ich finde nur, wir sollten uns halt nicht übernehmen, setzt er hinzu.

Und dann sagt wieder eine Weile keiner was.

Da stehen wir also, und schon in dieser ersten Entscheidungsfindung wird klar, dass wir irgendwie ein Kommunikationsproblem haben. Keiner will sich durchsetzen, jeder hat zwar eine Meinung, aber niemand sagt etwas Definitives. Ja oder nein. Stehenbleiben oder weitergehen. Diese Unterhaltung fühlt sich nicht gut an für mich. Sie ist ein Herumlavieren um klare Willensäußerungen.

Es ist halb acht, sage ich also ein zweites Mal. Bis wir mit allem fertig sind, ist es ohnehin zehn. Ich finde, es reicht.

Also gut, seufzt Thomas resigniert und stößt seine Stöcke in den Boden. Machen wir Schluss.

Es ist der erste Tag, vier Stunden sind vorbei. Und schon jetzt denke ich, wir hätten einen Anführer bestimmen sollen. Einer von uns müsste das Sagen haben. Ich hatte das irgendwann angeregt, aber Hannes und Thomas wollten das nicht. Wir würden uns ja wohl einig werden, sagten sie.

Ich war mir da nicht sicher. Durch die polare Expeditionsgeschichte zieht sich ein roter Faden: Unternehmungen ohne klare Kommandostruktur scheitern, waren immer zum Scheitern verurteilt. Erfolgreiche Expeditionen waren immer Diktaturen, in denen einer entschied, dessen Befehle nicht angezweifelt wurden. Diskutieren kann man hinterher. Ich hatte das damals auch angesprochen.

Aber wir sind ja nur zu dritt, hatte Thomas darauf gesagt. Das Thema war damit erledigt.

Zum ersten Mal stellen wir also unser grünes Tunnelzelt auf. Es ist ein norwegisches Zelt der Marke Helsport; ich habe mich bei dessen Auswahl gegen Thomas durchgesetzt, dem ein schwedisches Hilleberg-Modell lieber gewesen wäre. Die norwegischen Zelte haben mich am Nordpol so überzeugt, dass ich mir damals schon geschworen hatte, immer wieder diese Marke zu verwenden, so stabil und intelligent konstruiert sind sie. Leider aber haben wir diesmal ein anderes Modell genommen, es hat nur auf einer Seite eine Apsis, also ein Vorzelt, auf der andren Seite flacht es ab. Und zwar gehörig. Dadurch wirkt zum einen der Innenraum viel kleiner, und zum anderen hat derjenige, der in der Mitte und mit den Füßen zum Zelteingang liegen wird – das bin ich –, das Zeltdach ungefähr zwanzig Zentimeter über dem Gesicht hängen. Während Hannes und Thomas also den Kopf am Zelteingang haben und an den Seiten neben sich Stauraum, liege ich anders herum, mit relativ wenig Stauraum zu Füßen der beiden. Aber ich bin die Kleinste, es erscheint mir logisch.

Der Aufbau zieht sich in die Länge. Hannes und ich wollen die zweite Zeltstange, die wir von Bengt bekommen haben, in den mittleren Stangentunnel schieben.

Ich bin nicht begeistert von dieser Stange, sagt Thomas, als wir damit anfangen. Diese Kanäle sind nicht für zwei Stangen konstruiert, die rutschen dann in der Enge nur schlecht, und das macht den Aufbau schwerer und langsamer. Bei einem Sturm muss es aber schnell gehen.

Wir können's ja mal probieren, sagt Hannes. Wenn sie bei den andren reinpassen, müsste es bei uns ja auch gehen. Bengt hat ja auch Helsport-Zelte.

Sehr widerwillig kniet sich Thomas neben uns und beobachtet uns, wie wir die Stangen in den Schlauch friemeln. Es stimmt schon, es rutscht nicht besonders gut.

Das wird sich aber wohl noch ein bisschen dehnen, sage ich.

Ich bin echt dagegen, sagt Thomas. Das dauert ewig!

Hannes lässt die Stangen sinken. Aber es eilt doch jetzt nichts, sagt er ruhig. Wir versuchen das jetzt, und wenn's nicht gut ist, können wir sie morgen immer noch wieder herausnehmen.

Thomas sagt nichts mehr.

Hannes und ich versuchen herauszufinden, wie wir die Halterung für die zweite Zeltstange befestigen müssen. Bengt hatte empfohlen, am besten Zahnseide dafür zu verwenden, »etwas, das wirklich viel Zug aushält.« Hannes und ich besehen uns die Halterung und sinnieren, wie norwegische Zahnseide aussieht, und ob Norweger sich ihre Zahnzwischenräume mit Stahlwolle saubermachen. Wir müssen dabei so lachen, dass wir kaum noch die gespannten Stangen im Zaum halten können. Thomas beteiligt sich an diesem unsinnigen, aber sehr lustigen Geschwätz nicht, sondern wartet mit ungeduldigem Blick darauf, dass wir fertig werden.

Als wir Stangen samt Halterung an ihrem Platz haben, machen wir also mit dem Aufbau weiter, aber irgendwie haben wir den Dreh mit diesem Zelt nicht richtig raus, obwohl wir es in Garmisch schon einmal gemeinsam aufgestellt hatten. Immer sieht es irgendwie windschief aus. Thomas ist genervt.

Beim Hilleberg-Zelt geht das alles viel einfacher, sagt er. Zweimal. Er zieht und zerrt ziemlich hektisch an den Ecken des Innenzelts. Und auf einmal macht es einen Ratsch, und er hat die Befestigungsschlaufe abgerissen.

Was soll das denn, schimpft er daraufhin, so was muss das Zelt doch aushalten, was soll denn erst bei einem Sturm passieren?

Weder Hannes noch ich sagen etwas dazu. Ich zweifle auf einmal an mir selber, weil ich aus Gewichtsgründen nicht bei dem bewährten Modell geblieben bin. Und Hannes macht sich an das, was fortan sein Hauptjob während unserer Expedition sein wird: ans Reparieren. Ohne einen Kommentar über einen etwas sanfteren Umgang mit dem Zelt abzugeben, flickt er die abgerissene Schlaufe wieder an. Und nachdem wir auf die Schneelappen genügend Schnee geschaufelt haben, schlüpfen wir ins Zelt.

2,4 Kilometer haben wir in diesen vier Stunden geschafft.
Wir sind ja kaum von der Eiskante weggekommen, sagt Thomas.
Aber ich denke an die Tabellen anderer Expeditionen. Diese Zahl ist nicht ungewöhnlich. Der Anfang ist hart, es war ein kurzer Tag, und wir müssen uns an alles erst gewöhnen, die Abläufe müssen sich erst einspielen.
Hannes ist es egal, wie weit wir gekommen sind.
Das Wichtigste ist, dass wir uns jetzt nicht verausgaben, sagt er. Langsam anfangen. Das hat sich noch immer bewährt, fügt er hinzu.
Hannes versucht, meine Leichtsteigeisen fester anzuziehen und enger zu machen. Während des Tags waren sie mir ein paarmal fast von den Stiefeln gerutscht. Ich repariere meine Skihose, in die ich mir mit meinen Steigeisen zwei lange Löcher gerissen habe. Mit dem multifunktionalsten Ausrüstungsgegenstand, der auf keiner Expedition mehr fehlt: mit Duct Tape. Innen und außen, längs und quer. Das müsste halten.

Es ist angenehm warm im Zelt – ganz anders als am Nordpol, wo wegen des flachen Winkels, den die Sonnenstrahlen durch die Erdatmosphäre nehmen, kaum noch wärmende Energie ankommt. Hier aber, nahe des Polarkreises, heizt sich das Zelt angenehm auf, kaum dass es aufgestellt ist. Mit dem Sinken der Sonne sinken später aber auch die Temperaturen – in dieser ersten Nacht auf minus 15 Grad. Dunkel wird es nicht mehr, wir bewegen uns auf den Polartag zu. Noch sinkt die Sonne für vier Stunden unter den Horizont, von 23 bis drei Uhr etwa, golden und blau ist das Licht in dieser kurzen Nacht, die tiefstehende Sonne, das viele Weiß, die große Ebene, all das führt zu jenem berührenden Licht, nach dem jeder Nordlandreisende süchtig ist. Und jeden Tag bleibt die Sonne ein bisschen länger über dem Horizont, bis sie in Isortoq schließlich vom 15. Juni an gar nicht mehr untergehen wird.

Während des Herumwerkelns schmelzen wir Schnee, füllen unsere Thermoskannen und lassen schließlich heißes Wasser über unser gefriergetrocknetes Abendessen gluckern, das binnen acht Minuten zu Pasta Bolognese aufquillt. Nach dem Essen wirft Thomas einen kleinen roten Packsack in unsere Mitte.

Was ist das, frage ich ihn.

Nachspeise, sagt er. Er hat kleine Tütchen für uns gepackt, für jeden Tag eine. Mit Mini-Schokoladetafeln oder drei Gummibären für jeden.

Das ist ja süß, sage ich.

Du kannst jeden Abend die Glücksfee sein und ein Päckchen ziehen, sagt er. Ich fische in den Sack und ziehe Gummibären heraus.

Thomas macht sich daran, mit dem Satellitentelefon einen Blogbeitrag für unsere Webseite nach Deutschland zu telefonieren. Ich kritzele mit meinem Bleistift in mein Tagebuch. Fast wird es gemütlich in unserem Tunnel. Fast.

Ich merke, dass ich unter hohem inneren Stress stehe.

Thomas scheint unzufrieden, aber er spricht es nicht aus. Hannes ist ungewöhnlich schweigsam. Mit solchen Situationen kann ich sehr schlecht umgehen. Es verunsichert und verwirrt mich, wenn jemand unterschwellig andere Botschaften sendet als jene, die er offen ausspricht. Ich will dann immer Harmonie schaffen und diese doppelbödigen Botschaften auflösen.

Wir sitzen also nur oberflächlich betrachtet einträchtig nebeneinander im Zelt und essen. In Wahrheit ist da irgendetwas Negatives unter einem Deckel, das ich nicht deuten kann, das aber eindeutig da ist.

Als wir uns in unsere Schlafsäcke verziehen, hören wir ein leises Rieseln auf der Zeltwand. Es hat zu schneien begonnen.

Was wir essen

Expeditionsfrühstück, Knusper-Müsli, Pasta Bolognese, Pasta alle Noci, Nasi Sateh, Chicken Curry, Nasi Cashew, Früchtereis, Mousse au Chocolat, Vanilledessert, Apfel-Aprikosen-Kompott (alles gefriergetrocknet), Peronin-Flüssignahrung mit Vanille- und Schokoladegeschmack, gewürfelten Speck, Nuss-, Orangen- und Chilischokolade, Manner-Waffeln, Müsliriegel, Ovomaltine-Riegel, Nüsse, Rosinen, Datteln, M&Ms, Gummibären, Salbeibonbons, heiße Schokolade, Tee und Kaffee, Multivitamin- und Mineralstofftabletten oder anders ausgedrückt: jeden Tag ungefähr 1200 Gramm Nahrung oder 5500 Kalorien, die wir essen, verbrennen, verarbeiten.

Unser Weg

> 8./9. Mai 2013, Tag 2 und 3
> Distanzen: 5,2 km/8,8 km, Gesamtstrecke: 16,4 km
> Höhe: 737 m/877 m
> noch vor uns: 543,7 km

The arch of the sky and mightiness of storms encompasses me,
and I am carried away, trembling with joy.
Lied der Inuit

Über Nacht hat es mehr als zehn Zentimeter geschneit. Kein Blankeis mehr.

Wenn das kein feinster Powder ist, sagt Thomas am Morgen dazu. Daheim wären wir froh.

Hier macht uns der Pulverschnee den Weg nur beschwerlicher, hier wollen wir nicht hinabwedeln, hier wollen wir insgesamt rund 220 Kilo Material auf einen Gletscher wuchten, einen steilen Gletscher. Stellenweise sinken wir bis zu den Knien ein, andernorts prallen wir hart auf Eisrippen, die der Wind schon wieder frei geblasen hat. Es geht auf und ab, auf und ab. Und die Landschaft ist noch immer kaum zu fassen. Mit dem verwehenden Schnee sieht heute alles anders aus als gestern.

Machen wir auch mal eine Pause?, frage ich nach vier Stunden, in denen wir, wenn überhaupt, immer nur für Minuten stehen geblieben sind, um nach dem weiteren Weg zu schauen. Ja, können wir, sagt Thomas. Aber er bleibt nicht stehen, sondern springt schon wieder auf die nächste Welle.

Ich muss jetzt mal was trinken, sage ich, und in Ruhe was essen. Ich ramme meine Stöcke in den Schnee, gehe zum Schlitten zurück. Hole meinen Essensbeutel heraus und die Thermosflasche. Thomas hängt sich aus seinem Schlitten aus und läuft, während er einen Müsliriegel isst, einen Eiswellenrücken entlang. Versucht, den weiteren Weg zu erkennen. Hannes und ich essen im Sitzen. Hannes holt sein GPS, wir suchen nach dem nächsten Wegpunkt von Bengt. Hannes zeigt in die Richtung, ich suche auf meinem Kugelkompass, den ich umgeschnallt habe, den Kurs. Dann gehen wir ohne Schlitten Thomas hinterher. Schauen ins Eis, suchen nach einem Weg in der Richtung, in die wir gehen müssen. Thomas kommt uns wieder entgegen und ruft, dass es diesen Rücken entlang sehr gut aussehe. Hannes und ich vergleichen mit Kompass und GPS.

Wir müssen aber ein Stück weiter nach Norden, sagt Hannes. Und dann wiederholt sich, was sich gestern schon genauso zugetragen hat: Thomas sagt, das Camp der Norweger, die uns vier Tage voraus sind, liege aber in einer anderen Richtung. Und die DYE-2 auch. Während er das sagt, hängt er sich wieder in sein Geschirr ein und geht los – in die Richtung, in die er und nicht wir gezeigt haben.

Diesmal rufe ich, Thomas?

Er dreht sich um.

Warum kommen jetzt plötzlich immer die Punkte dieser Gruppe vor uns ins Spiel?, frage ich ihn.

Weil das aktuelle Punkte sind, sagt er. Wenn die Norweger da gehen, dann wird es schon passen.

Und damit stemmt er sich wieder in sein Zuggeschirr und geht weiter. Ich bin wie vor den Kopf gestoßen.

Gehen wir jetzt irgendwelchen Punkten hinterher, von

denen wir überhaupt nicht wissen, ob der Weg gut ist?, frage ich Hannes. Der tippt auf seinem GPS herum.

Sieht so aus, sagt er.

Aber wir sind nicht weit entfernt von Bengts Route. Das kommt so auch hin, ungefähr, fügt er hinzu.

Ungefähr?, frage ich.

Ungefähr reicht mir aber in einem Gletscher eigentlich nicht. Das war doch genau das Gute an den GPS-Punkten, dass wir einen erprobten Weg gehen können.

Wir beugen uns noch einmal über das GPS, während sich Thomas entfernt.

Hast du auch die Wegpunkte dieser Gruppe?, frage ich Hannes, ich hab die nämlich nicht.

Nein, sagt Hannes.

Das ist ein bisschen bizarr, sage ich. Wir können doch nicht jetzt auf einmal unsere ganze Routenplanung über den Haufen werfen.

Wir haken unsere Schlitten wieder ein und gehen weiter. Thomas ist schon gute 100 Meter von uns entfernt, wartet aber an einer steileren Stelle auf uns. Gemeinsam wuchten wir einen Schlitten nach dem anderen hinunter.

Ich würde ihn gern fragen, ob wir nicht mehr und besser miteinander über unser Vorgehen reden sollten. Ob wir uns nicht die Zeit nehmen sollten, die beiden Routen miteinander zu vergleichen, anstelle so überstürzt voranzueilen. Aber ich weiß nicht, wie ich anfangen soll.

Mit den äußeren Bedingungen haben wir trotz des Schnees wieder Glück. Die Sicht ist gut, die Temperaturen gerade um den Gefrierpunkt, es weht nur leichter Wind. Aber die inneren, wie sehen die inneren Bedingungen aus? Es bedrückt mich immer mehr, wie wir miteinander umgehen. Ich spüre, wie mein innerer Stress wächst.

Nach sechs Stunden sagt Hannes zu mir, dass er aufhören möchte. Und wir beschließen, allerdings nach einem sehr ähnlichen Hin und Her wie schon am Vortag, dass wir das Camp aufbauen.

Als das Zelt steht, werfe ich meine Sachen ins Innere, bleibe selbst aber noch eine Weile draußen, sortiere meinen Schlitten, halte Ordnung. Das war einer meiner großen Vorsätze für diese Tour. Am Nordpol hatte ich, nach nur zwölf Tagen, am Ende ein heilloses Durcheinander in meiner Pulka, der Müll flog herum, und anstelle von mehr hatte ich irgendwie immer weniger Platz. Thomy hatte mich dafür immer strafend angeschaut. Was hast du nur für ein Puff in deinem Schlitten, sagte er zu mir. Als ich an diesen Satz denke, während ich jetzt eine selbst für schweizerische Maßstäbe vorbildliche Ordnung in meiner Pulka schaffe, muss ich lachen. Thomy, denke ich, wenn du das jetzt sehen könntest! Haben deine ewigen Ermahnungen doch was gebracht. Gleichzeitig werde ich wehmütig. Wie entspannt damals alles gewesen war. Wie viel Spaß wir gehabt hatten. Diesmal, fange ich an zu fürchten, würde das nicht so werden.

Ich fotografiere das Zelt aus allen Perspektiven, die starr gefrorenen Schneewehen, das manchmal schon wieder aus dem Neuschnee hervorblitzende Blankeis. Danach sitzen wir bei offenem Zelteingang im Windschutz in der Sonne.

Was für ein Luxus, sagt Hannes. So hab ich mir das vorgestellt, genau so. Er sitzt allerdings nicht einfach nur da – natürlich repariert er schon wieder. Diesmal eine seiner Skibindungen, die sich gelockert hat. Im Zelt ist es so warm, dass wir in der dünnen Skiunterwäsche auf den Schlafsäcken sitzen. Keine Handschuhe, keine Mützen. Es ist wirklich Luxus.

Wir sind auf einer Höhe von 737 Metern angelangt, gut siebeneinhalb Kilometer vom Startpunkt entfernt. Nach zwei Tagen. Ich trage die Koordinaten, Entfernungen und die Temperatur in die Tabelle in meinem Tagebuch ein. Man darf nicht nervös werden, denke ich mir. Am Anfang sind die Distanzen gering, das ist nun mal so.

Als Hannes und ich beim Essen über Spitzbergen reden, beteiligt sich Thomas nicht an dem Gespräch, sondern isst schweigend vor sich hin. Als ich ihn nach den Abenteuerrennen frage, die er schon gemacht hat, erzählt er von Rennen durch wildeste Natur, zum Teil über mehrere hundert Kilometer.

Wahnsinn, sage ich zu ihm, das waren ja ganz schöne Distanzen.

Das waren ja auch Rennen und kein Spaziergang, platzt es da plötzlich so heftig aus Thomas heraus, dass ich zusammenzucke. Hannes zieht die Augenbrauen nach oben. Dann ist es still. Ich schaue Thomas an. Es ist unübersehbar, wie genervt er ist. Wovon? Ich traue mich nicht, ihn das zu fragen. Da ist das Gefühl wieder, das mir die Luft abdrückt, weil da etwas ist, was ich nicht orten kann. Sind Hannes und ich Thomas wirklich so viel zu langsam? Warum spricht er nicht aus, was er wirklich denkt? Es ist erst der zweite Tag, aber schon hängt der Zelthimmel voller unausgesprochener Dinge. Wir werden immer schweigsamer.

In der Nacht wird es windig, das Außenzelt knattert, es ist laut. Der Wind ist gut für uns, er wird den neu gefallenen Schnee glatt pressen und uns das Gehen und Schlittenziehen erleichtern. Thomas ist am Morgen beim Zeltabbauen hektisch. Er rollt das Zelt ein, während ich versuche, den Schnee zwischen Außen- und Innenzelt herauszuwedeln, und am Ende zieht er ruckartig an der Ecke des Innenzelts, deren Schlaufe noch im Schnee verborgen ist – und an einem Hering hängt. Die Schlaufe reißt ab. Hannes hat uns beobachtet.

Verdammt! Aufpassen, Freunde!, sagt er laut und verärgert. Er macht seine Schlittenabdeckung wieder auf und holt sein Reparaturkit heraus.

Das ist jetzt schon die zweite! Das fügt er hinzu, und es ist ihm anzumerken, dass er vor Wut fast platzt.

Aber weder er noch ich sagen, dass man die Dinge mit mehr Ruhe angehen sollte. Dass es keinen Grund gibt, immer so hektisch, immer so schnell sein zu wollen. Es ist windig, ja. Aber es ist nicht kalt, und es weht kein Sturm.

Warum sagen wir wieder nichts? Haben wir Angst? Wovor? Sind wir so harmoniesüchtig?

Auch Thomas sagt nichts. Kein Hoppla, da war ich wohl zu schnell – nichts. Ich stehe schweigend auf und ziehe meine Steigeisen an. Wenig später brechen wir auf.

Die Landschaft um uns sieht aus wie Dünen. Weiße Hügel, aus deren Kuppen blankes Eis herausblitzt. Der Wind hat tatsächlich gute Arbeit geleistet, er hat den Schnee zusammengepresst, gehärtet und schon die ersten sanften Wellenmuster hineingefräst. Wir wandern durch dieses Wellenmeer vorwärts, Schritt für Schritt, bergauf, bergab, und als die tiefstehende Morgensonne durch den Dunst bricht, werden innerhalb von Sekunden alle Blankeiskuppen zu Gold. Das geschieht genau in einem Moment, in dem wir auf einer höheren Erhebung stehen, die uns einen weiten Blick auf den Anstieg ermöglicht, der vor uns liegt. Die in dem Dunst hängenden Schneekristalle beginnen zu glitzern. Wir stehen in einer Welt aus Gold.

Wow, sage ich, wow!

Und gehe zum Schlitten zurück, um meinen Fotoapparat zu holen. Was für ein Anblick!

So bleiben wir fünf Minuten stehen, staunen. Und langsam fließt die Freude in mich, auf die ich so lange gewartet habe. Die Freude, die mich am Nordpol vorangetrieben hat, der unbändige Jubel, der manchmal in einem ausbricht, wenn man sich klarmacht, wo man gerade ist, was man gerade macht, wohin man gerade geht. Für ein paar Minuten strömt reines Glück durch mich.

Nach zwei Stunden sage ich, wir sollten jetzt mal Pause machen. Wir bleiben doch eh dauernd stehen, sagt Thomas. Das stimmt, wir bleiben oft stehen, weil wir die Richtung kontrollieren müssen. Aber wir bleiben nicht stehen, um zu essen und zu trinken. In Ruhe.

Ich würde jetzt gern mal zehn Minuten Pause machen und essen und trinken, sage ich. So wie wir es in Deutschland ja auch besprochen hatten.

Das fände ich auch gut, sagt Hannes. Ich hab Hunger.

Ja, dann bleiben wir halt stehen, sagt Thomas, mit sehr viel Unwillen in der Stimme. Ich ziehe meinen Schlitten in den Windschatten einer mannshohen Eiswelle. Werfe meine Daunenjacke über. Mache meinen Essensbeutel auf und setze mich auf den Schlitten. So wie ich es hunderte Male mit Thomy im Eis gemacht habe. So wie ich es gelernt habe. Langstrecken-Expeditionen geht man, indem man sie einteilt; jeden Tag in mehrere, übersichtliche Etappen, nach denen man Essen und Trinken nachlegt. Damit man nicht zu frieren beginnt, damit die Kraft nicht ausgeht, weder die physische noch die psychische. Der Hochofen im Innern des Körpers braucht Nahrung, kontinuierlich, und der Geist braucht ab und an eine kurze Rast.

Hannes zieht Paula, so hat er seine Pulka getauft, neben mich und setzt sich ebenfalls. Thomas bleibt etwa zehn Meter weit von uns entfernt im Wind stehen, angeschirrt.

Das schafft nun nicht gerade eine angenehm entspannte Pausenatmosphäre. Thomas muss es nach wenigen Minuten hundekalt sein in seiner dünnen Softshell-Jacke. Und man macht nun mal nicht gerne Rast, wenn jemand neben einem steht und mit den Hufen scharrt.

In Deutschland hatte ich bei einem unserer Treffen das Thema Struktur und Pausen angeschnitten. Ich hatte erzählt, wie wir am Nordpol vorgegangen waren, dass wir immer spätestens nach anderthalb Stunden eine etwa zehnminütige Pause eingelegt haben, in der man Energie tanken konnte. Ich hatte auch erzählt, dass Thomy diese Einteilung nicht nur macht, wenn er mit Kunden unterwegs ist, sondern auch, wenn er selbst auf Expeditionen geht. Alle großen Polfahrer gehen mehr oder weniger so vor bei langen Strecken. Denn so kann man bei gleichbleibender Kraft am längsten gehen und schafft größere Tagesdistanzen. Damals hatte Thomas mich unterbrochen mit den Worten, man könne ja nicht in Deutschland schon minutiös jede Pause planen. Das würde sich dann ja ergeben.

Darauf hatte ich geantwortet, na ja, minutiös nicht, aber das Grundmuster ist klar: Wir gehen etwa anderthalb Stunden und pausieren dann zehn Minuten, je nach Temperatur und Wind.

Auf dem Schlitten sitzend erinnere ich mich nun an dieses Gespräch. Und mir wird nun auch klar, dass wir es nicht zu Ende diskutiert hatten, wir hatten uns nicht geeinigt. Wir hatten lediglich aufgehört, darüber zu sprechen. Was für ein Fehler. Es war mir nicht in den Sinn gekommen, dass wir über etwas so Grundlegendes so unterschiedlicher Meinung sein konnten. Für mich war klar, wie Expeditionen ablaufen. Dieses Pausenthema war für mich keine Geschmacksfrage, es war eines der Gesetze von Expeditionen, die jeder kannte, der derlei Unternehmungen macht.

Thomas aber hat offensichtlich eine andere Strategie. Er will so vorgehen wie bei seinen Rennen. So lange und so schnell unterwegs sein wie möglich. Jeden Tag an die Leistungsgrenze.

Vielleicht ist es das, vielleicht ist er deswegen so unterschwellig aggressiv. Wenn dem so ist, berücksichtigt er einen entscheidenden Faktor nicht. Einen Faktor, den auch die Expeditionspassagiere im Sommer manchmal nicht sofort erkennen, wenn wir mit dem Eisbrecher zum Nordpol fahren: dass sie sich in eine Gegend begeben haben, in der es keine Infrastruktur gibt. Keine. Ein Beinbruch am Nordpol ist etwas anderes als ein Beinbruch in Berlin. Genauso ist es hier. Bei den Abenteuerrennen, die Thomas hinter sich hat und aus denen er seine Erfahrung zieht, gibt es eine wie auch immer geartete Infrastruktur, und sei sie noch so dürftig. Hier gibt es nur, als einzigen Ausweg, einen Rettungsflug, der Tage dauern kann.

Diese unterschiedliche Herangehensweise war uns zuhause nicht aufgefallen. Aber nun werden wir irgendwie mit ihr umgehen müssen. Ich hole mein Speckpaket aus meinem Essensbeutel und werfe mir mehrere Handvoll Speckwürfel in den Mund. Ich habe einen Bärenhunger. Sollen wir nun jeden Tag um die Pausen kämpfen? So wie wir auch schon um die Wegpunkte kämpfen? In dieser Pause wird mir klar, dass wir ein Problem haben, und dass es kein kleines ist. Wir sind zu dritt, und einer von uns ist mit vollkommen anderen Erwartungen gestartet als die beiden anderen. Ein weiteres Mal merke ich, wie mich das alles bedrückt. Es raubt mir Kraft.

Hannes und ich beeilen uns also mit dem Essen. Dann gehen wir zu dritt eine hohe Eiswelle entlang, um zu sehen, wie es am besten weitergeht. Hannes schaut auf das GPS und deutet mit dem Skistock in die Richtung, in der der nächste Wegpunkt von Bengt liegt. Und wieder sagt Thomas, die DYE-2 ist aber in der Richtung, und das Camp der Norweger auch. Und zeigt einen deutlich abweichenden Kurs.

Können wir uns jetzt mal einigen, welchen Punkten wir eigentlich folgen?, frage ich, ich verstehe nicht, warum du jetzt von den Wegpunkten dieser Norweger sprichst, die wir gar nicht kennen. Wir wissen doch gar nicht, ob sie einen guten Weg gefunden haben. Wir wissen gar nichts!

Thomas dreht sich zu mir um.

Aber was wollen wir mit Bengts Wegpunkten? Die sind ein halbes Jahr alt, und noch dazu aus dem Herbst. Da ist das Gelände ganz anders, die kann man jetzt eigentlich gar nicht verwenden.

Konsterniert schaue ich Thomas an.

Wir haben aber doch mehrmals besprochen, dass wir diesen Wegpunkten folgen, sage ich. Warum hast du nie gesagt, dass du das nicht willst? Oder dass du findest, dass Markierungen aus dem Herbst jetzt nichts taugen. Und warum besprechen wir das nicht, sondern haben bei jeder Richtungskontrolle das gleiche Geeier, und dann schaffst du einfach Fakten, indem du vorausrennst?

Ich bin während des Redens richtig wütend geworden.

Hannes ist der Beschwichtiger. Die Camps der Norweger weichen nicht *so* weit ab von Bengts Route, sagt er. Im Prinzip ist das schon ganz ähnlich, wir sind schon ganz gut dabei.

Stille.

Wir haben bisher ja einen ganz guten Weg gefunden,

fährt Hannes fort. Das könnte auch alles noch ganz anders aussehen, sagt er. Wir haben ja fast keine hohen Steilstellen überwinden müssen. Wenn wir uns weiter so halten, in einer Mischung aus diesen drei Informationen, also Bengts Wegpunkten, den Camps der Norweger und der DYE-2, dann müsste es schon hinhauen.

Mühselig schlucke ich meinen Ärger hinunter. Ich will mich nicht ärgern. Ich will solche absurden Debatten einfach überhaupt nicht führen.

Na also, sagt Thomas und geht weiter. In die Richtung, in die er gezeigt hat.

Hannes schaut mich an und hebt die Schultern.

Nur gut, dass das nicht die ganze Zeit so gehen kann, sage ich, ab morgen haben wir ja keine Koordinaten mehr von dieser Gruppe. Gut, dass wir nicht mehr im Internet nachschauen können.

Hannes und ich gehen Thomas hinterher. Die Stimmung ist an einem ersten Tiefpunkt angelangt.

Dann geraten wir in ein Wellengewirr, in dem das Vorankommen deutlich schwieriger wird. Riesige, tiefe Schmelztäler öffnen sich zum Teil vor uns, tiefe Spalten, in denen im Sommer das Schmelzwasser Richtung Küste fließt. Diese tiefen Einschnitte sind unüberwindbare Hindernisse – wir können sie nur umgehen.

An steileren Stellen müssen wir mehrmals zu dritt die Pulken gemeinsam eine nach der anderen vorsichtig bergab hieven.

Als Hannes dabei sein Schlitten einmal entgleitet, donnert Paula in eine Eiswand, und mit einem hässlichen Krachen bricht einer der Ski ab, die Hannes wie wir alle oben auf die Pulka gezurrt hat. Zum Glück aber nicht vorne an der Spitze, so dass der Ski nun zwar hinten etwas kürzer, aber immer noch zu verwenden ist.

Das gemeinsame Pulkastemmen stärkt den Teamgeist. Gegen Abend wird die Stimmung zwischen uns wieder deutlich besser. Wir lachen sogar ein paar Mal bei absurden Anstrengungen über hohe Eiswellen hinweg. Als der Wind noch einmal deutlich auffrischt, nach sieben Stunden, fragt Hannes, wie lange wir noch gehen wollen.

Machen wir doch jetzt eine Pause, und dann gehen wir noch eine Stunde, sage ich.

Ja, das machen wir, sagt Thomas.

Und so gelingt uns also doch eine erste, einträchtige Pause im Schnee. Auch der Abend verläuft besser.

Vielleicht, denke ich mir an diesem Abend, müssen wir uns einfach nur alle erst aufeinander einstellen. Vielleicht zahlen wir jetzt schlicht den Preis dafür, dass wir nicht zuhause schon daran gearbeitet haben, ein Team aus uns zu machen.

Der Hubschrauber

8. Mai 2013, Tag 3
Distanz: 5,2 km, Gesamtstrecke: 16,4 km
Höhe: 737 m
noch vor uns: 543,7 km

*Das Einzige, was wir mit Sicherheit wissen,
ist, dass das, was geschehen soll, geschehen wird.*
Sprichwort der Inuit

Ein Hubschrauber. Ganz deutlich. Ich höre das Patt-patt-patt eines Helikopters. Weit entfernt ist er noch, aber er kommt eindeutig näher, wird immer lauter, immer deutlicher wird das Geräusch. Ich bleibe stehen und drehe mich um. Suche mit den Augen den Himmel ab. Nichts zu sehen. Ich ziehe an meiner Mütze, schiebe sie mir von den Ohren. Und plötzlich ist das Geräusch weg. Ich muss mich getäuscht haben.

Kaum gehe ich weiter, höre ich den Hubschrauber erneut. Wieder kommt er von hinten näher. Wieder drehe ich mich um, und wieder blicke ich in einen leeren Himmel.

Hast du das gehört, frage ich Hannes.

Was? Hannes unterbricht sein konzentriertes Voranschreiten.

Einen Hubschrauber!

Nein, sagt er, ich habe nichts gehört.

Lauscht kurz in die Stille und geht weiter.

Noch einmal schaue ich mich um, verunsichert. Kein Hubschrauber. Nicht zu sehen und nicht zu hören. Ich folge Hannes hinterher.

Und nur ein paar Minuten später ist er wieder da. Ich höre, wie er näher kommt. Wie er sinkt. Ich arbeite im Sommer auf den Expeditionsschiffen viel mit Hubschraubern, ich weiß, wie gewaltig sich ein russischer MI-8-Helikopter anhört und wie sich das Geräusch verändert, je näher er dem Boden kommt. Irgendwann hört man es nicht nur, man spürt es, jede Umdrehung der Rotoren wirft Wellen auf den Körper, die man in den Lungen fühlt, dann kommt der Abwind, gegen den man sich stemmen muss, dem man den Rücken zuwenden muss und in den man nie ohne Schutzbrille blicken darf, weil immer Dreck durch die Luft schießt. Man kann sich anlehnen, an diesen Wind, den ich auch jetzt zu spüren anfange, so tief ist der Hubschrauber schon.

Da ist kein Hubschrauber, sage ich zu mir.

Der Hubschrauber ist direkt hinter mir, er kann keine fünfzig Meter mehr entfernt sein, und es ist mit Sicherheit ein MI-8. Der MI-8 klingt dumpfer als andere, man hört ihm an, wie groß er ist. Ich zwinge mich, mich nicht mehr umzudrehen, ich schüttle den Kopf, um das Geräusch loszuwerden. Es bleibt. Patt-patt-patt, dieses Geräusch ist nicht in meinem Kopf, es ist real, es ist wirklich da!

Ich drehe mich doch um. Kein Hubschrauber. Und das Geräusch ist abrupt verstummt. Ich ramme die Stöcke in den Boden, stütze mich darauf und blicke einmal um meine ganze Achse. Hinter uns sehen wir noch Land, neben uns sind noch Berge. Nur direkt vor uns breitet sich das mächtige Eis aus. Aber nirgends, nirgendwo ist ein Hubschrauber zu hören. Es ist still. Absolut still. Wann hören wir jemals eine solche Stille? Ich räuspere mich, weil ich etwas hören will. Das Räuspern klingt seltsam in meinen Ohren. Der Hubschrauber bleibt weg.

Es geht mir also tatsächlich wie Robert Peroni. Ich halluziniere. Kaum jemand hat Peroni damals geglaubt, dass es möglich ist, was er vorhatte. Dass man diese Insel an ihrer breitesten Stelle durchqueren kann, dass der Mensch tatsächlich in der Lage ist, so viel Gepäck für so eine weite Strecke mit sich zu schleppen. Peroni beschreibt in seinem Buch »Der weiße Horizont« das, was ich jetzt erlebe. Zu Beginn seiner Expedition, gleich am zweiten Tag, hört er einen Hubschrauber. Einen Hubschrauber, der nicht da ist. Er findet eine schöne Erklärung dafür, eine einleuchtende: Seine Psyche komme nicht mit dem Trennungsschmerz zurecht. Dieses Wort gelte nicht nur für gescheiterte Liebesbeziehungen, schreibt er, sondern auch für einen vielleicht schlimmeren Schmerz: »den Urängste auslösenden Abnabelungsprozess, mit dem ein in der Zivilisation aufgewachsener Mensch alle Brücken hinter sich abbricht.«

Für unser Vorhaben erscheint mir das im Vergleich mit dem, was Peroni realisiert hat, übertrieben. Aber erlebe ich nun trotzdem genau das? Den Trennungsschmerz? Mit jedem Schritt entfernen wir uns weiter von Menschen, Häusern, Straßen. Von dem, was man Zivilisation nennt. Gern wird dieser Begriff verwendet, wenn es um Expeditionen geht. Dass wir uns an die Ränder der Zivilisation, die Ränder der Welt begeben, oder besser noch: darüber hinaus. Es ist eine jener Floskeln im Medienbetrieb, die wiederholt werden, ohne dass noch jemand darüber nachdenkt, was sie eigentlich bedeuten.

Kann man sich von der Zivilisation überhaupt noch entfernen, oder schleppen wir sie nicht eher, umgekehrt betrachtet, überall mit hin? Können wir uns überhaupt noch aus ihr herauslösen, oder klebt sie nicht vielmehr untrennbar an uns, und ist damit nicht jeder Ort, sobald einer von uns an ihn vordringt, ein Ort der Zivilisation?

Unsere Ausrüstung ist unverkennbar ein Resultat all dessen, was man unter Zivilisation zusammenfasst, was sie geschafft hat hervorzubringen. Satellitentelefone. Sehr moderne, sehr technische Kleidung. Aufwändig getrocknetes Essen. All das hätten wir nicht hier dabei, entstammten wir nicht dem, was man eine zivilisierte Gesellschaft nennt – eine Gesellschaft, die sich durch technischen und wissenschaftlichen Fortschritt auszeichnet. Und in der dieser, gemeinsam mit einem politischen und wirtschaftlichen System, alle sozialen und materiellen Lebensbedingungen bestimmt.

In unseren Schlitten steckt so viel Zeugnis unserer europäischen Lebenswelt, und diese Lebenswelt tragen wir mit uns über dieses eisige Eiland, nein, wir sind nicht am Rand der Zivilisation unterwegs. Das ist heute kaum noch jemand. Wir haben sie ja immer dabei.

So wie der ganze Rest der Welt, selbst wenn man an einem Ort nur als ein Einzelner real vorhanden ist, immer mit dabei ist oder nur einen Tastendruck entfernt: dem Anschalten des Satellitentelefons. Sich an den Rand der Zivilisation zu begeben, das ist heute schwieriger als noch vor fünfzig oder hundert Jahren. Es ist fast ebenso unmöglich, wie aus seinem eigenen Schatten herausspringen zu wollen.

Und da ist er wieder, der Hubschrauber. Habe ich Angst? Höre ich ihn deswegen? Hatte Peroni Angst? Haben vielleicht alle Angst, die das tun, was wir tun, und gestehen es sich nur nicht ein? Ist es nicht im Grunde das Widernatürlichste, was man tun kann, weit weg von allen anderen zu gehen? Wo man doch eigentlich ein Rudeltier ist?

Ich gehe dahin, wo nur das ist, was ich dabeihabe. Nichts anderes. Aber ich habe doch alles dabei, sage ich mir. Was soll ich also fürchten?

Peroni ging es da noch anders. Er und seine beiden Freunde hatten kein Telefon. Kein GPS. Und hatten von vornherein darauf verzichtet, gesucht zu werden, sollten sie nicht auf der anderen Seite ankommen. Peroni war noch einer, der heraustrat aus allem. Der wirklich die Brücken hinter sich abbrach. Wir hängen ja noch an einem dünnen, doch starken Seil.

Aber nehmen das Telefon und die Technik die Angst? Machen sie den Aufbruch, das Entfernen vom Land einfacher? Ich drehe mich um. Die Berge werden bald verschwinden. Und es wird drei Wochen dauern, bis wir wieder etwas anderes sehen als Eis. Ich weiß, wo wir hingehen. Aber gibt das dieser Unternehmung nun mehr oder weniger Sinn als der eines Peroni? Können wir noch neugierig sein?

Erschöpft stütze ich mich auf meine Stöcke. Und höre schon wieder den Hubschrauber, der gar nicht da ist. Fängt es so an? Jetzt schon, am dritten Tag schon? Kann man verrückt werden im Eis, und sind das die ersten Anzeichen? Warum hatte ich diese Erfahrung nicht auch schon am Nordpol gemacht? Da gab es dieses Trennungsschmerz-Phänomen nicht; nichts hatte mich dort zurückgehalten, vorwärts, nur vorwärts wollte ich. Mit einem Ruck schaue ich mich noch einmal um. Kein Hubschrauber! Und selbst wenn ein Helikopter käme, wenn er langsam näher kommen und schließlich neben mir landen würde – ich würde ja doch nicht einsteigen wollen. Oder?

Tiefe Gräben

10. Mai 2013, Tag 4
Distanz: 15,8 km, Gesamtstrecke: 32,2 km
Höhe: 1062 m
noch vor uns: 527,9 km

All people cry; some just don't show it
Sprichwort der Inuit

Das Gelände wird flacher. Den ganzen vierten Tag haben wir noch kein tiefes Wellental durchschreiten müssen. Die Täler sind weniger tief, die Wellen weniger hoch; zwar geht es bergauf, aber nicht mehr in einem Eisgewirr, sondern einer sanften Dünenlandschaft. Über die fegt heute der Wind mit aller Macht dahin, Schneedrift pulvert um uns herum. Nach vier Stunden beschließen wir, von den Steigeisen auf die Ski umzusteigen, endlich. Die ersten Meter sind ein Genuss. Endlich eine andere Bewegung, größere Schritte. Zum ersten Mal sind wir eingehüllt in den weißen Nebel, den wir noch viel besser kennen lernen werden. Als die Sonne sich durch die Wolken bahnt, sehen wir aber doch wieder, dass noch Land in Sicht ist. Wir sehen immer noch Berge.

In dem Sonnenschein wird das Gehen fast meditativ, zum ersten Mal schreiten wir aus auf unseren Skiern, wiederholen hunderte Male die gleiche Bewegung, müssen uns keine Hänge mehr hinunterhangeln, wir müssen nur noch gehen,

gehen, gehen. Wieder wird der große Unterschied zum Nordpol deutlich, die große Variation der Tages- und Nachttemperaturen, die es hier gibt. Es wird so warm, dass wir unsere Windjacken ausziehen können, ich habe keine Handschuhe mehr an und nur noch meine dünnste Mütze auf. Als wir zum ersten Mal eine Weile geradeaus gehen, bleibt Hannes auf einmal stehen, dreht sich um und schaut zurück auf seine Schlittenspur. Dann geht er weiter.

Was war das, frage ich ihn.

Manchmal muss man sich anschauen, wo man herkommt, sagt er.

So wird es also sein, denke ich mir. Von jetzt an müssen wir immer geradeaus laufen, von morgens bis abends, immer eine Bewegung, immer eine Richtung. Bald umfasst uns das Eis, ringsum, aller Horizont wird weiß. Hier ist der kürzeste der beste Weg. Osten, immer Osten. Weit greifen wir aus. Wir sind froh, dass wir endlich keine Hindernisse mehr vor uns haben.

Was sollte ich mich noch nach Hindernissen sehnen! Jetzt aber ist es noch neu, das ungebremste Dahinschreiten. Strecke wollen wir machen, vorankommen. Am Abend auf dem Display des GPS endlich mal eine richtige Zahl stehen sehen. Eine Zahl, die uns wieder mehr glauben macht, die uns versichert, dass es möglich ist. Dass wir diese Strecke schaffen. Dringend brauchen wir eine solche Ermutigung, nach diesen verdammten Etappen, die hinter uns liegen, die so kurz waren und doch so lang.

Mit diesen Gedanken marschieren wir dahin. Und es passiert das, was gerne passiert, wenn man schwieriges Gelände hinter sich hat und es vermeintlich einfacher wird. Wenn es monoton wird. Man wird unachtsam.

Bengt hatte gesagt, die Spalten sind dort, wo man sie nicht mehr vermutet. Das habe ich vergessen. Und genau hier sind sie, hier, wo die Massen des Inlandgletschers beginnen, in das Randgebirge abzurutschen, wo er hinuntergedrückt. Wir gehen! Wir kommen voran! Wer denkt noch an Spalten?

Thomas. Auf einmal bleibt er, der voraus geht, ruckartig stehen. Halt!, ruft er. Und geht langsam zurück. Und da sehen wir: Vor uns öffnet sich eine riesige Gletscherspalte. Sie ist eingewechtet, und Thomas stand mit seinen Skiern bereits auf dem Schnee, unter dem kein Eis mehr stützte. Keinen Meter zu früh hat er bemerkt, dass er auf einer Spalte, auf einer richtigen Schlucht steht.

Staunend stehen wir vor diesem tiefen Einschnitt, der auf den zweiten Blick keine Gletscherspalte ist, sondern das Werk eines jener großen Schmelzwasserflüsse, die es mittlerweile auch gibt auf dem Inlandeis. Und so wie Wasser in seinem steten, unbeirrten Fließen stärker ist als Fels und tiefe Täler in Berge zu schmirgeln vermag, so ist es auch stärker als das Eis. Gigantische Gräben hat das Wasser ins Eis geschliffen, und in diesen eisigen Canyons rauscht das Wasser des immer schneller schmelzenden Eises im Sommer den Gletscher hinab. Den Grund dieses Canyons sehen wir nicht, er ist zu tief.

Wir umgehen diesen Graben weit, haken uns auf der anderen Seite von unseren Pulken ab und fahren auf unseren Skiern an den Rand der Schlucht. Fotografieren.

Wer weiß, über wie viele solcher Dinger wir schon drübergefahren sind, sagt Thomas, ohne dass wir es gemerkt haben.

Mit Sicherheit schon ein paar, sagt Hannes.

Ich fahre mit meinen Skiern ein Stück weit das beeindruckende Eisloch entlang und spähe hinunter in das Blauweiß. Es scheint so bodenlos wie der Graben, der sich langsam zwischen uns auftut.

Lieder im Kopf

>11. Mai 2013, Tag 5
>Distanz: 15,5 km; Gesamtstrecke: 47,7 km
>Höhe: 1200 m
>noch vor uns: 512,4 km

>*Walk in a good way, walk tall and powerful*
>*as you are meant to be, for times and times to come.*
>Angaangaq Angakkorsuaq, Ältester der Eskimo-Kalaallit

Gott segne. Gott segne. Gott segne uns. Halleluja. Gott segne. Gott segne. Gott seeegneeee uns!
Tausend Kinderkehlen. Millionen Kinderkehlen. Und alle in meinem Kopf. Am Anfang hört es sich noch so an, wie Kinder singen. Ein fröhlicher, heller Chor. Dann werden die Stimmen schriller. Kälter. Lauter. Der Ton wird beängstigend. Bizarr. Und immer und immer und immer wieder beginnt das Lied von vorne. Es ist ein schönes Kinderkirchenlied, eigentlich. Am Tag meiner Abreise aus Deutschland habe ich es mitgesungen. Weil meine Patennichte Katharina Erstkommunion hatte. Genau genommen hat ihre Erstkommunion meinen Abreisetermin festgelegt. Ihre Augen wurden zu groß, als ich sie irgendwann fragte, was wäre eigentlich, wenn ich bei deiner Erstkommunion nicht da wäre …
So blieb ich also und war froh darüber, sehr froh. Ich ging am Morgen mit in die Kirche, sang alle Lieder mit, war or-

dentlich stolz und gerührt und flog am Abend nach Kopenhagen.

Und jetzt also diese Endlosschleife.
Gott segne. Gott segne.
Irgendwann haben die Stimmen in meinem Kopf angefangen zu singen, und sie hören nicht mehr auf. Warum zum Teufel hat sich mein Gehirn aus den Phantastillionen an Liedern und Melodien, die mit Sicherheit irgendwo in ihm gespeichert sind, dieses eine ausgesucht? Es passt zum Rhythmus meines Schritts, meiner Stöcke.
Gott segne. Gott segne.
Ich will das nicht mehr denken. Ich denke, sehr entschlossen, dass ich das nicht denken will.
Gott segne.
Es ist, als würde sich mein Gehirn gegen mich auflehnen, ich kann sogar fühlen, wie es sich gegen meinen Willen stemmt. Ich will das nicht.
Gott segne.
Ich kann das nicht mehr hören!
Gott segne.
Schluss!
Gott seeegne-he uns!
Ich denke jetzt an etwas anderes. Ich fange an, mit mir zu reden. Mir Anweisungen zu geben. Schau, wie das Eis aussieht. Schau, wie die Kristalle glänzen. Heute sind wir gut unterwegs.
Gott segne.
Wie kann man immer wieder etwas denken, was man nicht denken will? Ich höre die Kinder singen. Die Stimmen sind nicht mehr nur in meinem Kopf, sie sind um mich herum. Der betont fröhliche Klang des Liedes wandelt sich

um in eine Melodie der Bedrohung und des Irrsinns, ein ganzer Chor aus Millionen Kindern, und sie brüllen so, dass es in meinen Ohren pfeift *Gott segne!!!!*

Ich bleibe stehen, schwer atmend, und stütze mich auf meine Skistöcke. Schaue mich um. Natürlich sind da keine Kinder. Nirgends. Vor mir, 500 Meter, Thomas. Hinter mir, 20 Meter, Hannes. Ich warte, bis er bei mir ist.

Was ist los, fragt er.

Hast du auch so komische Schleifen im Kopf?, frage ich ihn. Hörst du auch Sachen, die du nicht hören willst?

Nein, sagt er.

Ich hör dauernd ein Kirchenlied. Und ich kann's echt nicht mehr hören.

Ein Kirchenlied, sagt Hannes überrascht und lacht.

Ja, *Gott segne uns, Halleluja.* In einer Tour. Ich werd noch narrisch.

Aber dann kann ja nix mehr schiefgehen, sagt er, wenn du drei Millionen Mal am Tag um Segen bittest. Also auf geht's. Und geht weiter.

Es ist sonnig heute und so warm, dass Hannes und ich sogar die seitlichen Reißverschlüsse unserer Hosen aufgemacht haben und mit heruntergeklapptem Hosenboden dahinmarschieren.

Ich schaue ihm die ersten Schritte nach, wie er seine Spur ins Weiß zieht. Wir sehen kein Land mehr. Zum ersten Mal. Die letzten Berggipfel sind vor ein paar Stunden hinter dem weißen Horizont verschwunden. Während ich noch stehe, höre ich das Lied nicht mehr. Es ist weg. Ich setze mich wieder in Bewegung. Und da ist es wieder.

Gott segne!

Ich dreh noch durch!, rufe ich Hannes hinterher.

Das geht nicht weg!

Sing halt was andres, ruft er über die Schulter zurück. Du kannst doch so schön singen.

Pfff, sage ich. Ich weiß genau, was er damit meint. Dass ich nämlich nicht singen kann. Und dass die kleine Schwester der Erstkommunionsnichte ebendies auch einmal erschütternd offen formuliert hat: dass ich nicht nur nicht, sondern überhaupt nicht singen kann. Hannes weiß das.

Ich schnaufe ihm hinterher.

Gott segne.

Ich könnte über mein Leben nachdenken. Darüber, was ich alles in mein Grönlandbuch schreiben werde. Ich könnte ganze Kapitel im Kopf formulieren und am Abend in mein Tagebuch schreiben. Ich könnte das Eis anstaunen und den Himmel, ich könnte froh sein, dass ich hier sein darf. Ich könnte so viel und so lange und so intensiv denken, ich könnte eine neue Weltformel erfinden.

Gibt es nicht derlei Geschichten, wie tief und lange man unterwegs nachdenken könne, welch tiefschürfende, philosophische Abhandlungen im Kopf entstünden, wenn man nichts zu tun hat, außer zu gehen, in einer Ebene, die keine Ablenkung bietet, keine Farben, Formen, in einer Umgebung, in der das Gehirn nur sich selber hat? Irgendwo hatte ich derlei gelesen. Wer hatte das noch mal geschrieben, wer war da unterwegs, Sartre?

Gott segne.

Meine Gedanken sind nicht philosophisch. Sie sind nicht tiefschürfend. Sie werden auch nicht weiter und größer, sie erheben sich nicht auf Flügeln über das Land. Sie werden, im Gegenteil, immer kleiner. Enger. Schwerer. Je größer die Weite sich um mich ausbreitet, umso kleiner werden die Gedanken in meinem Kopf, gepresster, beschränkter, beengter. Und jetzt formuliert mein Gehirn noch genau 14 Wörter. Die immer und immer und immer gleichen Liedzeilen. So laut, dass sie meinen Kopf so ausfüllen, dass er fast zu platzen droht.

Die Unabänderlichkeit dieses inneren Gesangs fängt an, mich zu zermürben.

Ich versuche mit allen Mitteln, das Lied aus meinem Kopf zu bekommen. Ich singe jetzt ein anderes, sage ich zu mir. Ich erschrecke, denn ich sage diese Wörter laut. Ich singe jetzt ein anderes! Ich versuche es mit einem italienischen Lied. Sambadió.

Dormi figlio che la notte ce ne andremo, Sambadi, Sambadió.

Ich kann mich nicht mehr an den ganzen Text erinnern. Ich höre, wie Pippo Pollina, ein italienischer Liedermacher, es auf einem Konzert singt, München, Schlachthof, vor Jahren. Ich erinnere mich, wie ich auf der Bierbank saß. Mein Kopf spült sogar nach oben, dass ich dort vor dem Konzert eine Breze aß. Und das Muster der Serviette. Das Muster der Serviette. Es ist unglaublich.

Con la nave il mondo attraverseremo.

Da kommen sie, die Zeilen. Immer mehr fällt mir ein. Eine gute Idee, denke ich mir, ich hole jetzt alle italienischen Lieder raus, die ich kenne. Und übe. Haben nicht Einzelhäftlinge so Jahre ihrer Haft verbracht, gibt es nicht auch derlei Geschichten? Dass Menschen ohne Bücher, ohne jede Hilfe, nur mit der Hilfe ihres eigenen Gehirns, Sprachen übten, komplexe Rechenaufgaben lösten, alles im Kopf, weil sie sich beschäftigen wollten? Also mache ich das nun auch, ich gebe meinem Gehirn zu tun. Meine Gedanken schweifen ab von dem Lied. Einen Moment passe ich nicht auf.

Gott segne. Gott segne. Gott segne uns, Halleluja!

Ich höre schon wieder die ganze Zeile! Ich höre die gesamte, verdammte Zeile, bevor ich merke, dass mir das andere Lied abhandengekommen ist!

Gott segneee-hee uns!

Ich höre es so, als würde ich in der Kirche stehen. Es ist nicht in meinem Kopf. Die Kinder sind da.

Sie sind nicht da, sage ich mir.

Sing wieder das andere!

Aber es ist weg, der Kinderchor ist zu laut. Wenn man sich an einem Lied sattgehört hat, so satt, und es immer und immer wieder hören muss, das ist Folter.

Diese Folter ist in meinem Kopf. Und ich mache sie mir selbst. Mein Kopf macht sie mir.

Warum macht mein Kopf das?

Warum macht er mir das Gehen nicht leichter, indem er mir blühende Landschaften vorgaukelt? Wenn schon Wahn, warum dann kein schöner? Warum nichts, was mich kickt, was mich antreibt, vorangehen lässt, wie die Oase den Verdurstenden in der Wüste? Warum schickt er mir keine positiven Gedanken? Wenigstens ein Lied, das ich mag? Es lässt sich doch am Ende immer alles mit dem Überlebenstrieb erklären. Das nicht. Das, was mein Hirn da macht, hilft mir nicht beim Überleben. Es zermürbt, zerdrückt, zerfasert mich. Ich kann keinen geraden Satz mehr denken, weil da immer diese Kinder sind.

Mein Kopf hat sich verselbständigt. Mir wird übel von dem Geschrei in meinen Ohren, von den Kindern, die nicht verstummen wollen.

Sie werden mich tagelang begleiten. Am frühen Morgen, wenn wir schon mit zu hohem Tempo starten, werden sie anfangen, sie werden sich in meinem Kopf einnisten und nicht mehr verstummen, bis wir pausieren. Und sobald ich nach der Pause den ersten Schritt machen werde, werden sie wieder erklingen. Sie werden irgendwann abgelöst von einem anderen Lied. Einem, das ich noch nie gemocht habe. Und auch das wird dann tagelang bleiben.

Es ist gut, dass ich das noch nicht weiß.

Camp, abends

Jeden Tag wird das, was wir tun, dem, was wir am Vortag machten, ähnlicher, wir bleiben stehen, steigen aus den Skibindungen und hängen unsere Schlitten aus, Thomas wirft das Zelt vom Schlitten, zieht es aus der Hülle, und ich knote die Hülle sicher an sein Schlittengestänge, wir fangen mit dem Aufbau an, er auf einer Seite, Hannes und ich auf der anderen, wir schieben die Zeltstangen in den Stoffkanal, so weit, bis wir sie in die Halterung stecken können, ziehen das Zelt auseinander, stecken die ersten Schneeheringe in die Schlaufen, spannen die Seile, ich schaufle die Schneelappen zu, Thomas zieht seine Pulka auf die eine Seite des Zeltendes und ich die meine auf die andere, Thomas räumt seine Sachen ins Zelt, während ich noch schaufle und Hannes noch Seile spannt, wir werfen unsere Matten und Schlafsäcke in die Zeltöffnung, und einer von uns bereitet das Lager vor, dann kommen die anderen beiden hinterher ins Innere, und wir ziehen alle unsere Schuhe aus, stülpen Packsäcke darüber, stellen sie ins Vorzelt und ziehen trockene Socken an, Thomas und Hannes fangen an mit dem Schneeschmelzen, während ich das Zeltinnenleben in Ordnung bringe, unsere Strecke in die Tabelle eintrage und Tagebuch schreibe, einer von uns bloggt, wir reißen unsere Essenstüten auf und suchen nach den kleinen Beutelchen, die dafür sorgen, dass das Essen trocken bleibt – die darf man nicht mitessen –, wir lassen Wasser in die Tüten fließen und warten acht Minuten, bis es aufgequollen ist, wir packen unsere Schlafsäcke aus und essen und trinken und schmelzen noch weiter so viel Schnee, bis all unsere Thermosflaschen voll sind, Hannes repariert, was es zu reparieren gibt, dann gehen wir noch einmal hinaus und wieder hinein, wir nehmen alles, was getrocknet werden muss, in unsere Schlafsäcke, und dann schlafen wir ein.

Zäh und immer zäher

> 12.–13. Mai 2013, Tage 6 und 7
> Distanzen: 18,8 km/18,6 km
> Höhen: 1378 m/1497 m
> Gesamtstrecke: 85,1 km
> noch vor uns: 475 km

> *Seek strength, not to be greater than my brother,*
> *but to fight my greatest enemy – myself*
> Sprichwort der Inuit

Mir ist schlecht. Gerade ist das Frühstück vorbei, eine Tüte Müsli, eine Tüte Peronin-Flüssignahrung und eine Tasse Tee. Jetzt müssten wir uns fertig anziehen, einpacken und losgehen. Und mir wird so schlecht, dass ich nicht weiß, ob ich das Frühstück überhaupt in mir behalte. Die Übelkeit ist in meinem Magen, meinem Kopf, meinen Armen und Beinen, es ist eine breite, breiige Übelkeit, die meine Gliedmaßen lähmt.

20 Grad minus hatte es in der Nacht, man merkt, dass wir uns nun schon höher befinden. Ich habe gut geschlafen. Doch sobald ich aufwache, sobald der Tag beginnt, sobald wir zusammenpacken, einpacken, losmüssen, befällt mich diese bleierne Schwere, gestern wie heute. Diese Übelkeit. Zweifel. Ein mir in die Knochen fahrendes Gefühl der absoluten Sinnlosigkeit. Ein Gefühl, das ich am Nordpol nie hatte.

Wir haben unser Frühstück wortlos in uns hineingelöffelt. Seit dem Aufwachen vor einer halben Stunde haben wir kaum zwei Sätze miteinander gesprochen, und wenn, so waren es sehr zweckgebundene. Gibt es noch Wasser? Müssen wir noch Schnee schmelzen? Mehr reden wir nicht.

Ich spüre einen immensen Druck auf mir, und morgens fühlt es sich an, als würde ich darunter zerquetscht, langsam und unerbittlich. 21 Tage. Wir wollen das Eis in 21 Tagen durchqueren. Warum habe ich mich darauf nur eingelassen? Thomas hat nicht mehr Zeit, weil er als Sportlehrer zurück in die Schule muss. Hannes und ich waren skeptisch, aber wir haben zugestimmt. Wie mich diese Zustimmung jetzt quält. Es erscheint mir so aussichtslos. Wieso habe ich mich nur freiwillig diesem Zwang ausgesetzt? Dieser Zwang scheint alle Freude, alle Gründe, warum ich hierhergekommen bin, zu zerstören. Für mich spielt es keine Rolle, in einer bestimmten Zeit über das Eis zu gehen, ich will Freude bei meinem Tun verspüren, will diese Erlebnisse mit Freunden teilen, will die Eiszeit genießen. Genau das gelingt mir nicht mehr, weil ich nun einen Zwang verspüre, ich bin nicht frei, sondern ich muss, muss, muss. Gerade die Freiheit ist mir so wichtig hier, nichts müssen, nur wollen, das ist es doch hier oben, darum geht es doch.

Thomas' Antrieb ist so anders als meiner. Er will voran, voran, und es scheint für ihn dabei keine Rolle zu spielen, ob er Grönland quert oder die Sahara.

Ein bisschen mehr Ruhe. Besonnenheit. Ein bisschen mehr Freude am Tun, und nicht nur stures Voranziehen.

Das bräuchte ich.

In dieser Konstellation bekomme ich das nicht. So wie Thomas genauso wenig bekommt, was er will: ein Team, mit dem er rennen kann.

Ich fange an zu begreifen, dass auf einer Expedition noch ganz andere Schwierigkeiten hinzukommen können. Nicht nur der Wind, der Schnee, die Kälte. Nein, auch wir selbst können uns zum Feind werden. Wir haben hier nichts außer uns. Jede Bewegung, jedes Wort hat ein weit größeres Gewicht als anderswo. So, wie ich viele Male erlebt habe, wie die Freude und das Glück in dieser reinweißen, barrierefreien Landschaft nicht abgebremst werden, wie sie sich auffalten und emporschwingen, bis sie den Himmel füllen, so haben hier auch Aggressionen Platz zu wachsen, sie werden ebenso wenig abgebremst wie der Wind, es gibt nichts, woran man sich reiben kann, außer uns selbst.

Dieses Eis ist gewaltig, doch wir treten nicht geschlossen gegen diese Übermacht an. Mein Gehirn weigert sich beharrlich, die Dimension dieses Vorhabens zu akzeptieren, wie ein verängstigter Hase sitze ich vor dieser Strecke. Weil es so unfassbar entmutigend langsam vorangeht. Sechs Tage. Und noch nicht einmal sechzig Kilometer. Wie soll das je klappen? Zweifel, so viele Zweifel. Aber wir teilen sie nicht, und wir sprechen uns auch keinen Mut zu.

Vielleicht haben wir keinen. Zweifelt Hannes? Zweifelt Thomas? Ich weiß es nicht. Wir reden nicht über das, was in unserem Inneren vorgeht, dabei haben sich längst auf jeden unserer Schlitten unsichtbar die individuellen Ängste eines jeden Einzelnen gesetzt, und sie wiegen schwerer als alle greifbaren Lasten. Da räkeln sie sich, während wir uns plagen. Warum ist das so geworden? Weil das unausgesprochene »zu langsam« sich zwischen uns gedrängt hat. Unser Richter ist weder das Eis noch die Natur, denen wir einmütig entgegentreten müssten. Wir drei haben zugelassen, dass einer von uns zum Richter wird.

Diese verdammten Morgen. Der Morgen ist am schlimmsten von allem. Nicht wenn uns tagsüber der Wind um die Nase pfeift, die Endlosschleifen im Kopf ihre zermürbenden Runden drehen, nicht wenn wir am Abend zerschlagen ins Zelt fallen. Es ist der Morgen. Weil der Körper sich noch in Ruhe befindet und der Geist ihn antreiben muss. Wenn der Geist aber nicht mehr kann, wenn er sich weigert?

Was ich erlebe, ist nichts Ungewöhnliches. Ich weiß das. Eigentlich. Unzählige Expeditionen haben sich mit diesen Gefühlen herumgeschlagen. Wenn man sich herauswagt aus dem Gewohnten, dann hat das Hirn nichts mehr, woran es sich halten kann. Alles ist neu. Man ist herauskatapultiert aus seiner Welt. Das macht Angst. Das ist normal. Es war eher unnormal, dass ich mit derlei am Nordpol so gar nicht zu kämpfen hatte. Aber das Wissen um die Normalität dieser Tiefs nützt mir jetzt, da ich selbst darinstecke, nichts. Jeden einzelnen Handgriff muss ich mir mühselig befehlen. Zähneputzen. Was für eine Arbeit das simple Zähneputzen sein kann. Alles ist so zäh, zäh, zäh. Wieder denke ich an Robert Peroni. Er beschreibt diesen morgendlichen inneren Kampf, diese schrecklich müde, zerrissene Gefühlslage in seinem Buch mit den Worten: »In dem Maß, in dem ich mich physisch anpasse, mobilisiere ich psychische Abwehr. Angst lähmt mich schon, bevor ich morgens das Zelt verlasse.«

Abwehr. So ist es. Es ist, als würde ich mich nun, da ich hier bin, mit aller Kraft gegen diese Unternehmung wehren.

Und dabei haben wir ein so viel kleineres Vorhaben vor uns als Peroni! Habe ich es mir zu klein geredet? Weil es so viel Größeres gibt, so viel Größeres schon geleistet wurde? Habe ich dem Umstand, dass wir uns auf einer bekannten Route bewegen, zu viel Bedeutung beigemessen? Dachte ich, dieser Unterschied würde alles so viel einfacher machen, so einfach, dass wir uns im Grunde ja nicht einmal mehr Expedition nennen dürfen, denn wir werden wohl kaum noch etwas Neues entdecken?

Und habe ich auch den Umstand, dass wir unser eigenes Team sind, völlig unterschätzt? Hätte ich darauf bestehen müssen, dass wir einen Expeditionsleiter wählen, einen der uns nun Befehle gibt? Dem wir folgen müssen? Der die Verantwortung trägt? Hier sind wir selbst verantwortlich. Wir müssen entscheiden, wann wir aufstehen. Pausieren. Den Tag beenden.

Sind wir dem gewachsen?

Es macht immer weniger den Anschein. Wir finden kein gemeinsames Tempo. Wir schnallen unsere Schlitten an, gehen los. Und langsam, unaufhaltsam zieht Thomas Hannes und mir davon. Mein Schlitten wiegt noch immer mehr als ich selbst, und wir gehen noch immer sehr spürbar bergauf. Es ist sinnlos, mit Thomas Schritt halten zu wollen, sein Tempo ist für mich einfach zu hoch, und wohl auch für Hannes. Manchmal wartet er, sind wir aber etwa hundert Meter an ihn herangekommen, geht er weiter. Nie habe ich mir ausmalen können, wie entmutigend, demoralisierend, geradezu vernichtend es wirken kann, wenn die Distanz zum Vordermann mit jedem Schritt ein Stückchen größer wird. Die morgendlichen Horrorszenarien, die der Kopf an die Zeltwände malt, die Angst vor der großen Strecke, all das wird durch die nun offensichtlich werdende Sinnlosigkeit des Schritthaltenwollens schon auf den ersten Metern nicht nur nicht kleiner – es wird noch befeuert. Alle Anstrengung, die aus der Tabelle sprechenden Fakten mit der Erfahrung, die andere Teams gemacht haben, zu widerlegen, sind nun vergebens. Sechs Tage, sechzig Kilometer. Mit diesem Tempo brauchen wir 56 Tage bis auf die andere Seite.

Dass das nicht stimmt, dass die Distanzen größer werden – wie soll ich das glauben, wenn in der weißen Ebene vor mir nur eine einzige Abwechslung zu sehen ist: ein roter Punkt, der immer kleiner wird. Dieser rote Punkt nimmt mir alle Freiheit, alle Selbstbestimmtheit, ich kann nichts tun, außer diesem einen Punkt folgen, den ich doch nie wirklich einholen werde, noch mehr als 500 verdammte Kilometer lang. Ein roter Punkt, der nichts anderes bedeutet, außer: Du bist zu langsam. Das Hirn spinnt dieses »zu langsam« weiter, zu langsam jetzt, zu langsam für das Ganze. Du wirst es nicht schaffen.

Ein Expeditionsleiter könnte uns hier befehlen, dass wir zusammenbleiben müssen. Dass wir uns in der Führung abwechseln müssen. Immer wieder ein anderer vorn. Er würde uns außerdem daran erinnern, dass wir uns nicht kaputtmachen dürfen. So jemanden haben wir nicht, wir haben keine neutrale Instanz, durch die derlei Reibungen entweder gar nicht entstehen oder abgefangen werden. Wir müssen selbst sehen, wie wir uns einig werden. Keiner hat hier die Befehlsgewalt.

Und – und das ist noch schlimmer – keiner gesteht einem anderen mehr die Befehlskompetenz zu.

Und so kommt es auch heute wieder zu Spannungen. Wieder debattieren wir über die Pausen, die wir nicht machen.

Du kannst ja Pausen machen, wenn du willst, sagt Thomas irgendwann.

Und du gehst weiter?, frage ich.

Ja, sagt er.

Aber dann wird der Abstand zwischen uns ja immer größer.
Thomas zuckt mit den Schultern.
Am Abend sind wir dann ja wieder beisammen, sagt er.
Es fällt mir immer schwerer, diese Gespräche noch zu führen; ich kann mich selbst schon nicht mehr hören, fühle mich zur polaren Predigerin mutiert, die sich herausnimmt, fortwährend die Welt zu erklären. Ich merke, dass in mir etwas Fatales vor sich geht: Das Problem, so beginne ich zu empfinden, das Problem bin ich. Ich bin zu langsam. Und weil ich das bin, habe ich eigentlich auch kein Recht mehr, irgendwas irgendwie anders machen zu wollen oder überhaupt etwas zu wollen. Weil ich nicht schnell gehen kann, kann ich eigentlich gar nichts, ich bin ein einziger Haufen Unzulänglichkeit. Ich bin das Problem.
Weil sich auch Hannes dafür ausspricht, beschließen wir aber schließlich doch regelmäßige Pausen. Ich bin der irrigen Meinung, dass wir dadurch von jetzt an auch gemeinsam gehen. Bald stelle ich aber fest, dass das nicht so ist. Thomas geht weiter sein Tempo. Wenn wir eine Pause machen wollen, müssen wir ihn jedes Mal rufen. Würden wir das nicht tun, würden wir ihn weitergehen lassen, würde der Abstand zwischen uns irgendwann zu groß, um noch sicher zu sein, falls das Wetter schnell umschlägt. Doch dieses Rufen wird zu einem weiteren zermürbenden Spiel, denn auf der ganzen Tour wird er nicht beim ersten Ruf stehen bleiben. Weil er uns nicht hört oder nicht hören will, weiß ich nicht. Wir sind gezwungen, seinen Namen immer drei- oder viermal zu brüllen, bis er seinen Schritt unterbricht. Manchmal gehen wir nur deswegen länger als eine Stunde, weil ich es nicht schaffe, seinen Namen zu schreien, weil mit jeder dieser Pausen mein innerer Widerstand wächst.

Auf meinen vorherigen Touren war ich mit jedem Tag mehr mit den Menschen zusammengewachsen, mit denen ich unterwegs war. Die Kälte, die unbarmherzigen Bedingungen – in unseren Gruppen hatten sie Wärme produziert, Geschlossenheit und Vertrauen. Eine wundervolle Erfahrung war das für mich. Hier ist das Gegenteil der Fall. Hier ist jeder für sich. Wir sind zwar zusammen unterwegs, aber im Grunde ist jeder allein.

Warum, fragt mich Thomy nach der Rückkehr, seid ihr nicht irgendwann einfach stehen geblieben und habt ihn weitergehen lassen?

Wohl deswegen, weil es mir schon längst nicht mehr gelingt, uns noch aus einer Beobachterposition zu betrachten, ich kann nicht mehr heraustreten aus dieser verfahrenen Situation und dadurch sehen und einordnen, was passiert. Ich bin gefangen, in meinen Zweifeln und Ängsten. Dass es zwischen uns so ist, wie es ist, dafür fühle ich mich nicht nur verantwortlich, sondern schuldig. Der Prozess, vor dem Bengt uns gewarnt hat, hat begonnen: Ich fange an, mich selbst zu zerstören.

Die Pausen werden somit kein Lichtblick, kein Zeitpunkt, auf den man sich freut, keine willkommene Unterbrechung. Sie werden jedes Mal aufs Neue ein kleiner Kampf, den zwar niemand mehr offen ausficht, der aber trotzdem gefochten wird, mit Gesichtsausdrücken, Körperhaltungen, mit Stellvertretersätzen, die gesprochen werden, aber etwas ganz anderes bedeuten. Manchmal machen wir vier solcher Pausen, verbringen also fünf Stunden miteinander, ohne ein einziges Wort zu reden. Vor dieser Tour war mir nicht klar, dass ich in Gesellschaft überhaupt so lange schweigen kann. Damit ist aber auch der erhoffte Entspannungseffekt, der von diesem Rhythmus ausgehen sollte, der Regenerationseffekt, dahin. Im Gegenteil, manchmal ist es besser, die Pause wird vorzeitig beendet, einfach nur, damit sie vorbei ist. Es ist ermüdend. Es ist zäh. Es zehrt spürbar an den psychischen Kräften, bei uns allen dreien.

So mühen wir uns bergauf. Die Steigung ist nicht gleichmäßig; in riesenhaften Wellen schwingt sich das Eis vor uns auf. Manchmal passiert dann etwas Seltsames. Je näher wir kommen, umso kleiner werden diese Wellen. Man spürt sie kaum, beziehungsweise, man spürt nicht mehr Druck auf dem Schlitten als ohnehin die ganze Zeit.
 Diese Wellen sind wie der Scheinriese in der Augsburger Puppenkiste, sage ich zu Hannes. Der wurde ja auch immer kleiner, sobald man näher kam.
 Sind wir froh, dass es nicht umgekehrt ist, sagt Hannes, schnaufend. Hannes hat es nicht ganz einfach mit seinem abgebrochenen Ski. Die kürzere Lauffläche macht sich bemerkbar, und außerdem sinkt der abgebrochene Ski hinten immer ein paar Zentimeter tiefer in den Schnee ein als der andere. Dadurch geht Hannes schief. Hoffentlich bekommt er dadurch, bei Millionen Schritten, nicht irgendwann Schmerzen im Rücken oder den Knien.

Am Abend, beim Zeltaufbau, wiederholt sich eine weitere Debatte, die wir in den vergangenen Tagen schon mehrmals geführt haben. Wir stellen das Zelt auf. Und sobald es steht, fange ich an, Schnee rundherum zu schaufeln.
 Thomas sagt dann, dass er das nicht gut findet. Weil das Zelt so zu dicht wird.
 Das ist ja der Sinn, sage ich darauf.

Aber das ist schuld daran, dass es morgens so feucht ist, sagt Thomas. Weil wir kaum Belüftung haben. Es ist nicht gut, das Zelt so abzudichten.

Es stimmt, dass es sehr feucht ist, morgens im Zelt. Weil unsere Atemluft in der kalten Nacht am Zelthimmel anfriert. Und am Morgen, sobald die Sonne auf das Zelt scheint, taut diese Eisschicht auf. Wir sitzen jeden Morgen in einer Tropfsteinhöhle.

Bei Hilleberg sind sie sowieso nicht so für diese Schneewälle, sagt Thomas.

Da ist sie wieder, die Hilleberg-Helsport-Zeltfrage. Faszinierend, wie man das jeden Tag wieder aufkochen kann, denke ich mir.

Du willst in der Arktis campen, auf einem Eisplateau, ohne Schneewälle?, frage ich und lasse die Schaufel sinken.

Ja, sagt er, es geht ja auch kaum Wind.

Das kann sich ja schnell ändern, meine ich. Und was ist mit dem Triebschnee? Wenn man das Außenzelt nicht abdichtet, weht es Triebschnee hinein, auch aufs Innenzelt, und der schmilzt dann. Dann wird es noch feuchter.

Den kann man ja abklopfen, sagt Thomas.

Und instabiler wird das Zelt auch, wenn der Wind drunter kann.

Aber es geht ja keiner.

Ich gehe zum Zelteingang und stecke die Schaufel ins Vorzelt.

Also gut, sage ich, erschöpft und wider besseres Wissen.

Dann lassen wir in Gottes Namen die Schneewälle weg.

Ich bin es leid. Es ist fast im Wortlaut das gleiche Gespräch, das wir gestern, vorgestern und vorvorgestern geführt haben, ich bin es leid, Vorträge darüber zu halten, was man tut und was man gerade nicht tut, wenn man auf einem gottverlassenen Eisplateau unterwegs ist, und dass sich all die Winterzeltbauer schon was dabei gedacht haben werden, wenn sie Schneelappen an ihre Zelte nähen. Lassen wir also in Gottes Namen den Schneewall weg, die polare Predigerin hält jetzt den Mund. Hannes sagt gar nichts.

Als wir am nächsten Morgen aufwachen, ist es im Zelt genauso feucht wie jeden Morgen. Dick hängen die Tropfen am Innenzelt. Thomas' und Hannes' Schlafsäcke, die immer wieder mit der Zeltwand in Berührung kommen, sind feucht.

Der Wind allerdings hat über Nacht beträchtlich zugenommen. Und so ist nun alles, was im Vorzelt steht, mit einer etwa fünf Zentimeter hohen Schneeschicht überzogen. Die beiden Kocher, die Benzinflaschen, unsere Thermoskannen, Hannes' Rucksack. Und unsere Schuhe, über die wir aber zum Glück Schutzhüllen gestülpt haben. Wir sitzen im Zelt und schauen in die eingewehte Apsis, die fast einem Kunstwerk ähnelt. Keiner sagt ein Wort.

In einer entspannten Gruppe würde man jetzt Witze machen. Würde sagen, na, prima Idee, das hat ja super funktioniert ohne Schneewall. Irgendwas. So gern würde ich einfach einen Scherz machen, ich würde so gern gemeinsam lachen. Wir aber sagen nichts. Wir machen keine Scherze, denn die Schneewallfrage ist zu einer ebenso todernsten Angelegenheit geworden wie die Zeltfrage, die Pausenfrage, die Abstandsfrage. Hier wird nichts mehr leichtgenommen. Schweigend klopft Hannes den Schnee von seinem Rucksack.

Gebracht hat dieser Test aber insofern etwas, als fortan wenigstens die Schneewalldiskussion beendet ist. Von jetzt an dichten wir unser Zelt ab.

Thomas und ich sehen ziemlich mitgenommen aus. Wir haben dick geschwollene Augen. Thomas hatte diese Schwellung schon auf seiner ersten Grönland-Expedition und sie auf eine Allergie gegen die Sonnencreme zurückgeführt. Deshalb hat er sich nun extra eine Creme aus der Apotheke besorgt, doch die Schwellung ist genauso wiedergekommen. Auch unter meinen Augen hängen dicke Säcke, das ganze Gesicht scheint seltsam angeschwollen, aufgedunsen. Hannes dagegen wird immer faltiger. Jünger sehen wir nach dieser ersten Woche im Eis alle drei nicht aus.

Die Sonne prallt heute vom Himmel, keine Wolke ist zu sehen, die Farben haben sich reduziert auf ein silbriges, helles Weiß und ein klares, sattes Blau, es gibt keine Schattierungen. Zwei Farben. Der Wind weht aus Süden, so dass wir unsere Kapuzen aufziehen müssen, um unsere rechten Wangen und Nasen nicht zu erfrieren. Wieder haben wir die großen Wellen vor uns. Und wieder erklimmen wir eine nach der anderen. Am Nachmittag treffen wir auf Schlittenspuren. Die Spuren, so denken wir, gehören zu jener Gruppe, die vier Tage vor uns aufgebrochen ist. Eine andere war dazwischen nicht unterwegs. Wir sind erstaunt, wie lange die Spuren sich in diesem Wind erhalten haben.

18,57 Kilometer. Das ist das Resultat nach acht Stunden Gehzeit. Anstelle uns gegenseitig Mut zu machen, zu sagen, dass wir doch gut vorwärtskommen – was objektiv betrachtet der Fall ist –, lassen wir den Kopf hängen. Wieder keine 20 Kilometer. Nach sieben Tagen sind wir nun rund 85 Kilometer weit gekommen. Eine vernichtende Zahl. 475 Kilometer haben wir noch vor uns. In 14 Tagen? Das wären von heute an 33 Kilometer pro Tag. Das wird nie aufgehen. Das wissen wir auch. Aber wir reden nicht darüber.

Von der DYE-2-Radarstation, dem ersten großen Etappenziel, sind wir noch ziemlich genau 100 Kilometer entfernt.

Wenn wir jetzt jeden Tag 20 Kilometer gehen, sind wir in fünf Tagen bei der DYE, sage ich, als ich die Position, Höhe und Distanz in meine Tabelle eintrage.

Das ist eigentlich nicht so schlecht.

Ich versuche, uns irgendwie Mut zu machen.

Dann hätten wir zwölf Tage zur DYE gebraucht, sagt Thomas. Wenn wir 25 Kilometer am Tag gehen, schaffen wir es in vier Tagen und wären erst bei Tag 11.

Und schon ist er wieder weg, der Mut.

Hannes hat den ersten Topf Schnee geschmolzen. Er füllt meine Plastikflasche, die mir als Wärmflasche dient. Das ist der schönste Moment des Tages für mich, jeden Tag: Wenn ich die Wärmflasche in meinen Schlafsack stecke und sich deren Hitze ausbreitet, wenn ich meine Füße auf die Flasche lege und warme Zehen bekomme, nach dem Sitzen im noch kalten Zelt. Ich quietsche vor Freude.

Allein dieses Geräusch ist es wert, jeden Tag einen Extraliter Wasser zu kochen, sagt Hannes lachend.

Ich rufe Bengt an. Wir hatten verabredet, dass wir jeden Abend etwa zwischen 20 und 22 Uhr unsere Telefone einschalten. Damit wir erreichbar sind, falls irgendetwas sein sollte. Tatsächlich erwische ich ihn schon beim ersten Versuch. Seine Stimme klingt scheppernd, aber sehr nah.

Birgit, ruft er ins Telefon, schön, dich zu hören! Wie geht es euch?

In Bengts Stimme schwingt so viel gute Laune mit, so viel Freude. Hier spricht ein Mensch, dem es rundum gut geht.

Bengt, sage ich zu ihm, ich glaube, ich kann's nicht mehr.

Was kannst du nicht mehr?

Alles.

Schweigen.

Was meinst du mit »alles«?

Na, alles eben. Ich bin so langsam, so schwach. Ich kann morgens kaum aufstehen. Und dann ist unser Team so inhomogen. Thomas würde gern schneller gehen, aber wir können das nicht. Bengt, mir geht's beschissen.

Wohohoooo, sagt Bengt. Mal langsam. Sag mir, was ihr macht. Wie ihr geht. Macht ihr genügend Pausen? Geht ihr langsam genug? Ich hab dir gesagt, dass ihr nicht zu schnell sein dürft am Anfang. Dass ihr es langsam angehen müsst und gut auf euch achtgeben. Ihr dürft euch nicht kaputtmachen.

Wir machen keine regelmäßigen Pausen, sage ich.

Warum nicht?

Weil das schwierig ist. Aber Bengt, auch so, irgendwie bin ich einfach nicht mehr bereit für so eine Unternehmung. Ich bin zu schwach.

Das ist ein Riesenquatsch, sagt Bengt. What a bullshit. Jetzt hör mir mal zu: Ich kenne dich. Und wenn ich nicht genau wüsste, dass du das kannst, glaubst du, ich hätte dich dann mit zwei anderen gehen lassen?

Er sagt das ohne jedes Drama in der Stimme. Als sei es das Selbstverständlichste der Welt.

Aber ich bin so schwach!

Du machst dich selbst schwach, sagt er. Denk an den Nordpol – du bist stark! Du kannst das! Du machst es nur falsch, gerade. Und das macht dich fertig. Das ist alles.

Ich denke darüber nach, ob ich nicht aufhören soll.

Aufhören, fragt Bengt ungläubig, wieso denn aufhören? Es gibt keinen Grund dafür. Ihr seid gut in der Zeit. Ihr liegt noch immer genau die beiden Tage vor uns, die ihr vor uns

gestartet seid. Ihr seid nicht schlecht, und ihr seid nicht langsam. Aufhören wäre totaler Irrsinn!
 Es knackt in der Leitung.
 Es tut so gut, Bengts Worte zu hören.
 Bengt, sage ich, weißt du was? Du bist der Erste, der seit sieben Tagen etwas Positives sagt. Es tut unfassbar gut, mit dir zu reden.
 Oh, wirklich, sagt er. Dann braucht ihr dringend einen besseren Teamspirit. Er lacht.
 Ja, den brauchen wir.
 Im Ernst, sagt er. Geht in Stundenetappen, teilt eure Kräfte ein. So wie ich es euch gesagt habe. Es gibt sogar Studien, die besagen, dass man den Körper dauerhaft am effektivsten und gleichzeitig schonendsten belastet, wenn man einen Rhythmus von 48 Minuten Aktivität und zwölf Minuten Pause einhält. Wir verlängern den ein bisschen. Aber zu lang sollten die einzelnen Etappen nicht werden.
 Ja, sage ich, ich weiß.
 Wenn du es weißt, warum machst du es dann nicht?
 Wenn ich das nur wüsste, denke ich, wenn ich das nur wüsste.
 Macht ihr mittags eine größere Pause?, fragt Bengt. Ich stelle mit meinem Team jeden Mittag, nach fünf Einheiten, ein Zelt auf, und wir machen eine Pause von etwa 50 Minuten. Mit Auf- und Abbau also eine Stunde. Damit man mal richtig essen und vielleicht sogar zehn Minuten schlafen kann. Das gibt Kraft für noch mal drei oder vier Einheiten.
 Das machen wir nicht, sage ich.
 Das solltet ihr aber, sagt er. So kann man längere Tage gehen und kommt damit auch auf die nötigen Distanzen.
 Ja, ich werde das noch mal thematisieren.
 Vergiss nicht, ich will in Isortoq mit dir Bier trinken, auf

der anderen Seite. Das haben wir ausgemacht. Wir sehen uns auf der anderen Seite!

Ja, sage ich.

Du schaffst das, wiederholt er. Ich weiß, dass du das schaffst. Wie waren die Bedingungen bei euch heute?

Am Morgen windig, aber jetzt ist es besser, sage ich.

Ja, hier auch.

Bengt erzählt uns außerdem noch die Wettervorhersage, die er aus Norwegen bekommen hat – es zieht ein Sturm auf –, und dass das Team, das vor uns gestartet war, am Anfang mit 40 Grad minus und frontalem Wind konfrontiert worden war.

Die haben einen Tag verloren, schon auf dem Weg zur DYE, sagt Bengt. War unmöglich, noch weiterzugehen.

Und da denke ich mir, was für ein Glück, dass Katharina Erstkommunion hatte. Sonst wären wir auch früher losgegangen und in ebendiesem Wind gelandet. So hat doch alles sein Gutes.

Ach, und bevor ich es vergesse, sagt er noch, ich hab euch eine Überraschung nach Camp Raven geschickt. Camp Raven ist die aktive Station der USA neben der verlassenen DYE-2.

Eine Überraschung, sage ich.

Ja, ihr müsst in Camp Raven danach fragen. Nach dem, was du mir gerade erzählt hast, habt ihr die dringend nötig.

Danke, Bengt, sage ich. Für alles.

Wir reden morgen wieder, sagt er. Bye.

Ich lasse das Satellitentelefon sinken. Und fühle mich so einsam wie selten in meinem Leben. Im Hintergrund war Lachen zu hören. Bengt sitzt mit seiner Gruppe in einem Zelt zum Essen. Und macht das, was wir auch am Nordpol jeden Abend gemacht haben: lachen, erzählen, zusammen sein.

Und dann tief schlafen. Was gäbe ich drum, mit in diesem Zelt zu sitzen. Zu lachen. Wohlig müde und froh zu sein.

Nicht schweigsam, müde, verzweifelt und zerschlagen.

Bengt sagt, wir sollen auf unsere Pausen achten. Und was haltet ihr davon, wenn wir jeden Tag auch mittags das Zelt aufbauen und eine größere Pause machen? Damit man insgesamt länger durchhält?

Davon halte ich gar nichts, sagt Thomas. Denn damit erhöht sich das Risiko, dass wir das Zelt nochmal beschädigen, um 100 Prozent.

Wieso, fragt Hannes.

Schäden am Zelt entstehen vorwiegend beim Auf- und Abbau, sagt Thomas. Wenn wir es also doppelt so oft auf- und abbauen, dann haben wir auch das doppelte Risiko.

Das ist für mich ein abstruser Gedanke. Hannes entgegnet nichts darauf, und ich bin auch zu müde, um zu insistieren. Es war klar, dass wir keine großen Pausen einlegen würden. Denn wir müssen vorwärts, koste es, was es wolle.

Tandem

14.–15. Mai 2013, Tage 8 und 9
Distanzen: 20 km/20 km, Gesamtstrecke: 125,1 km
Höhen: 1627 m/1742 m
noch vor uns: 435 km

*Unless you are the lead dog,
the view is pretty much the same.*
Sprichwort der Inuit

Bengts Worte hallen in meinem Kopf nach. Du bist stark. Du kannst es. Vielleicht muss ich mir das einfach immer wieder vorsagen, denke ich, während ich am nächsten Morgen mit meinem Müsli kämpfe. Durch das Gespräch mit Bengt ist in mir das aufgeflackert, was ich so dringend brauche: die Fähigkeit, unsere Gruppe von außen zu betrachten und nicht nur Geisel der Situation zu sein. Ich begreife, dass ich mich in eine nur noch reagierende Position gebracht habe und dass ich zurückmuss in eine aktive Rolle. Doch dafür muss ich heraus aus diesen Selbstzweifeln, aus den Vorwürfen, die ich mir mache, aus dieser Ich-bin-das-Problem-Schleife. Ich muss mich auf das besinnen, was ich kann, mich daran erinnern, was ich schon alles getan habe, wieder mehr Vertrauen in mich selbst haben.

Wenn das so einfach wäre.

Und dann lasse ich die Flüssignahrung weg. Jeder von uns hat das von Robert Peroni erfundene Pulver dabei. Er hat es damals für seine Expedition entwickelt, daher auch der Name Peronin. Für die weite Strecke brauchten die drei Nahrung mit sehr viel Kalorien bei sehr wenig Gewicht – sonst wären bei der langen Dauer ihrer Tour die Schlitten zu schwer geworden. Hannes hat das Pulver schon öfter in Spitzbergen verwendet. Mit Wasser aufgegossen ergibt es einen cremigen Vanille- oder Schokoladenbrei. Wenn man ihn getrunken hat, fühlt man sich, als hätte man einen Schweinsbraten gegessen. Zumindest ich fühle mich so. Der Clou an dem Pulver soll auch sein, dass man sich weniger voll fühlt, man verbraucht außerdem weniger Kalorien beim Verbrennen des Essens. Ich allerdings habe Schwierigkeiten, diese Nahrung überhaupt bei mir zu behalten. Vielleicht kommt mein Körper am Morgen einfach nicht mit so vielen Kalorien zurecht.

Als wir aus dem Zelt schauen, sehen wir: nichts. Totales Whiteout, es sind keine Umrisse, keine Konturen, kein Horizont mehr zu sehen. Nichts, nur verwaschenes Weißgrau.

Ohne Sicht und Sonne haben wir noch vier Navigationshilfen: zum einen die Windbänder an unseren Skistöcken. Da der Wind relativ konstant aus einer Richtung weht, sind sie ein guter Indikator – wir müssen nur darauf achten, dass die Windbänder immer im selben Winkel stehen. Dazu kommt die Ausrichtung der Sastrugi, die, bedingt durch den konstanten Wind, ebenfalls in einer Richtung verlaufen. Wir gehen leider nicht mit diesen Wellen, sondern quer zu ihnen. Und schließlich haben wir GPS und Kugelkompass, mit denen wir unseren Kurs ständig kontrollieren.

So ein Whiteout ist mal nicht schlecht, sagt Thomas beim Losgehen. Dann sehen wir wenigstens die Berge nicht.

Das Navigieren allerdings ist mühsam in der Horizontlosigkeit. Der Vorangehende hat nichts, woran er sich festhalten kann, und immer wieder treffen uns harte Windböen von der Seite. Es ist zäh, und es geht noch immer sehr spürbar bergauf. Der Schlitten hängt schwer an meinen Hüften, oft muss ich mich weit nach vorne lehnen, um ihn über die tiefen Furchen zu wuchten, die der Wind in die harte Oberfläche geschliffen hat.

Seit zwei Tagen kaue ich auf einem Satz von Thomas herum. Er hat mir angeboten, dass ich Gewicht auf seinen Schlitten umladen kann. Das habe ich abgelehnt.

Vielleicht wäre es aber sinnvoll. Ich schiebe dieses Angebot in meinem Kopf hin und her, her und hin. Ich will kein Gewicht abgeben. Es käme mir wie eine Niederlage vor. Ich habe so lange an meiner Exceltabelle herumgetüftelt, so lange immer wieder Sachen weggelassen, ausgetauscht, um das Gewicht zu minimieren, bin mit dem Schlitten etliche Male bergauf und bergab gelaufen, in den Schlierseer Bergen, habe Gewichte um Gewichte gestemmt – und jetzt ist es doch zu viel? Das will ich nicht einsehen. Ich will aus eigener Kraft über diese Insel gehen. Ich will meinen Schlitten selbst ziehen, mit genau dem gleichen Gewicht, das auch die andren ziehen. Ich will nicht die Prinzessin sein, die sich ihre Sachen von den anderen tragen lässt.

Andererseits ist es aber so, dass wir wahrscheinlich schneller wären, wenn ich weniger Gewicht zu ziehen hätte. Ist es also egoistisch von mir, wenn ich nichts abgebe? Ist es nicht vielmehr unfair den andren gegenüber, wenn ich mir nicht helfen lasse? Ist es also sogar im Sinn der Gruppe, etwas abzugeben, damit wir alle schneller werden?

Diese Gedanken schiebe ich in meinem Kopf hin und her. Ich weiß aus anderen Expeditionsberichten, dass fast alle

Gruppen irgendwann Gewicht umladen. Ich hatte das bisher immer als eine Art Scheitern gelesen. Vielleicht war das aber falsch. Vielleicht war es einfach nur die Fähigkeit, die im Team zur Verfügung stehende Kraft richtig einzusetzen. Nach etwa zwei Stunden des Überlegens bin ich bei dem Schluss angekommen, dass es wahrscheinlich insgesamt für alle besser ist, wenn wir umverteilen. Das würde allerdings bedeuten, dass ich Thomas fragen muss, ob er immer noch bereit ist, etwas von mir zu übernehmen. Diese Frage würde mir bei jedem Menschen der Welt ohnehin schon schwerfallen. So, wie die Stimmung zwischen uns ist, fällt sie mir bei Thomas aber noch hundertmal schwerer.

Es dauert also noch zwei weitere Stunden, bis ich wirklich so weit bin, dass ich über meinen Schatten springe. An diesem achten Tag, nach etwa vier Stunden und insgesamt 90 Kilometern, mache ich schließlich etwas, von dem ich nie dachte, dass ich es jemals tun würde.

Thomas, frage ich, steht dein Angebot noch?

Welches Angebot?

Dass ich Gewicht umladen kann.

Klar steht das noch, sagt er.

Dann würde ich das heute Abend gerne machen, sage ich. Damit wir schneller vorankommen.

Warum machen wir es nicht gleich, fragt Thomas. Wenn du es schon entschieden hast, können wir es genauso gut auch jetzt machen.

Ich kann auch was nehmen, sagt Hannes.

Also gut, dann jetzt.

Und so gebe ich also Thomas den Sack mit meiner Reservekleidung und mein gesamtes Benzin, noch etwa sechs Liter, und Hannes nimmt meinen Zeltsack. Insgesamt dürften es mehr als zehn Kilo sein.

Als ich den Schlitten wieder anschirre, spüre ich den Unterschied. Jetzt wiegt er wahrscheinlich nur noch so viel wie ich selbst. Im Verhältnis zum Körpergewicht ziehen wir jetzt wohl alle ein ähnliches Gewicht, Thomas aber sicher am meisten, weil er auch noch das Zelt auf seinem Schlitten hat.

Wir hätten dieses Umladen vielleicht schon früher machen sollen, gleich nach dem Eisbruch. Im Eisbruch ist es sinnvoll, wenn alle das gleiche Gewicht ziehen, weil man oft einen Schlitten zu dritt irgendwo hinauf- oder hinunterwuchtet. Sobald diese Phase vorbei ist, ist es aber wahrscheinlich ökonomischer, das Gewicht nicht mehr absolut, sondern relativ aufzuteilen. Vielleicht bin ich manchmal auch zu stur, denke ich. Vielleicht kommt man als Team eben nur dann weiter, wenn man sich helfen lässt.

Aus dem Whiteout wird irgendwann ein Schneesturm, der so heftig bläst, dass mein Skistock waagrecht im Wind steht, wenn ich ihn nur an der Schlaufe festhalte. Die Schneedrift reicht uns bis an die Hüften. Wenn ich mich nach Hannes umdrehe, sehe ich seine Ski nicht mehr und auch nicht viel von seinen Beinen, so dicht ist das Schneegewirr um uns. Trotzdem schaffen wir an diesem Tag zum ersten Mal 20 Kilometer.

Darüber könnten wir uns freuen, das könnte uns stolz machen, das könnte uns Mut machen. Wir könnten zufrieden im Zelt sitzen, im warmen, sicheren Zelt, nach einem erfolgreichen Tag. Aber so sind wir nicht. Am Abend sitze ich in der Mitte des Zelts und trage die Daten in mein Buch ein.

Wenn wir so weitergehen, sind wir in vier Tagen bei der DYE-2, sage ich, und ich freue mich darüber. Was ich jetzt bräuchte, wäre ein positiver Satz. Jemand, der sagt, dass wir diesen Plan sicher einhalten können und damit ja gut in der Zeit liegen. Ein solcher Satz fällt in unserem Zelt aber nicht.

Wenn wir 25 Kilometer gehen würden, wären es nur drei, sagt Thomas.

Darauf folgt Schweigen. Wir bauen uns nicht auf. Wieder hängt im Zelt das unausgesprochene »wir sind zu langsam«. Mit alldem, was nicht gesagt, aber sehr laut gedacht wird, wird es langsam immer enger im Zelt. Und wieder ist meine ganze Freude dahin, meine mühselig aufgebaute Zuversicht. Ja. Natürlich. Wir könnten schneller sein.

Thomas bringt seinen Kocher nicht zum Laufen. Was dazu führt, dass er und Hannes den Kocher völlig auseinanderbauen und sauber machen. Das dauert, am Ende dieses stürmischen Tages, eine Ewigkeit.

Hannes repariert jeden Abend irgendetwas. Meine Steigeisen, seine Skibindung, und immer wieder Thomas' Kocher.

Ich hab eine Geschäftsidee, sagt er heute, während er schraubt und schraubt, ich mache einen Grönland-Kiosk auf, hier auf dem Eis. Mit Expeditionsmaterial aller Art. Mit neuen Bindungen, Ski, Kochern und mit allen möglichen Werkzeugen.

Ist halt ein begrenzter Markt, sage ich.

Das kann man ja über den Preis regulieren, sagt Hannes. Ich würde mittlerweile einiges für eine neue Skibindung zahlen. Und Essen würde ich auch anbieten. Außerdem würde ich anbieten, dass die Leute überflüssiges Gepäck bei mir lassen dürfen. Und dafür würde ich auch Kilopreise verlangen. Was meinst, was da geht.

Hannes spinnt sich immer weiter in seine Kiosk-Idee hinein. Wie er aussehen würde, wie er ihn versorgen würde.

Dann müssten wir noch irgendwie Reinhold Messner hier vorbeibringen, sage ich. Erinnert ihr euch an die Sendung »Verstehen Sie Spaß«, als Kurt Felix einen Kiosk aufs Matterhorn gestellt hat, an einem Tag, als man wusste, Messner geht mit einer Kundin da hoch? Mit Currywürsten und der *Bunten* im Angebot?

Immer verrückter werden unsere Ideen, und Hannes und ich lachen, während er weiter werkelt und ich Tagebuch schreibe. Thomas beteiligt sich nicht an diesem Gespräch. Er nestelt an dem Kocher herum und schweigt. Manchmal glaube ich, Hannes und ich sind für ihn nur schwer auszuhalten. Manchmal bin ich überzeugt, dass er viel lieber alleine wäre.

Am nächsten Morgen erneut: Whiteout. Beim Zusammenpacken müssen wir alles festhalten, damit es unsere Matten, Schlafsäcke, Daunenjacken nicht davonweht. Thomas und ich sind mittlerweile ein gutes Team beim Zelt einpacken. Thomas ist immer der Erste, der am Morgen das Zelt verlässt, seinen Schlitten packt. Während dann Hannes und ich unser Gepäck aus dem Zelt räumen, fängt Thomas an, die Heringe einzusammeln. Meistens bin ich früher als Hannes mit dem Schlittenpacken fertig und baue mit Thomas das Zelt fertig ab, hole den Zeltsack und stülpe ihn über das Zelt, das Thomas festhält. Dieser Ablauf ist mittlerweile fast jeden Morgen genau gleich. Auch heute halte ich die lange Hülle fest.

Der Sack ist echt gut, sage ich, einfach, um irgendwas zu sagen, und weil ich irgendwie mal nett sein will.

Steht ja auch das Richtige drauf, sagt Thomas.

Was steht denn drauf?

Na, Hilleberg.

Ich lasse meine Hände sinken und schaue Thomas an. Der Ton war nicht scherzend. Wie viel Verachtung man in ein einziges Wort legen kann. Mir fällt nicht ein, was ich darauf sagen soll. Schon wieder ein Hieb in meine Richtung, die ich das vermeintlich verkehrte Zelt ausgesucht habe. Warum sagt er nicht einfach einmal richtig, wie beschissen er das Zelt findet, und mich, und überhaupt? Vielleicht würde es ihm dann besser gehen. Stattdessen habe ich langsam das Gefühl, mit einem Dampfkessel unterwegs zu sein, der kurz vor dem Zerplatzen steht, und immer wieder kommen kleine, böse Dampfwölkchen heraus.

Ich lasse ihn mit dem Zelt und dem Zeltsack allein. Vielleicht sollte ich auch nicht mehr versuchen, nett zu sein, sondern mich einfach nur um mich kümmern, denke ich. So wie Thomas es ja auch gesagt hat. Wieder steigen wir nicht beschwingt in die Bindung, wir sagen nicht, auf geht's, los geht's, irgendetwas, das einen mit einem Lächeln losgehen lässt. Hannes schaut auf sein GPS und zeigt in die Richtung, die wir einschlagen müssen, Thomas stemmt sich in sein Gestänge, und wir gehen los.

Und wieder startet er in einem Tempo, das zu hoch für mich ist und zu hoch auch für Hannes. Abgebremst wird er lediglich durch das schwierige Navigieren im Nebel. Manchmal ist er so weit weg von uns, dass er im Whiteout zu verschwinden droht. Der Wind hat heute bedeutend zugelegt; die Sastrugi sind tiefer geworden, oft erkennen wir sie aber kaum, weil der über den Boden dahintreibende Schnee so dicht ist, dass wir kaum unsere Ski sehen. So stolpern wir dahin, bleiben immer wieder mit den Skispitzen in Bodenwellen hängen, die wir nicht sehen. Unsere Welt ist auf einige wenige Meter geschrumpft. Ein kleines Universum aus Eis, Schnee und Wind.

Stunde um Stunde gehen wir so vorwärts, und wieder beginnen die Schleifen im Kopf, die quälenden Kreisel. Jetzt höre ich das Hiatamadl. *Das Hiatamadl mog I ned, hod koane dickn Wadln ned.* Hubert von Goisern ist ein großartiger Musiker. Das Hiatamadl aber habe ich noch nie gemocht, es gefällt mir weder der Text noch die Melodie noch der Klang, es ist ein durch und durch blödes Lied. Und das höre ich jetzt. Und immer nur diese Zeile und die nächste: *I mog a Madl aus der Stodt wos dicke Wadln hod.* Warum dieses Lied? Gegen das Hiatamadl war das Segenslied noch ein Segen.

Ich bin aber doch nicht die Einzige, der es so geht. Später erzählt mir Hannes, dass die ersten Tage, in denen wir endlich nur geradeaus gehen konnten, zu den seltsamsten gehörten, die er je erlebt hatte. Besonders, was da mein Hirn so alles gedacht und gemacht hat, sagt er. Ich bin mal eine Zeit lang gelaufen und habe tiefe Summtöne von mir gegeben, um zu entdecken, ob in mir etwas zum Schwingen anfängt. Und wenn ja, welchen Ton dieses Eis in mir anschlägt.

Auch er sei immer wieder aus diesen summenden Tiefen aufgewacht und habe befürchtet, ein bisschen wunderlich zu werden, erzählt er.

Jeder einzelne Meter wird zur Qual, und irgendwann befinde ich mich in einem Strudel, der droht, mich hinabzuziehen, hinein in das Eis. Ich muss mich zu jedem Schritt zwingen. Immer wieder berechne ich innerlich unsere Distanzen. Noch drei Tage bis zur DYE-2. Nach diesem Tag sind es nur noch drei Tage bis zur DYE-2. Hunderte Male sage ich das vor mir her. Um dem Hiatamadl zu entkommen, fange ich Rechenspiele an. Nach der DYE-2 sind es noch sechs bis zum Sattel. Und noch mal sechs bis hinunter. 24 Tage insgesamt. Heute ist der neunte.

Und wieder erschlägt mich diese Distanz, diese Dauer. Nach zwölf Tagen werden wir dann 180 Kilometer hinter uns haben. Wie soll das funktionieren, in weiteren zwölf Tagen die restlichen 380 Kilometer zu schaffen?

Es ist nicht unmöglich, sage ich mir vor. Bengt ist hinter uns. In konstantem Abstand. Also machen wir nichts falsch, es ist alles ganz normal. Ich versuche immer wieder, mir die Tabellen anderer Expeditionen vor Augen zu rufen. Mich an deren Distanzen zu erinnern. Das bereue ich wirklich: dass ich deren Tabellen nicht mitgenommen habe. Wie sehr würde das jetzt Mut machen. Zu sehen, dass andere am Anfang auch nicht schneller waren. Und es trotzdem geschafft haben, bevor ihr Essen verbraucht war. Ich weiß, dass das so war, dass das so ist. Dass es immer so ist. Aber ich kann es nicht mehr glauben. Ich müsste es sehen, ich müsste eine dieser Beschreibungen, dieser Tabellen in der Hand halten. Wie viel Sicherheit das geben würde. Ich kann sie mir selbst nicht mehr geben. Vielleicht würde es mir dann gelingen, ein Gegengewicht zu bilden zu der für uns alle so quälend gewordenen Haltung, zu jenem Mantra, das wir in jeder Sekunde des Tages vor uns her singen: Wir sind zu langsam, zu langsam, zu langsam.

Hannes und ich sind zu langsam, seit wir in Kangerlussuaq aus dem Flugzeug gestiegen sind.

Wie ein kleiner Teufel sitzt der Zweifel auf meiner Schulter. Das geht nie! Das geht nie! Das geht nie! Und Thomas verschwindet vor mir im Nebel. Bei einer Expedition im 19. Jahrhundert ließ der britische Polarforscher George Strong Nares die Jackenrücken der Männer bunt bemalen. Weil die Rückenansicht des Vordermanns das Einzige war, was seine Männer zu sehen bekamen, tagelang, wochenlang. Also bekam jeder Rücken ein anderes Bild, und mit einer immer wieder wechselnden Reihenfolge der Männer bekam jeder Einzelne immer wieder ein anderes Bild zu sehen. Bei uns hätte das nicht viel Sinn. Ich bräuchte ein Fernglas, um auf Thomas' Rücken ein Bild zu erkennen.

Es geht nie, es geht nie, es geht nie, ich komme nicht hinüber, sagt der Teufel auf meiner Schulter zu mir.

Doch, ich komme hinüber, es geht, es geht, es geht. Ich keuche die Worte in meinen Pelzkragen hinein.

Es geht. Es geht. Es geht!

Und dann kommt das Schlimmste, die schlimmste aller Fragen, die man sich auf einer Expedition stellen kann. Warum. Warum bin ich hier, warum mache ich das? Wenn man sich an die Gründe nicht mehr erinnern kann, wenn man nicht mehr weiß, woran man monate- und jahrelang gearbeitet hat, wenn man die Leidenschaft nicht mehr spürt und den inneren Ruf nicht mehr hört, wenn man die Schönheit des Eises nicht mehr sieht und den Wert der Freundschaft nicht mehr kennt, wenn man anfängt, sich die Sinnfrage zu stellen – dann ist man verloren. Man darf sich auf einer 600 Kilometer langen Strecke durch eine Eiswüste keine Sinnfragen stellen. Weil es, objektiv betrachtet, wohl kein sinnloseres Vorhaben auf Erden gibt. Wenn man also derart aus dem inneren Expeditionsmodus geraten ist, dass man sich die Frage nach dem Warum stellt, wenn man sich ernsthaft fragt, warum man sich jetzt, hier, in diesem Eis befindet, mit einem 60 Kilo schweren Schlitten an den Hüften – dann hat man ein wirkliches Problem.

Die Sinnfrage setzt sich nun auf meinen Schlitten. Sie setzt sich schwer und immer schwerer auf meine Pulka, sie hängt sich an meine Arme und an meine Beine und um meinen Hals. Sie sitzt in meinem Genick, sie drückt mich nach unten, sie hält jedes meiner Beine fest, wenn ich sie nach vorne schieben will, einen Schritt weiter, und noch einen Schritt, es ist, als würden unsichtbare Hände aus dem Schnee greifen und meine Ski festhalten, sie nicht weitergleiten lassen, immer muss ich zuerst einen Widerstand durchbrechen, meine Beine dem Griff entwenden, der sie umklammert, der sie am Weitergehen hindern will; es ist, als müsse ich meine Ski bei jedem Schritt aus einem trägen Schleim lösen, als würden sie am Boden kleben, als ginge ich nicht mehr über Eis und Schnee, sondern über eine zähe Masse, in der meine Ski versinken wollen.

Was hatte ich Hoffnung an die Eiskappe geknüpft, nach den harten Tagen im Eisbruch. Dass es dann bald abflachen würde, dass es so viel einfacher werden würde, den Schlitten zu ziehen, dass wir einfach immer nur in eine Richtung gehen, dahingleiten müssten. Dass es anstrengend sein würde, ja. Dass aber der Fortschritt so viel deutlicher zu sehen, zu spüren sein würde, dass wir so viel mehr Mut aus unserem Geleisteten würden schöpfen können. Wir können es nicht. Ich kann es nicht. Wie sehne ich mich nach einem Lachen, einem Lächeln, einem ehrlichen, unbelasteten Lachen, einem Klopfen auf meine Schulter.

Wie habe ich jeden einzelnen Tag unserer Nordpol-Expedition geliebt. Wie habe ich mich wohlbehalten gefühlt, geborgen in der Freundschaft, wie hat sich mein Herz gewärmt an all den kleinen Gesten, die wir uns zuteilwerden ließen, an all den kleinen und großen Gedanken, die wir abends miteinander teilten, die wir uns anvertrauten. Nichts davon haben wir hier. Ich fühle mich, als würde ich verdursten.

Unendlich, unschaffbar, unmachbar erscheint mir der Weg, der vor mir liegt. Es ist nicht leichter geworden. Und es wird noch schwieriger werden, denn noch sind wir gerade erst auf 1700 Metern. Wir müssen noch 800 Höhenmeter weiter hinauf. Es wird kälter werden, windiger, viel windiger. Bis jetzt ist die Insel gnädig zu uns, weder lässt sie den Wind in unsere Gesichter wehen, noch ist die Temperatur auf 40 Grad minus gefallen. Aber das kann, das wird alles noch kommen. Und auf einmal male ich mir die nächsten Tage wie eine Hölle aus, eine Hölle, für die mir die Kraft fehlt. Ich kann es einfach nicht mehr.

All die Hoffnungen, die ich an die Zeit nach dem Eisbruch geknüpft hatte, zerstören sich vor meinen Augen selbst. Als sei ich einer Fata Morgana hinterhergelaufen, einem Trugbild, einem Bild, das mich dazu verleitet hat zu glauben, ich sei fähig, dieses Eis zu durchqueren. Ich bin es nicht. Ich bin es nicht!

Und dabei ist all das, was ich durchlebe, normal, ich bin nicht die Erste, die dies empfindet, und ich werde nicht die Letzte sein. Peronis Beschreibung der ersten Tage auf der Eiskappe, nach dem Verschwinden der letzten Berge hinter dem weißen Horizont, ist ebenso desaströs, lässt ebenso erahnen, welche inneren und auch äußeren Dramen die drei damals durchlebt haben müssen.

»Wir sind kaputt«, schreibt er. »Und ausgerechnet hier oben hatte ich mich wie der Eisvogel vorwärtsschwingen wollen. Jetzt habe ich Angst, dass mir die Beine den Dienst versagen, zähle Schritt für Schritt über Schnee und Eis, zähle die Minuten. Der von uns mit so viel Hoffnung erwartete Marsch über das Inlandeis beginnt mit einem seelischen Tiefpunkt.«

Genauso geht es mir.

Und so wird jeder Schritt zu einem Kampf. Meter um Meter. Ich befehle mir weiterzugehen. Immer und immer wieder. Und irgendwann gebe ich auf. Es hilft auch nichts, dass die Sicht mittlerweile besser geworden ist, dass sich der Horizont wieder zeigt – der Horizont, den wir doch nie erreichen. Ich kann nicht mehr. In meinem Kopf ist ein Knoten, in meiner Seele, und irgendwann in meinen Beinen. Es geht nicht mehr, ich kann nicht mehr kämpfen. Ich kann keinen Schritt mehr weitergehen. Ich bleibe stehen. Stütze mich nach vorne auf meine Stöcke. Hannes kommt neben mich.

Was ist los, fragt er.

Ich kann nicht mehr, murmele ich.

Kaum bringe ich die Worte heraus.

Thomas! Hannes ruft ihm hinterher, winkt mit dem Stock, er solle anhalten.

Thomas hakt sich aus seinem Schlitten aus und kommt zu uns zurück gefahren.

Was ist los?

Ich weiß es nicht, sage ich. Ich kann einfach nicht mehr.

Dann machen wir jetzt Camp, sagt Hannes.

Nein, sagt Thomas. Wir sind ja gerade erst zehn Kilometer gegangen.

Aber vielleicht brauchen wir einfach mal eine richtige Auszeit, sagt Hannes.

Kannst du körperlich nicht mehr, oder im Kopf, fragt Thomas mich.

Im Kopf, sage ich, im Kopf! Ich hab so was noch nie erlebt. Ich versuche und versuche, mich irgendwie zu motivieren, aber es geht einfach nicht, nichts, was ich versuche, funktioniert.

Dann machen wir jetzt kein Camp, sagt Thomas. Wenn wir heute nicht vorwärtskommen ist das noch demotivierender. Für alle. Wir machen ein Tandem. Was hältst du davon?

Ja, sage ich, lass uns das versuchen.

Mir ist alles recht, ich will alles tun, es soll nur dieses Gefühl der Hoffnungslosigkeit und des Eingesperrtseins in einer Welt, in der ich nicht sein will, diese Traurigkeit, dieses Zweifeln und dieser wachsende Hass auf mich selbst endlich aufhören. Ein Camp, das sehe ich genauso, wird dabei nichts nützen. Es wird mir nichts nützen, mich in ein Zelt zu setzen und mitfühlende Blicke zu spüren. Das ist das Letzte, was ich brauche. Ich will endlich wieder normal sein, mich an dem freuen können, was ich tue. Ich will wieder die Kraft in meinem Körper spüren, die auch in ihm ist, die mein Kopf ihm aber verwehrt. Ich muss irgendwie durch diese Mauer, die ich in mir selber aufgebaut habe.

Thomas hakt meinen Schlitten aus meinem Geschirr, zieht ihn zu seinem und hängt ihn mit zwei Karabinern an seine Pulka. Dann verbindet er sein und mein Zuggeschirr ebenfalls mit zwei Seilen miteinander und hakt sich wieder in seine Pulka ein. So sind nun unsere beiden Schlitten ebenso voreinandergespannt wie wir.

Du musst ziehen, sagt Thomas zu mir. Es soll nicht so sein, dass ich zwei Schlitten an mir hängen habe. Du bestimmst die Geschwindigkeit. Du musst mir helfen.

Ich weiß, dass das ein psychologischer Trick ist. Ich soll in die Helferposition. Dieser Trick würde vielleicht sogar funktionieren. Wenn ich wirklich das Tempo bestimmen könnte. Das kann ich aber nicht. Denn Thomas geht auch jetzt wieder so schnell, dass ich Mühe habe, die Seile gespannt zu halten, geschweige denn, wirklich zu ziehen. Ich habe beständig das Gefühl, als würde er mir gleich von hinten auf die Ski steigen. Ich spüre kaum Gewicht an meinen Hüften. Das Gewicht zieht Thomas. So werde ich also, gezwungenermaßen, immer schneller und schneller.

Was ist mit Hannes, frage ich nach einer Weile.

Der kommt schon hinterher, sagt Thomas. Konzentrier dich auf dich.

Ich drehe mich trotzdem um. Hannes ist weit hinter uns. Wir sind sicher schon mehr als 500 Meter von ihm entfernt. Ich drehe mich wieder um, doch anstelle durch Thomas' Hilfe nun eine Erleichterung zu spüren, anstelle mich selbst wieder zu justieren und die Zeit zu nutzen, mich zu beruhigen, irgendwie wieder zu mir selber zu finden, drückt es mir nun wegen Hannes auf der Seele. Die ganze Zeit sind wir zu zweit hinter Thomas hergelaufen. Manchmal er vorne, manchmal ich. Lok spielen, haben wir das genannt. Manchmal habe ich mich im Geist an seinen Schlitten angekoppelt, und manchmal er sich an meinen. Wenigstens wir beide haben irgendwie aufeinander achtgegeben. Es ist mit Sicherheit kein schöner Anblick, uns zwei Aneinandergeschirrte nun so weit vorausgehen zu sehen, und allein so weit hinten zu bleiben.

Das finde ich nicht gut, sage ich. Ich will Hannes nicht alleine so weit zurücklassen.

Das macht nichts, sagt Thomas, so weit ist es doch nicht.

Ich fühle mich wie eine Verräterin. Weil Thomas mir nun hilft, gebe ich Gas wie eine Irre, und kümmere mich überhaupt nicht mehr um Hannes – so muss das, was wir da veranstalten, für Hannes aussehen.

Mir ist warm, sage ich. Ich muss eine Schicht ausziehen. Also bleiben wir stehen. Lassen Hannes herankommen. Thomas läuft der Schweiß über das Gesicht. Und auch Hannes dampft.

Was habt ihr denn jetzt vor, fragt Hannes, als er endlich bei uns angelangt ist. Wollt ihr jetzt doch noch einen Rekord brechen?

Unglücklich schaue ich ihn an. Ich kann ihm genau ansehen, was er denkt. Er findet diese Tandem-Idee unsinnig, und wie wir sie nun umsetzen, auch noch unkameradschaftlich.

Ich weiß nicht, sage ich, wir sind viel zu schnell.

Aber du bestimmst doch das Tempo, sagt Thomas.

Das bestimme ich nicht, sage ich. Du gehst so schnell, dass ich kaum die Seile gespannt halten kann.

Ich gehe genau so schnell, wie du es vorgibst, sagt Thomas.

Ich sage nichts mehr darauf.

Ich fühle mich hundeelend. Ich will Grönland nicht auf diese Weise durchqueren, angeschirrt wie ein Hund. Ich will es so machen, wie ich es kann. Ich will es auf meine Weise machen dürfen, dann brauche ich auch keine so alberne Hilfe.

Warum bin ich nicht in der Lage, das zu formulieren? Warum sind wir alle drei nicht in der Lage, darüber zu reden, in welchem Ausmaß das alles schiefläuft zwischen uns? Und dass in Wahrheit weder die Distanzen noch die Gesamtstrecke noch das Eis das Problem sind, sondern wir. Wir sind das Problem.

Ich habe mir das alles so grundanders vorgestellt. Nie hätte ich für möglich gehalten, dass es so werden würde, wie es sich jetzt entwickelt. Ich beginne, mich zu verachten. Für meine Passivität und die Unfähigkeit, diese Situation zu ändern.

Wir gehen auf diese Art noch drei Stunden weiter. Ich ziehe mich aus bis auf das Unterhemd und die dünne Windjacke, so warm wird mir bei diesem Tempo. Thomas und Hannes sind komplett durchgeschwitzt, als wir nach 7,5 Stunden und 20 Kilometern beschließen, das Zelt aufzubauen. So durchgeschwitzt, dass es kaum vorstellbar ist, wie sie je wieder trocken werden sollen.

Das war original eine totale Schnapsidee, sagt Hannes,

als er im Zelt sitzt, und wieder einmal Thomas' Kocherdüse repariert. Schau mal, wie nass wir sind.

Deswegen habe ich ja zwei Softshelljacken dabei, sagt Thomas. Wenn die erste tiefgefroren ist, kann ich die nächste anziehen.

Hannes ist stinksauer, das sehe ich sogar seinem Rücken an, den er mir zuwendet, während er an dem Kocher herumschraubt. Seine klamme Softshelljacke hat er dabei an, in der Hoffnung, sie am Körper zu trocknen. Das ist die unangenehmste Form aller Trocknungsarten, die man sich nur vorstellen kann – bei zwanzig Grad minus und sinkenden Temperaturen in einem Zelt zu sitzen und darauf zu warten, dass die Klamotten, die man am müden Leib trägt, aufhören zu dampfen. Hannes ist so sauer, dass er den ganzen Abend nichts mehr sagt, und das ist selten bei Hannes.

Ich sage dazu nichts. Eines der Gesetze auf polaren Expeditionen ist, dass man genau so schnell geht und genau so dick angezogen ist, dass man nicht schwitzt. Ich bin zu müde, um das zu sagen, zu matt. Der Effekt des Gesprächs mit Bengt ist dahin. Wieder habe ich die Betrachterposition verlassen. Es ist, als habe ich mich durch das äußere Anschirren in einem Tandem auch innerlich wieder in die angeschirrte, die eingesperrte, die passive Rolle gebracht. Ich fühle mich unfähiger denn je. Soll ich Grönland nun im Tandem durchqueren?

Auf diesen desaströsen Tag folgt die Nacht, in der unsere Zeltstangen brechen.

Der Bruch

15. Mai 2013, Nacht von Tag 9 auf 10
Distanz: 20 km; Gesamtstrecke: 125,1 km
Höhe: 1742 m
noch vor uns: 435 km

If you are walking on thin ice, you might as well dance.
Sprichwort der Inuit

Bing. Es ist ein heller Ton, ein anderer Ton, einer, der nicht zu den gewohnten Geräuschen gehört, die uns umspülen. Nicht zum Toben des Winds, nicht zu seinem dunklen, fernen Tosen und nicht zu seinem helleren, nahen Heulen. Er gehört auch nicht zu den knatternden Geräuschen, die meine Schlittenabdeckung manchmal macht, und nicht zu dem Reiben des Außenzelts auf dem Innenzelt, nicht zu dem feinen Rieseln, wenn der Wind Schnee gegen unseren Tunnel wirft, nicht zum nachgebenden Ducken des Zelts in einzelnen Böen, in denen sich die Zeltstäbe biegen und die Zeltwände murrend leicht nach innen gedrückt werden, bevor sie sich wieder aufrichten. Es ist ein feiner, kurzer, metallischer Ton, der fremd ist. Und nicht einmal eine Sekunde nach seinem Erklingen sitzen Thomas und ich aufrecht in den Schlafsäcken und streifen sie uns von den Oberkörpern, mein Herz schlägt mir bis zum Hals, eine heiße Welle flutet durch meinen Körper, und ich rufe, was war das?

Später wird mich meine Reaktion beruhigen. Sie beruhigt mich auch jetzt noch, wenn ich im Geist von oben auf unser Zelt blicke, das da allein, so allein, inmitten dieser Eiswüste steht, und sie wird mich künftig beruhigen, wenn ich wieder in derlei Zelten liegen sollte.

Bengt wird mich später fragen, but how did you realize it? Und ich werde sagen können, oh, be sure, you realize it. Unser Gehirn, so scheint es, weiß, wo es ist. Es weiß, was es zu tun hat. Und dazu gehört: Hören, auch wenn man tief schläft. Geräusche filtern. In gut und böse einteilen. In normal und überhaupt gar nicht normal. Dieses Bing, das ist ein böser Ton. Ein Ton, der Alarm auslöst. Mein Gehirn hat ihn zu mir durchgeschickt und mich aufgeweckt. Von null auf hundert. Und ich bin normalerweise sehr schwer von null auf hundert zu bringen, wenn ich schlafe.

Unser Zelt verbiegt sich. Der Tunnel ist kein Tunnel mehr, die Zeltwand zieht sich auf der Seite, auf der Hannes schläft, seltsam nach oben. Hannes streckt nun auch seinen Kopf aus dem Schlafsack. Die Zeltstange ist gebrochen, sagt er. Gleichzeitig merke ich, dass der Wind jetzt von der Seite kommt. Der Wind, der nun ein Sturm ist. Hat sich der Wind gedreht, oder haben wir das Zelt falsch aufgestellt? Waren wir wirklich so blöd, unser Zelt quer zum Wind zu stellen? Ich weiß es nicht. Bis heute nicht. Ich hatte nicht aufgepasst, an jenem Abend, beim Aufbau. Ich war leichtfertig davon ausgegangen, dass derjenige, der das Zelt auf den Boden legt und die ersten beiden Haken setzt, auch schaut, dass es richtig steht. Ich weiß nicht mehr, wer das war, und es ist auch egal. Wenn einer einen solchen Fehler macht, gibt es zwei andere, die ihn merken müssen. Die Wand, an der Thomas liegt, wird mit

Macht gegen uns gedrückt. Das Zelt wird klein. Das ist nicht gut. Gar nicht gut.

Gebrochene Zeltstangen können der Beginn einer Katastrophe sein, dort, wo wir sind. Arktisprospekt aus. Alptraum an. So wie bei den drei Briten. Erst brechen die Zeltstangen, dann bohren sie sich in die Zeltkanäle, dann reißt das Zelt und damit ist der einzige Schutz verschwunden, der Himmel von Hölle trennt. 120 Kilometer von Kangerlussuaq entfernt, von den nächsten Menschen, dem nächsten Haus. Eine dünne Haut nur trennt Welten voneinander, trennt donnernde Schneestürme von der Wärme, die ein Benzinkocher abstrahlt. Wenn sie nicht mehr da ist – dann löst sich der Himmel auf, wird fortgeweht und übrig bleibt Hölle.

Was machen wir jetzt, frage ich und streife den Daunenschlafsack noch weiter hinunter, denn wir werden uns wohl anziehen müssen.

Wir müssen die Stangen reparieren, sage ich, sonst zerreißt es uns am Ende das Zelt.

In dem Wind repariere ich keine Zeltstange, sagt Thomas. Er zieht seinen Schlafsack wieder nach oben. Das hält schon.

Hannes ist der gleichen Meinung.

Wenn wir das Zelt jetzt reparieren wollen, müssen wir es halb abbauen, sagt er, und das bei dem Sturm, dann geht womöglich noch mehr kaputt.

Derweil schlägt der Wind gegen unsere schiefe Zeltwand und drückt sie mit Macht nach innen.

Und so, wie sich die Zeltwand nach innen drückt, drückt sich ein Gewicht auf mein Herz. Ich bin in einem Alptraum. Ich erinnere mich an ein Biwak auf dem Dachsteingletscher, bei dem ich eines Abends einen etwa fünf Zentimeter langen

Riss in der Zelthaut nicht reparieren wollte. In der Nacht kam ein Föhnsturm, der das Zelt in der Mitte auseinandergerissen hat, während wir noch drinlagen. Das geht. Auf dem Dachstein konnte ich damals in einem anderen Zelt unterschlüpfen. Wir haben kein anderes.

Als ich später Thomy während der Nordpolvorbereitungen Fotos dieses zerstörten Zelts zeigte, sagte er, ist gar nicht so schlecht, dass dir das passiert ist.

Wieso?, fragte ich ihn.

Weil du jetzt weißt, was passieren kann.

Ja, ich weiß, was passieren kann, ich weiß um den Einsatz in diesem Spiel. Und deswegen gibt es nun also noch eine Steigerung in der fatalen Entwicklung, in der wir uns seit Tagen befinden, die Entwicklung, durch die ich immer weniger für mich einstehen und für mich sprechen kann. Denn das, worum es nun geht, hat eine neue Qualität, es geht nicht mehr nur darum, ob es uns das Vorzelt einweht oder wann wir stehen bleiben sollen. Jetzt geht es um unser Leben.

Von Thomy habe ich über die Jahre gelernt, was es bedeutet, Expeditionen zu unternehmen, wie viel Ausdauer und Akribie man braucht. Wenn du hier irgendetwas einfach irgendwie machst, wird sich die Arktis in diesem Irgendwie verfangen und hineinbohren, mit ihrer Kälte, ihrem Wind, ihrem Schnee, mit ihrer ganzen Macht, der du dann nichts, gar nichts entgegensetzen kannst, denn du bist für sie nicht mehr als eine der Schneeflocken, die sie über ihr Eis wirbelt. Polfahren ist nichts für Optimisten.

Und so insistiere ich, doch kostet es immense Überwindung.

Wir sollten rausgehen und das reparieren, sage ich. Was, wenn der Wind noch stärker wird?

Hannes schält sich aus seinem Daunenschlafsack. Ich schau es mir mal von draußen an, sagt er. Verschwindet. Als er wiederkommt, sagt er, die Zeltstange war nicht abgespannt. Das war der Fehler. Jetzt habe ich den Bogen festgezurrt, fährt er fort, so kann nichts mehr passieren. Er schlängelt sich wieder in den Schlafsack. Doch das Zelt steht immer noch grauenhaft schief im Wind.

Sollen wir nicht rausgehen, die Stange reparieren und dabei das Zelt gleich richtig hinstellen, versuche ich es ein letztes Mal.

Wenn wir das machen, sagt Hannes, musst du es ja fast komplett abbauen. Und das jetzt, bei dem Wind, das ist ein Schmarrn. Es kann wirklich nichts mehr passieren.

Obwohl ich weiß, wie viel Hannes schon in Zelten unterwegs war, überzeugt mich das nicht. Thomas taucht mit dem Kopf aus dem Schlafsack auf.

Wir können nur eines machen, sagt er. Das Zelt abbauen und losgehen. Und es reparieren, wenn wir heute Abend wieder Camp machen.

Ich schaue ihn an, und der Druck auf meinem Herzen wird noch größer. Niemals geht man mit einem kaputten Zelt los. Was, wenn sich der Sturm dann verschlimmert und man wirklich innerhalb von wenigen Minuten das Zelt aufgebaut haben muss? Man wäre schutzlos. Das denke ich mir aber nur und sage es nicht, die polare Predigerin traut sich nicht mehr zu sprechen.

Zum Glück sagt dann aber Hannes, dass er das auf keinen Fall machen wird. Das Zelt müsse, bevor wir losgehen, repariert werden. Aber nicht jetzt. Dann legt er sich wieder hin.

Gut, sagt Thomas. Geht kurz zum Pinkeln vors Zelt. Und dann verschwindet auch er in seinem Schlafsack.

Ich bleibe sitzen. Die Angst greift nach meinem Herzen wie eine kalte, eisige Hand. Ich krame in meinem Schlafsack nach Penelope, meinem Eisbären. Vergrabe mein Gesicht in ihrem Fell. Und denke an meine Mutter, meinen Bruder, und die Momente, in denen ich ihnen versprochen habe, dass ich niemals etwas tun würde, was gefährlich ist. Ich habe versprochen, dass ich weiß, was ich tue und dass ich mich nicht in Gefahr begebe. Ich nehme dieses Versprechen sehr ernst. Es ist alles, was man denen, die zuhause bleiben, geben kann. Bin ich jetzt dabei, das Versprechen zu brechen? Habe ich es am Ende schon lange gebrochen, indem ich vermessen genug war, in einem Team loszugehen, das sich erst selbst bilden, selbst erfinden musste? Wusste ich da wirklich, was ich tat?

Spielplatz der jungen Winde. So wird das Inlandeis in einem Inuitmärchen genannt. Dieser Wind ist nicht mehr jung. Er ist dabei auszuwachsen. Ich lausche seinem Toben. Setze mich immer wieder ruckartig auf, wenn er besonders stark scheint, halte es kaum aus in meinem Schlafsack. Nimmt er zu? Jede Pause von Böen nährt meine Hoffnung, dass er abflaut, dass es gut gehen wird. Dann wirft er wieder mit aller Macht Schnee gegen unser Zelt, Böe auf Böe, schnell hintereinander, und mein Herz klopft heiß und schnell. Mir wird so warm in meinem Schlafsack. Ich habe Angst. Ich habe eine solche Angst, dass ich bald nicht mehr aus noch ein weiß. Es ist eine nackte, blanke, ausgezogene, eiskalte, harte Angst. Ein Gefühl, das ich noch nie empfunden habe. Und ich erkenne, dass das jenes Gefühl sein muss, das man Todesangst nennt.

Ich kralle mich in Penelope. Lausche dem Sturm. Möchte weinen, beten, kann keines von beiden. Mit wachsendem Entsetzen blicke ich auf mich, auf meine Unfähigkeit, das Richtige zu tun, auf mein Unvermögen, mich durchzusetzen.

Nicht einmal jetzt bin ich in der Lage, mich aus dieser passiven Ecke herauszubewegen, zu agieren statt nur zu reagieren. Was muss noch passieren? Und obwohl es mir so heiß ist, fühle ich mich wie eingefroren. Ich habe mich in meinem ganzen Leben noch nie so wehrlos, schutzlos, ohnmächtig und ausgeliefert gefühlt. So unvorstellbar allein. Ich habe in meinem ganzen Leben, bei all meinen Touren, Reisen und Auslandsjahren und selbst im Krankenhaus noch nie so sehr einfach nur nach Hause gewollt.

Das Zelt hält. Doch am Morgen nach dieser nicht anders als grauenvoll zu nennenden Nacht weiß ich, dass ich aufhören will. Denn zu allen Zweifeln an mir und an uns als nicht funktionierendem Team ist nun auch noch die Angst hinzugekommen. Und die Macht der Angst, den Menschen psychisch völlig auszuradieren, ist noch weitaus größer als alle Wucht des Zweifels. Auch das hat Peroni erlebt. »Wie hätte ich mir vorstellen können, in welche Grenzsituationen ein Mensch geraten kann, wie belastbar er ist – und wie schnell existenzielle Angst ihn dennoch kaputtmacht«, schreibt er in seinem Buch.

Ja, sie macht mich kaputt. Wir sind nun nicht mehr am Anfang, sondern inmitten jenes Prozesses, vor dem uns Bengt gewarnt hat. Dass man sich selbst zerstören kann auf diesem Eis, wenn man sich nicht an die Regeln hält.

Wir können es nicht. Wir, dieses Team aus diesen drei Menschen, ist – warum auch immer – nicht in der Lage, wenigstens verantwortungsvoll über dieses Eis zu marschieren, um noch nicht davon zu reden, dabei auch noch Spaß zu haben. Wir können es nicht.

Wenigstens dazu hat mir diese Angst nun verholfen, sie lässt mich klarer sehen, in welche Lage ich mich gebracht habe, was mich ebenso entsetzt wie von mir selbst enttäuscht. Ich werde diese Expedition abbrechen müssen. Ich werde noch bis zur verlassenen Station der Amerikaner gehen. Zwei Tage sind das noch. Und dann werde ich die Rettung rufen. Das wird teuer werden. Und es wird mir egal sein. Nur weg von hier, von uns, von mir.

Was ich dabei übersehe, ist der Fakt, dass Angst wohl zu jeder großen Expedition dazugehört. Was wir uns vornehmen, muss nur groß genug sein. Mit Grönland hatte ich für mich meine persönliche Angstgrenze überschritten, in deren Nähe ich am Nordpol nicht annähernd gekommen war. Deswegen ist sie mir nun so fremd, die Angst, und allein dass ich Angst habe, vergrößert sie noch. Auch dieses Spiel mit der Angst hat Peroni wunderbar umschrieben:

»Ich bin davon überzeugt, das die Psyche jedes Menschen empfänglich ist für die Attraktion des Bedrohlichen, solange dieses Bedrohliche nicht konkret und nicht präsent ist. Insgeheim wissen wir alle, dass Leben nur außerhalb unserer geharkten Vorgartenidylle zu finden ist. In den Genuss dieses uns fremd gewordenen Terrains kommt aber nur, wer mit den Ängsten, die jenseits des Zaunes lauern, immer wieder aufs Neue einen Waffenstillstand aushandeln kann. Die Frage, ob meine Energie ausreichen würde, auch unter Extrembedingungen mit der Angst in einer Art duldender Koexistenz zu leben, hat mich bei all meinen Expeditionen stark bewegt.«

Zu einer duldenden Koexistenz mit meiner Angst bin ich nicht fähig, und doch ist es wohl genau das, worum es bei allen großen Unternehmungen geht. Ängste zwar wahrzunehmen – aber sich nicht von ihnen beherrschen zu lassen. Ich bin sehr weit von diesem Können entfernt.

Beim Frühstück sage ich zu Hannes, an der DYE-2 ist Schluss für mich, definitiv.

Hannes schweigt eine Weile.

Das ist wohl das Beste, sagt er dann. Für mich auch.

Training an der Huberspitz-Ostwand – diesmal nicht mehr mit Autoreifen, sondern mit meinem Polarschlitten von Thomas Ulrich.

Begeisterter Gepäcksimulator und Trainingspartnerin: meine Freundin Hanna.

Hannes in Kangerlussuaq. Das Rentier hat er zuvor weder selbst geschossen noch gegessen.

Mit dem Bus an die Eiskante – hinten reisen unsere Schlitten mit. Nansen hatte es deutlich unkommoder.

Momente, die man nicht vergisst: Zum ersten Mal sehen wir das Inlandeis.

Kim hat Probleme mit Schneeverwehungen – und so müssen wir anderthalb Kilometer vor Point 660 aussteigen und unsere Schlitten tragen.

Die ersten Meter auf dem Inlandeis – mit Steigeisen, vorbei an einer beeindruckenden Gletscherwand.

Blankeis und Schnee wechseln sich ab, wir gehen durch weißblaue Dünen.

Zum ersten Mal beginnen wir, das Ausmaß dieses Eises zu ahnen, beim Aufstieg über den Gletscher.

Dünen aus Gold – ein grönländischer Abend.

Warum ich tue, was ich tue? Weil ich sehen will, wie schön unsere Welt ist.

Schmelzwasser formt die Landschaft, in der wir unseren Weg suchen.

Pause in einem der ersten zahmen Schneestürme.

Hannes versucht, seinen abgebrochenen Ski zu stabilisieren.
Reparieren wurde zu Hannes' absoluter Lieblingsbeschäftigung.

Das Schmelzwasser schleift enorme Schluchten in das Eis, die wir umgehen müssen.

Ice is nice!

Manche der tiefen Spalten sind eingewechtet und spät zu erkennen.

Gefährlich, wunderschön – und sehr tief.

Dann flacht das Eis langsam ab. Und der Abstand zwischen uns vergrößert sich.

Tag 12, nach 180 Kilometern: Wir erreichen die DYE-2, die verlassene Frühwarnstation der USA aus dem Kalten Krieg.

Im Whiteout bauen wir neben dem Monstrum aus Stahl und Beton unser Zelt auf.

In der Station sieht es aus, als sei sie von einer Sekunde auf die andere für immer verlassen worden.

Die Entdeckungstour durch die Station ist eine höchst willkommene Abwechslung für uns.

Das Herzstück: der Radarschirm, mit dem sowjetische Bomber frühzeitig geortet werden sollten.

Carl kommt uns von der DYE-2 hinterhergekitet. Dann sind wir endgültig wieder zu dritt.

Und dann beginnen die Tage, an denen der Weg statt kleiner immer größer und größer wird …

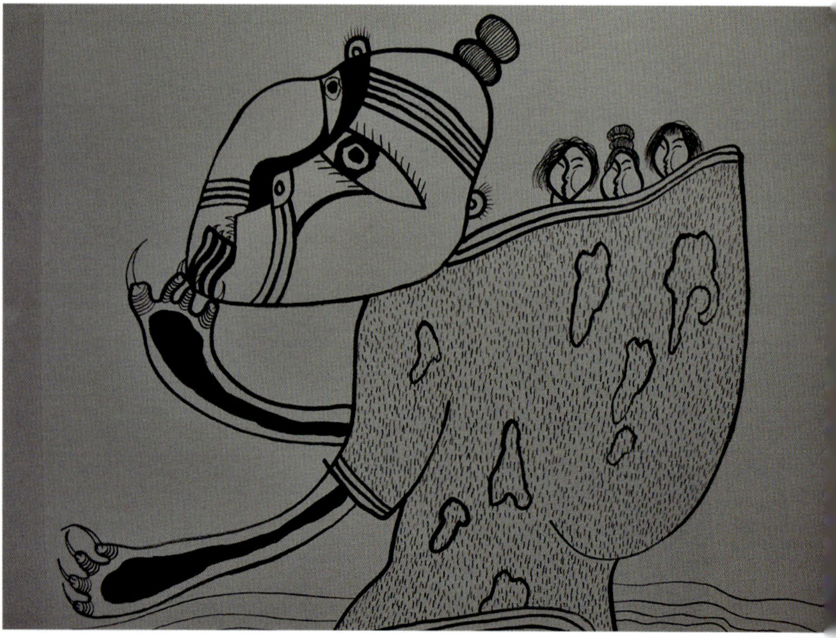

… und an denen man zu ahnen beginnt, was die Inuit meinen, wenn sie von den Monstern des Inlandeises sprechen.

Bessere Tage

16.–18. Mai 2013, Tage 10–12
Distanzen: 20/20/20 km, Gesamtstrecke: 185,1 km
Höhen: 1894 m/2004 m/2108 m
noch vor uns: 375 km

*When you have gone so far
that you think, you can't manage one more step,
then you've gone just half the distance that you're capable of.*
Sprichwort der Inuit

Heute machen wir das anders. Sagt Hannes zu mir, kaum ist Thomas am Morgen aus dem Zelt geschlüpft.
 Wie meinst du das?
 Kein Tandem mehr. Ich bin heute deine Lok. Wir gehen unser Tempo. Ich geh voraus, und du gehst mir nach. Schön langsam. Ich hab keinen Bock, noch mal so zu schwitzen. Ich hab gedacht, ich werd irre, gestern!
 Ich schaue Hannes an, während er redet, und zum letzten Satz fast ungläubig den Kopf schüttelt. So was hab ich echt noch nie erlebt, bekräftigt er sein Gesagtes noch einmal.
 Hannes' Gesicht ist tief gebräunt mittlerweile, trotz unserer hohen Lichtschutzfaktorsonnencreme. Aus dem dunklen Gesicht leuchten seine hellblauen Augen fast. Er ist viel faltiger als sonst. Er hat abgenommen. Er sieht, alles in allem, sehr müde aus.

Auch ich merke, wie ausgezehrt ich jetzt schon bin. Meine Skihose, die anfangs fast zu eng war, schlackert jetzt.

Es tut mir leid, sage ich zu ihm, wegen gestern. Ich wollte nicht so weit von dir weggehen und dich da hinten allein lassen.

Ich weiß, sagt Hannes. Ich weiß. Drum machen wir das heute anders. Bis zur DYE-2 kriegen wir uns schon noch, wenn wenigstens wir aufeinander aufpassen.

Ja, sage ich. So machen wir's.

Während wir reden, rüttelt noch immer der Sturm an unserem Zelt. Wir ziehen die Reißverschlüsse unserer Jacken zu, ziehen die Schuhe an, ich klette meine Neoprenmaske um mein Gesicht – und dann mache ich den Zeltreißverschluss auf.

Der Wind haut mir ins Gesicht. Sofort tränen meine Augen so, dass ich kaum noch sehen kann, wo ich in dieser weißen Welt hintrete. Ich rücke meine Brille zurecht, belade meinen Schlitten mit den Sachen, die Hannes mir aus der Zelthöhle reicht. Dann reparieren wir die gebrochenen Zeltstangen mit dem Reservestück, das man über Bruchstellen schieben und fixieren kann – das heißt, natürlich repariert wieder Hannes. Thomas und ich versuchen, ihm dabei irgendwie Windschutz zu geben.

Als wir losgehen, versinke ich in meinen Gedanken. Ich spüre, dass mit der Zeltstange in jener Nacht in mir etwas zerbrochen ist. Das Gefühl, mich verlassen zu können, das Vertrauen darauf, dass jeder weiß, was zu tun ist. Dass wir die gleiche Sichtweise haben. Wir haben sie nicht. Auch diese Dynamik, dieses Einschleichen von Gefühlen ins Team, die man nicht mehr steuern kann, beschreibt Peroni in seinem Buch: »Wir sind infiziert: von unterschwelliger Aggression, von mangelndem Vertrauen. Alles hatten wir getestet, gewissermaßen jede einzelne Daune in unseren Anzügen, die Stabilität und Flexibilität von Titan, die Astronautennahrung – nur uns nicht«, schildert er, »Horizontlosigkeit, Reizarmut, Orientierungslosigkeit, ihre Wirkung hatten wir ›ausgerechnet‹ – und uns dabei verrechnet«.

Aber hätten wir uns testen können? Die Umgebung, in der wir uns bewegen, ist so einzigartig wie die Anforderungen, die sie an uns stellt, und die Gefühlslagen, die sie hervorruft. Diese Gesamtsituation zu reproduzieren und daraus resultierend auch das Ausgeliefertsein, das Aufeinanderangewiesensein, das Nichtauskönnen – denn das ist es, ja, was uns so zusetzt –, das ist unmöglich. Ein Test eines solchen Unternehmens ist immer schon der Ernstfall.

Der Sturm begleitet uns den gesamten Tag. Wieder ein ganzer Tag im Whiteout. Aber wir halten unseren Plan ein. Hannes geht vor mir, langsam, gleichmäßig. Wenn wir pausieren wollen, bleiben wir stehen und rufen nach Thomas. Hannes hat ein angenehmes Tempo. Ein Tempo, bei dem das Gehirn nicht anfängt, sich selbst aufzufressen. Nach achteinhalb Stunden haben wir 20 Kilometer hinter uns. In fast 1900 Metern Höhe sind wir angekommen. 40 Kilometer haben wir noch bis zur DYE-2. Noch zwei Tage.

Zwei Tage, das klingt wundervoll.

Der nächste Tag beginnt mit dem gleichen Whiteout wie die Tage zuvor. Es ist nichts, aber auch gar nichts zu sehen.

Genauso gut könnten wir zuhause auf einem zugefrorenen See herumlaufen, sagt Thomas. Einfach immer im Kreis. Wäre auch nichts anderes. Wir würden keinen Unterschied merken.

Hannes und ich gehen wieder in der bewährten Art. Wir

lassen Thomas ziehen, und ich hänge mich an Hannes' Pulka, psychologisch betrachtet. Fast beginnt es, Freude zu machen, dieses gleichmäßige Dahingleiten.

Du bist eine super Lok, sage ich zu Hannes, als er einmal kurz stehen bleibt.

Du bist ein super Waggon, sagt er darauf zu mir. Bin schon ganz schön froh, dass du dabei bist.

Ohne dich wär ich schon narrisch geworden, sage ich.

Hannes lacht. Ich auch, das darfst du mir glauben.

Es wird wärmer. Die dichte Suppe, in der wir seit Tagen marschieren, wird dünner. Als Erstes wird in der Ferne, ganz leicht, der Horizont sichtbar. Dann sehen wir wieder Schatten in den Sastrugi. Und wenig später spannt sich ein blauer Himmel über uns auf. Es wird so warm, dass wir Schicht um Schicht ausziehen müssen. Irgendwann ziehe ich sogar die Handschuhe aus, so warm ist mir. Dick cremen wir uns mit Sonnenschutz ein. Auch die Finger und Handrücken, Hals und Ohren, alles, was ein bisschen aus der Kleidung herausschaut.

Bei einer der Pausen am frühen Nachmittag recken wir unsere Gesichter der Sonne entgegen. Wäre das schön, wäre das schön, jetzt sitzen zu bleiben, hier in der Sonne! Es ist wie auf einer Frühjahrsskitour in den Alpen, wenn die Sonne schon wärmt, der Schnee aber noch nicht sulzig ist. Für solche Momente macht man das alles, denke ich. Ich schaue den Horizont entlang, die scharfe Kante zwischen dem Blau und dem Weiß. Unendlich. Blauweißweißblau.

Zaghaft macht sich in mir ein Gefühl der Hoffnung breit. Heute ist ein guter Tag. Ich fühle mich stark und gut, und ich habe mit Hannes zu einem guten Rhythmus gefunden. Bin ich jetzt vielleicht erst wirklich hier? Vielleicht hat es ja einfach so lange gedauert, bis wir auf dem Eis angekommen sind.

War das, was mich so gequält hat, was mich so zurückgehalten und mich so abwehrend hat werden lassen, einfach noch jener Trennungsschmerz? Und nun, mit immer größer werdender Distanz zur Küste werden jene Rufe leiser, die mich so bremsen. Vielleicht. Vielleicht wird ja nun doch noch alles gut. Vielleicht finden wir ja doch noch irgendwie zusammen und gemeinsam über diese Insel. In der wärmenden Sonne scheint auf einmal alles möglich.

Jetzt eine Stunde Pause, sagt Hannes, das wär's.

Das wär's, sage auch ich. Aber das geht natürlich nicht. Wir machen keine lange Rast. Vielleicht aber müssten wir genau das tun. Uns hinsetzen und uns ansehen, wo wir sind, uns bewusst machen, wie schön alles um uns ist. Wir müssten unsere Seele hinterherkommen lassen, von Kangerlussuaq durch das Labyrinth des Eisbruchs und hinauf auf das Inlandeis, anstelle immer nur voranzueilen. Doch wir können die Schönheit nicht im Sitzen auf uns wirken lassen, keine neue Kraft schöpfen aus dem Ruhen und dem Sehen. Für derlei nehmen wir uns keine Zeit. Also stehen wir auf, packen zusammen.

Und auf einmal fällt ein Vogel aus dem Himmel. Ein Vogel! Das erste Lebewesen seit Tagen, ein winziges Stück Leben in einer Wüste aus Eis, klein, erschöpft, verängstigt. Er flattert um uns herum, kommt in unkoordinierten, kantigen Schleifen näher und beendet einen waghalsigen Sturzflug recht ungelenk in Hannes' Skispur, direkt vor seinem Schlitten. Da sitzt er nun, es ist ein Schneespatz, klein, aufgeplustert, er schmiegt sich in den Windschatten der Skispur, in der er fast ganz verschwindet. Fast regungslos haben wir den Absturz des Piepmatzes beobachtet und stehen jetzt sprachlos vor dem kleinen Wesen, das so unvermittelt in unsere Dreiergruppe geplatzt ist. Der Vogel lugt angstvoll zu uns herauf.

Sein kleines Herz klopft. Sein ganzer kleiner Körper wird von dem Herzklopfen geschüttelt. Sein Schnabel öffnet und schließt sich.

Der Vogel ist 160 Kilometer weit von Land weg, von Futter. Der Sturm muss ihn erfasst haben, der Sturm, vor dem der Spatz sich nicht rechtzeitig gerettet hat und gegen den seine kleinen Flügel nicht ankamen. Und so trug ihn der Wind nach oben, weit ins leblose Innere der Insel hinein. Er wird hier sterben. Dieser Piepmatz ist zu schwach, um an die Küste zurückzufliegen.

Was machen wir denn jetzt mit ihm, frage ich Hannes.

Wir können ihn schlecht auf den Schlitten setzen und mitnehmen, sagt er. Er nimmt einen seiner Energieriegel und zerbröselt ihn in die Kuhle, in der der Spatz sitzt. Der Vogel macht keine Anstalten, davon etwas zu fressen, er sitzt nur völlig erschöpft da, mit wild klopfendem Herzen, und lässt uns nicht aus den Augen.

Vielleicht frisst er es ja, sagt Hannes.

Er muss seinen Schlitten um den Vogel herumwuchten. Wir gehen weiter, aber das Bild dieses kleinen Vogels bleibt mir noch lange vor Augen. Dieses kleine, völlig erschöpfte Wesen. Es hat unsere Nähe gesucht, er hat uns wohl in seinem verzweifelt müden Flug entdeckt und gehofft, wo Menschen sind, ist Futter, ist Land, ist Leben.

So erschöpft wie dieser Vogel in seiner Kuhle war ich wohl die vergangenen Tage im Zelt gesessen, und so wie der Vogel hatte auch ich mich verloren und unvorbereitet auf dieses riesige Eis gefühlt, überfordert, unzulänglich, zu schwach. Heute geht es mir erstaunlicherweise besser. Als ich das zu Hannes sage, antwortet er, das wundert mich nicht. Heute gehen wir auch einfach unser Tempo.

Wir tauschen, jetzt mache ich die Lok, und Hannes geht hinter mir, Stunde um Stunde in die sinkende Sonne. Es wird wieder deutlich kälter. Schicht um Schicht legen wir wieder an. Nach neun Stunden haben wir die 2000-Meter-Höhenmarke überschritten und 20 Kilometer geschafft. Drei Sonnen stehen über uns, als wir unser Zelt aufbauen, eines jener zauberhaften Himmelsspiele, für die ich die Arktis so liebe: ein Halo-Effekt, der entsteht, wenn sich das Sonnenlicht an Eiskristallen in der Atmosphäre bricht. Es gibt verschiedene davon; über unserem Zelt schwebt heute ein großer, heller Ring um die Sonne, und an diesem Ring erstrahlen auf Höhe der wirklichen Sonne rechts und links von ihr zwei weitere. Gibt es einen schöneren Platz, an dem man ein Zelt aufstellen kann?

Ich erledige alles, was getan werden muss, bewusst langsam, ich gönne mir Zeit, jetzt, da einmal kein Wind an uns zerrt. Schweigsam baue ich das Zelt mit auf, lege meine Sachen ins Innere, räume in Ruhe meinen Schlitten auf. Diese Arbeiten sind eine Möglichkeit einer kleinen Auszeit, einmal kurz mit sich allein zu sein, nicht mehr gehen zu müssen aber noch nicht zu dritt ins Zelt gepfercht zu sein. Was soll ich machen? Das ist die Frage, die ich währenddessen in meinem Kopf hin und her schiebe. Ich unterbreche die Arbeiten. Lasse meinen Blick über den Himmel wandern. Wie wunderschön er ist. Wie klar die Luft. Silbern der Sonnenschein. Was habe ich alles getan, um hierherzukommen. Wie habe ich mich manchmal hierhergewünscht. Dorthin, wo nichts ist, nur Freiheit, Entdecken, nur eine Richtung. Und jetzt aufhören? Wirklich? Ist es Vernunft oder Feigheit aufzuhören? Sind meine Zweifel berechtigt oder Überreaktion? Habe ich mich von Panik fortreißen lassen, als die Zeltstange brach? Und was wäre beim nächsten Sturm?

Ich ziehe meine Daunenjacke an und setze mich auf meinen Schlitten, die Jungs sind im Zelt, ich bin allein hier draußen, ich bin der einzige Mensch auf dem Eis. Noch gestern am Morgen war ich so überzeugt, dass das einzig Wahre, das einzig Richtige ist, an der DYE-2 auszusteigen. Ich hatte bisher immer gedacht, Aufhören sei keine Ermessensfrage. Ich hatte immer angenommen, wenn es so weit ist, dass man aufgeben, Rettung rufen muss, bleibt nur dieser eine Ausweg.

Das bedeutet im Umkehrschluss, dass ich noch nicht in einer solchen Situation bin. Manövriere ich mich in eine solche aber wissentlich hinein, wenn ich jetzt weitergehe? Wäre ein Aufhören jetzt deshalb nicht vernünftig, vorausschauend? So wie das Umdrehen auf 7500 Metern, an einem Achttausender? Muss man hier aufhören können oder weitergehen? Ich würde so gerne mit jemandem über meine Gedanken reden. Aber wir drei, wir reden ja nicht. Mir wird kalt, trotz meiner Daunenjacke. Ich stehe auf, schüttle die Beine, strecke meinen steifen Rücken. Und beschließe Bengt anzurufen.

Nach dem Essen meldet er sich dann aber selbst. Ich sage ihm, wie sehr ich an mir zweifle. Dass ich am Vortag beschlossen habe, dass ich an der DYE-2 aufhören will.

Warum das denn?, fragt er.

Weil wir kein gutes Team sind, sage ich. Und ich bin mir dessen bewusst, dass mir die anderen beiden zuhören – aber ich habe alles, was ich zu Bengt sage, ja auch schon zu ihnen gesagt.

Warum nicht?, fragt er.

Wir haben einfach keinen Teamspirit, sage ich. Alles ist anders, als es bei uns am Nordpol war.

Es ist trotzdem wirklich dumm aufzuhören, sagt er. Wirklich. Ihr habt kein Problem, ihr seid gut in der Zeit. Morgen seid ihr an der DYE-2, und nach der DYE ist alles anders.

Was ist dann anders?

Dann habt ihr ein erstes Ziel erreicht, sagt Bengt. Dann noch mal fünf Tage bis zum Sattel, und schon geht es bergab. Nach dem Sattel kann man viel größere Tagesdistanzen machen. 30, 40, 50 Kilometer. Da geht dann richtig was vorwärts.

Aber wir sind so langsam.

Rede dir das doch nicht immer ein. Wir sind genau zwei Tage hinter euch, von Anfang an. Das tagelange Whiteout, der Neuschnee und dann die tiefen Sastrugi – das waren keine Bedingungen, bei denen man einfach so dahinfliegt, das musst du auch mal sehen. Es war nicht so einfach, bisher.

Obwohl er gar nicht hier, sondern 40 Kilometer entfernt in seinem Zelt sitzt, schafft es Bengt, mir wieder richtig Mut zu machen. Bengt kann mit ein paar Worten, aber vor allem auch mit der Energie in seiner Stimme, bei mir geradezu einen Schalter umlegen.

Die Teams vor uns hatten es nach dem Sattel übrigens nicht viel leichter, fährt er fort. Sie haben einen halben Meter Neuschnee da drüben. Eines der Teams muss jetzt ausgeflogen werden, die haben Schwierigkeiten. Bei der Gelegenheit wird ein Essensdepot angelegt, auf dem Eis. Falls wir doch auch länger brauchen als geplant.

Ein Essensdepot?

Ja, für alle Fälle. Soll ich Bescheid sagen, dass für euch auch was mit hochgebracht wird?

Ich weiß nicht, sage ich. Vielleicht, ja. Denkst du denn, dass ihr das braucht?

Das kann man nie wissen, sagt Bengt. Der Neuschnee müsste, bis wir dort drüben sind, vom Wind schön festgepackt sein. Es sind auch keine so großen Schneefälle mehr vorhergesagt. Aber besser, wir lassen uns was hochbringen, als am Ende wegen zwei Tagen in Bedrängnis zu kommen – wenn sowieso eine Maschine hochfliegt.

Nach einer Pause sagt er, ihr dürft nicht aufhören. Du wirst es ewig bereuen. Wenn die andren beiden rauswollen, dann lass' sie gehen und warte an der DYE auf mich. Dann kommst du bei uns mit.

Das wäre traumhaft, sage ich. Aber das wird nicht passieren, glaube ich.

Vergiss nicht, in Camp Raven wartet eine Überraschung auf euch.

Ja, sage ich, ich weiß. Es ist so unglaublich gut zu wissen, dass du hinter uns bist, sage ich zu ihm.

Bengt lacht. Es ist auch schön, dich voraus zu wissen, sagt er. Dieser Wortwechsel am Ende unserer Gespräche wird wie zu einem Ritual für uns. Denk an das Bier in Isortoq. Stell dir vor, wie das schmecken wird, nach dem ganzen Tee! Allein das ist den Weg schon wert.

Ich lege auf und schaue in die Runde. Thomas und Hannes haben mein Gespräch verfolgt.

Was machen wir, frage ich. Und bekomme keine Antwort.

Mir geht es heute besser, sage ich. Es macht mir Mut, dass wir jetzt schon den vierten Tag 20 Kilometer gegangen sind. Seitdem wir gesagt haben, dass wir das wollen, haben wir es eingehalten.

Die letzten zwei Tage waren viel besser als die davor, sagt auch Hannes.

Wenn wir morgen an der DYE sind, haben wir zwölf Tage gebraucht, sagt Thomas. Zwölf Tage für 180 Kilometer. Wir haben dann mehr als die Hälfte der Tage verbraucht, aber noch 400 Kilometer vor uns.

So wie Thomas das sagt, klingt es natürlich wieder vollkommen unmöglich.

Um das zu schaffen, sagt er weiter, muss man fit sein. Aber wir sind definitiv angezählt. Ich weiß nicht, ob das eine gute Ausgangslage ist.

Ich sage euch jetzt mal, was ich brauchen würde, um hier besser zurechtzukommen, sage ich. Ich bräuchte einen besseren Teamgeist, einen, der einem über schwierige Momente hinweghilft. Bei uns ist alles so schwer, so ernst geworden. Können wir uns nicht darum bemühen, dass wir positiver, irgendwie froher miteinander umgehen? Ich habe das Gefühl, wir sprechen vieles nicht aus. Wenn wir das ändern, haben wir vielleicht alle mehr Energie.

Darauf bekomme ich keine Antwort.

Und die Pausenregelung, sage ich. Regelmäßige Pausen, und ein Tempo wie heute.

Wir sollten an der DYE-2 entscheiden, sagt Thomas. Es macht keinen Sinn, sich jetzt darüber zu unterhalten. Und dreht sich in seinem Schlafsack um.

Und damit ist das Gespräch abgeschnitten, das wir so dringend bräuchten, das Gespräch über uns und die Abläufe zwischen uns, die wohl niemandem von uns dreien gefallen.

Ich nehme meinen Essensbeutel, und als ich eine Tafel Schokolade herausziehe, fällt mir die tägliche Botschaft meiner Nichte entgegen. Ein kleiner Zettel. Heute steht darauf: »Viel Glüg beim Schlitenzihen deine Marlene.« Marlene ist in der ersten Klasse. Verziert ist der Zettel mit einem blauen Herz, einer gelben Sonne und einer lila Blume. Als meine Mutter die Essensbeutel genäht hat, waren meine Nichten bei ihr zu Besuch. Und hatten die Idee, mir Nachrichten zu schreiben. In jeden Beutel steckten sie also eine, auch meine Eltern schrieben ein paar. 28 Stück insgesamt. »busibusi deine Marlene«, »Hals und Beinbruch! Deine Kathi« oder »Viel rükenwind! deine Marlene« steht darauf zum Beispiel. Auf manche haben sie mit Lippenstift Kussmünder gedrückt. Ich musste versprechen, vorher nicht in die Beutel zu schauen, und natürlich habe ich das Versprechen gehalten. Jeden Tag freue ich mich auf diese Zettel. Wie wichtig diese Dinge geworden sind. Genauso wie die Handschuhe, die meine Mutter für mich gefilzt hat, und in die sie sogar noch eine Scheeflocke hineingestrickt hat. Ich hab ganz viel Wärme hineingestrickt, sagte sie, als sie sie mir gab. Diese Wärme spüre ich jedes Mal, wenn ich sie anziehe, wenn ich sie in der Nacht im Schlafsack berühre. Die Zettel sind jeden Tag das Erste geworden, was ich aus dem Beutel hole. Lang schaue ich die heutige Botschaft an. Dann streife ich sie glatt, schreibe den Tag darauf und stecke sie in die Dokumententasche meines Tagebuchs.

Am nächsten Morgen wachen wir im Whiteout auf. Es wird der Tag mit dem dichtesten Nebel auf der gesamten Tour. Knapp 20 Kilometer sind es noch bis zur DYE-2. Der Wind bläst aus Süden, auf unsere rechte Kapuzenseite, häuft Schnee auf unsere Schlitten.

Ich denke an Bengts Worte. Heute bedrücken mich die Streckenberechnungen nicht, heute machen sie mir Mut. So wie Bengt mir Mut gemacht hat. Heute erreichen wir die DYE, und nach der DYE ist alles anders. Alles wird anders sein! Endlich haben wir dann ein Ziel erreicht, ein Ziel in dieser ewigen, gleichförmigen Ebene, in der sich nichts verändert, in der man auf nichts zu- und an nichts vorbeigehen kann. Endlich können wir auf etwas zugehen. Endlich können wir etwas hinter uns lassen. Vielleicht hat Bengt recht. Vielleicht gibt einem dieses erste Ziel so viel Auftrieb, dass danach wirklich alles anders ist. Weil wir dann einen Beweis dafür haben, dass wir vorwärtskommen, dass wir uns wirklich bewegen. Bisher beweisen uns das nur die Zahlen auf dem GPS.

Dass wir nichts sehen, macht mir heute nichts aus, auch der Wind stört mich nicht. Dass wir uns ganz schön gegen die Böen stemmen müssen, heute gibt es mir eher Energie.

Nach sieben Stunden sehen wir erste Markierungen, Stäbe, die aus dem Schnee ragen. Das müssen Markierungen der Landebahn von Camp Raven sein. Wir folgen den Markierungen, bis wir südlich von uns auf einmal dunkle Umrisse aus dem Nebel auftauchen sehen. Da ist sie. Die verlassene DYE-2-Station. Unser erstes Etappenziel.

Wir bleiben nebeneinander stehen, schauen auf dieses Ungetüm aus Stahl und Beton, etwa 700 Meter vor uns. Unheimlich sieht es aus in diesem Nebel und dichten Schneefall, kalt, unwirklich, bedrohlich. Und spannend. Und schön. Endlich sind wir da, endlich haben wir einen Abschnitt geschafft, endlich haben wir etwas erreicht!

Wir holen alle unsere Fotoapparate heraus und setzen uns nach den ersten Aufnahmen dieses unwirklich scheinenden Orts wieder in Bewegung.

Was mag darin sein? Werden wir hineingehen können? Und was werden wir dort finden? Bis hierher war er gekommen, der Kalte Krieg, dessen Name hier gleich noch mal ganz anders klingt. Die DYE-2 ist eine der Stationen, die die USA in den Fünfzigerjahren errichteten, sie ist Teil des Frühwarnsystems, das vor Atomangriffen warnen sollte. Atomangriffe, die von der Sowjetunion über den Nordpol Richtung Westen gestartet werden könnten, so das Bedrohungsszenario. Die Frühwarnstationen sollten den USA Zeit für ihre Verteidigung und einen schnellen Vergeltungsschlag geben.

Wie groß die DYE-2 ist, können wir in dem Schneenebel noch nicht ausmachen, wir haben keine Bezugspunkte, der Bau scheint im Nebel zu schweben. Aber wir ahnen schon, dass er riesig ist. Was für ein Aufwand, denke ich mir, als wir uns Schritt für Schritt auf ihn zubewegen. Der Mensch, ohne Hilfsmittel, braucht also zwölf Tage, bis er hier an diesen Ort kommt. Und dann hat er nicht viel dabei. Wie viel Maschinen, Flüge, Planung war wohl nötig, dieses Ding hierherzutransportieren!

Und dabei ist die DYE-2 ja nur eine von 67 Stationen. 67! Entlang des Polarkreises bilden sie zusammen die Distant Early Warning Line, die von 1957 an in Alaska und Kanada in sehr kurzer Bauzeit errichtet wurde. 1959 wurde dieser Ring noch Richtung Osten erweitert: Die Hauptstation DYE Main am kanadischen Cape Dyer wurde mit der DYE-1 in Sisimiut in Westgrönland und weiter mit der DYE-2 und DYE-3 auf dem grönländischen Inlandeis und schließlich der DYE-4 in Kulusuk an der Ostküste Grönlands verbunden. Jede dieser Bauten war ein gigantisches logistisches Unternehmen für sich. Dass es entlang des Polarkreises 67 dieser Ungetüme gab und zum Teil immer noch gibt, ist unvorstellbar, wenn man im Schneegestöber vor der DYE-2 steht.

Es ist ein surrealer Anblick, der uns immer wieder innehalten lässt in unserer Bewegung. Gehen und den Anblick dieses Monstrums zu verarbeiten, das ist fast zu viel. Die DYE-2 ist ein Stahl gewordener Beweis dafür, dass es keinen Ort mehr gibt, an dem der Mensch nicht seine irrwitzigen Spuren hinterlassen hat, die Spuren jenes Systems, das er geschaffen hat, zu dem er sich selbst zwingt, das er sich selbst auferlegt, ein System, das die Welt aufteilt, die Menschen einteilt, das Grenzen nötig macht und deren Bewachung. Ein vollkommen künstliches System, das nichts mit der Natur dieses einen Planeten zu tun hat, den wir alle gemeinsam bewohnen, in einer Welt, in der doch nichts voneinander zu trennen ist, in der alles von allem abhängt, miteinander korrespondiert, aufeinander reagiert. Ein System, so künstlich wie die Station, die nun im Eis vor uns steht, wie ein Ufo, das hier gelandet ist und vergessen wurde. Nach zwölf Tagen in diesem unendlich scheinenden Eis, nach zwölf Tagen, in denen in uns langsam ein Gefühl wuchs dafür, dass es nie der Mensch sein kann, der Land besitzt, sondern dass vielmehr das Land uns besitzt, nach zwölf Tagen, in denen wir zurückgeworfen wurden auf unsere drei Existenzen, in denen die einfachsten Dinge zu den wichtigsten wurden – Essen, Schlafen, Warmsein – stehen wir ungläubig vor diesem Bau.

So muss es Thomy 2007 gegangen sein, als er nach fast 100 Tagen im Eis auf Franz-Joseph-Land auf russische Grenzbeamte stieß. Die seinen Pass sehen wollten, sein Visum, seine Erlaubnis, Franz-Joseph-Land zu betreten. Die Legitimation seiner Anwesenheit in der menschenleeren hohen Arktis war nicht, dass er sich dort selbst erhalten konnte, dass er zu jagen gelernt hatte, dass er wusste, wie man im Eis überlebt, dass er die Arktis und all ihre Herausforderungen liebte und in ihr überleben konnte, weil er ihre Gesetze verstanden hatte. Nein, seine Legitimation musste ein Stück bedrucktes Papier sein.

50 Meter noch. Ich stütze mich auf meine Stöcke, versuche, die Dimensionen dieses Gebäudes, das sich nun wuchtig vor uns aufbaut, zu erfassen. Was könnte die Welt schön sein, ohne den Menschen, ohne Grenzen, ohne all das, worauf der moderne Mensch so stolz ist, all seine lächerlichen Errungenschaften, die ihn doch nur zu einem Gefangenen seines

eigenen Besitzes machen, den er verteidigen will, verteidigen muss, der ihn diejenigen misstrauend beäugen lässt, die weniger haben, die anders sind.

Wie ein Ufo muss diese Station auch auf die Inuit gewirkt haben, die in einer Welt lebten, in der eine Robbe unter allen im Dorf geteilt wird, gleich, wer sie gefangen hat. In der alles geteilt wird, in der alle miteinander leben. Weil alle wissen, dass niemand allein bestehen, niemand allein überleben kann. In eine solche Welt katapultierten die USA ihre Stationen. Brutale Zeugnisse des Gegeneinanders, des genauen Gegenteils von alldem, wonach Inuit leben, woran Inuit glauben, wie Inuit die Welt sehen.

Hatte ich gedacht, die Station sei, wenn auch verlassen, eine Art Zuflucht, werde ich nun eines Besseren belehrt. Dieser Ort ist keine Zuflucht. Das Ungetüm strahlt eine hohle Kälte auf uns nieder, und ein leerer Wind weht um seine Mauern. Dies ist kein guter Ort.

DYE-2

18.–19. Mai 2013, Tage 12–13
Distanzen: 20 km/22,3 km; Gesamtstrecke: 207,4 km
Höhe: 2194 m
noch vor uns: 352,7 km

Es ist leicht, das Eis auf dem Boden zu schmelzen.
Am härtesten ist das Eis im Herzen des Menschen zu schmelzen.
Angaangaq Angakkorsuaq, Ältester der Eskimo-Kalaallit

Können Gebäude böse sein? Wir stehen in einem düsteren Schneetreiben vor der schwarzen Front des seltsam unförmig eckig wirkenden Baus, an dessen Seiten die verkleideten Radarschirme wie weiße Geschwüre kleben. Der Nebel ist so dicht, dass wir kaum ans andere Ende des Gebäudes sehen können. Es ist einer der unheimlichsten, unwirklich scheinendsten Orte, an denen ich je gewesen bin.

Hannes scheint ähnliche Gedanken zu haben.

Das ist mal ein Campingplatz, sagt er. Das haben wir so schnell nicht mehr.

Wir stellen fest, dass wir auf einer ziemlich hohen Schneewehe stehen, der Schnee, der sich im Windschatten hinter der Station abgelegt hat. Es ist über die Jahre ein kleiner Hügel geworden, sicher zehn Meter hoch. Wir weichen der steilen Abfahrt diese Wehe hinunter aus und nähern uns der Station in einem Bogen.

Direkt an der Station geht es steil nach unten. Aus der Ferne schien es, als sei das Stationsgebäude direkt auf das Eis gebaut, doch das ist es nicht. Es steht auf einem immensen Stahlträgersystem, das noch immer frei von Schnee ist. Nur ringsherum ist es eingeweht. Der driftende Schnee sollte sich durch diese Stelzenbauweise ungehindert unter der Station hindurchbewegen können, ohne sich um sie herum anzusammeln und schließlich komplett einzuwehen.

Wo sollen wir das Zelt aufstellen? Es fällt uns schwer, uns zu entscheiden. Bisher war unser Campingplatz immer einfach dort, wo wir stehen blieben. Irgendwie verwirrt es uns jetzt, dass wir das Zelt im Verhältnis zu etwas anderem aufbauen. Daneben, dahinter, wie weit entfernt? Unsere Hirne, gefangen in ihrem Trott, müssen sich erst auf diese neue Aufgabe einstellen. Beim Beraten darüber, wo vielleicht am wenigsten Wind weht, bemerken wir in einiger Entfernung drei rote, kleine Zeltschläuche. In dem Whiteout ist für uns nicht erkennbar, wie weit diese Schläuche entfernt und wie groß sie sind, sie schweben im weißen Nichts. Sicher Messstationen von Camp Raven, denken wir. Wir schenken ihnen keine weitere Beachtung, unsere ganze Aufmerksamkeit gilt der DYE-2.

Wir entscheiden uns schließlich, etwa 50 Meter entfernt von der Station zu campieren. Heute zieht es uns aber nicht in unser Zelt, wir trachten nicht danach, so schnell wie möglich Wasser zu schmelzen, die Schuhe auszuziehen, in den Schlafsack zu schlüpfen. Heute haben wir die einzige Abwechslung entlang der gesamten 560 Kilometer erreicht. Dieses Gebäude zieht mich magisch an. Bevor ich daneben Ruhe finden kann, muss ich erst wissen, was darin ist.

Wir kriechen also mit unseren Fotoapparaten wieder hinaus und beginnen unseren Weg um das Gebäude herum. Ich will eine Tür finden, ich will unbedingt hineingehen! Die schwarze Fassade allerdings sieht undurchlässig aus. Das Stahlträgersystem ist enorm. Dieses Gerüst war 1988 schuld an der Aufgabe der Station. Auf einer Seite des Gebäudes hatte sich unter den Trägern eine große Menge an Schmelzwasser angesammelt, und die konstant vorgenommenen Messungen zeigten, dass das Konstrukt instabil wurde. Am 24. August 1988 erging der Befehl der Air Force, die Station am 1. Oktober zu räumen, noch vor dem Winter. Ein Monat verblieb den Bewohnern, die 30 Jahre lange Geschichte der DYE-2 einzupacken. Wie mag das gewesen sein? Waren die Mitarbeiter froh, nach Hause zu können und nie mehr wiederkehren zu müssen? War es traurig für sie, war die Arbeit auf diesen Stationen begehrt?

Fast 30 Jahre lang war dieses Gebäude, das so abweisend aussieht, voller Leben, eine kleine Welt für sich, mitten im Eis, hier wurde einst gewohnt, gearbeitet und gefeiert. Die Mitarbeiter verließen die Station zum Teil tagelang nicht ein einziges Mal. Arbeitszeit, Freizeit, Schlaf, alles spielte sich in ihrem warmen Inneren ab – lud doch die flache, eintönige Umgebung nur wenig zu Ausflügen ein.

Ich drehe mich von der Station weg. Das war der Ausblick, den die Mitarbeiter hier hatten. Ich sehe: nichts. Tagelang muss das manchmal so gewesen sein, nichts als Weiß. Wie mag es sein, in einer Umgebung zu arbeiten, in der es nichts, aber wirklich nichts zu entdecken gibt? Das Leben hier muss dem auf einer Raumstation sehr nahegekommen sein. Es gibt außerhalb der Station keine Ziele, die man sich hier stecken kann, man kann sich nicht verabreden, am Wochenende einen Berg, See oder Wald zu erkunden, auch Museums- oder Ausstellungsbesuche sind nicht möglich. Es ist weiß und flach. Fertig. Spaziergänge können sich hier nur in der Distanz zur Station unterscheiden. Hatten die Mitarbeiter Skier dabei? Doch zu entdecken gibt es hier nur, dass es nichts zu entdecken gibt.

Und damit ist das, was im Inneren der Station passiert, spannender, wie auch das, was im Inneren des Menschen hier passiert, spannender ist. Die Auswirkung der Abwesenheit jeglicher Ablenkung auf den Menschen ist weniger vorhersehbar und damit aufregender als diese Abwesenheit selbst.

Ich stehe mit meinem Fotoapparat in der Hand vor der gewaltigen Wand, die sich vor mir erhebt. Meinen Kopf so weit in den Nacken zu heben schmerzt, haben wir seit Tagen doch immer nur vor uns hin gestarrt.

Hannes späht ein Stück von mir entfernt den Abhang hinunter. Er sieht so klein aus, neben diesem immensen Bau! Es ist seltsam, uns auf einmal wieder im Verhältnis zu irgendetwas zu sehen. Dass der andere nicht nur auf einer Eisfläche steht. Langsam umrunden wir den Bau. Er besteht aus mehreren schwarzen Kuben, an deren Seiten die weiß verkleideten Abhörschirme angebracht sind. Der größte Schirm aber befindet sich ohne Frage in dem gewaltigen Dom, der fast ebenso hoch ist wie der Grundbau. Wie irrsinnig, diese ganzen Materialien hierherzubringen! Was der Mensch doch zu tun in der Lage ist, wenn es gegeneinander geht. Was wäre die Welt, könnte er jemals die gleiche Energie im Sinne eines Miteinanders aufbringen.

Durch diese verrückte Geschichte, durch diesen aberwitzigen Ort wirkt das Gebäude bedrohlich und faszinierend zugleich. Es zieht mich genauso unwiderstehlich an wie ein altes, verlassenes Haus in meiner Nachbarschaft früher auf uns Kinder eine magische Anziehungskraft hatte. Das Haus und all die Dinge, die in ihm passiert waren und von denen man vielleicht noch Spuren finden konnte. Und tatsächlich, ich finde eine Treppe. Nicht weit von unserem Zelt entfernt ist eine Stahltreppe außen an dem Kubus angebracht. Sie ragt tief hinunter, bis auf den Grund des Eises, auf das die Station einst gebaut wurde. Von dort führt sie hinauf zum Gebäude – und dort ist eine Tür. Es ist weniger eine Tür als schlicht eine Öffnung, oder noch besser, ein Loch. Ein dunkles Loch, das etwa einen Meter breit ist und bis in Hüfthöhe reicht, wenn man davor steht. Es sieht gerade groß genug aus, um hineinschlüpfen zu können.

Hannes, rufe ich, komm, vielleicht können wir hier hinein!

Wir müssen steil nach unten steigen, um an den Anfang der Treppe zu gelangen. Auf halber Strecke halte ich inne.

Dürfen wir das eigentlich, frage ich Hannes, darf man die Station einfach so betreten? Oder ist das noch militärisches Sperrgebiet oder so was?

Wer genau soll es uns denn jetzt hier verbieten, fragt Hannes lachend zurück, oder wer soll das kontrollieren, ob wir reingehen oder nicht? Jetzt schauen wir mal, ob wir überhaupt reinkommen.

Damit hat er natürlich recht. Ich steige ihm hinterher und wundere mich kurz, dass Stufen in den harten und rutschigen Schnee geschlagen sind, die sehr frisch aussehen. Ich denke mir aber, dass das wohl das Werk der Gruppen ist, die kurz vor uns hier waren. Ein falscher Schluss, wie sich zeigen sollte. Hannes überholt mich und schwingt sich die Stahltreppe hinauf.

Ich geh schon mal rein, sagt er, dann zwängt er sich durch den Einlass und verschwindet. Ich brauche länger. Ich muss das alles auf mich wirken lassen, diese Dimension, die reine Existenz dieses Baus, die Freude darüber, es bis hierher geschafft zu haben und wieder einmal an einen Ort gelangt zu sein, den nur eine sehr übersichtliche Zahl von Menschen je erreichen wird.

Auf dem verschneiten Geländer des obersten Treppenabsatzes, genau neben diesem dunklen Schlund, in dem Hannes verschwunden ist, liegt eine tote Möwe. Der Vogel ist festgefroren, er hat seine Flügel ausgebreitet und den Kopf seltsam verdreht, mit offenem Schnabel und offenen Augen starrt das tote Tier mich an. Es sieht aus, als würde es den Eingang bewachen.

Ohhh, sage ich gedehnt, das ist ja schon ein bisschen unheimlich und bleibe auf dem Treppenabsatz stehen. Hannes antwortet nicht. Aber ich habe gesehen, dass er nach dem Eingang nach rechts gegangen ist. Ich bücke mich unter der Barriere hindurch, richte mich wieder auf.

Und schreie. Links von mir – und das ist nicht da, wo Hannes hingegangen ist! – steht eine große, schwarze Gestalt. Ich schreie und kann gar nicht mehr aufhören zu schreien, denn wenn wir hier alleine sind, und wenn das nicht Hannes ist, WAS IST DAS DANN? In derlei Augenblicken rächt es sich, wenn man früher heimlich Gruselfilme angeschaut hat, in denen Menschen Dinge sagen wie, ich geh schon mal vor, und dann weiß man genau, das ist jetzt das Letzte, was der sagt. Oder das Letzte, was derjenige hört, der alleine zurückbleibt. Weil gleich ein Zombie, Untoter, Vampir oder Psychopath auftaucht, mit oder ohne Maske über dem Kopf, aber sicher mit einem Messer oder wie Jack Nicholson in dem Film *Shining* mit einer Axt, und dann wird es ganz unappetitlich, und irgendwann hört man nur noch gurgelnde Geräusche. Ich weiß, was du letzten Winter getan hast! Diese Bilder und

Urängste, mit denen Horrorfilme so gut spielen, fluten in diesem Moment meinen Kopf, als habe jemand die Schleuse eines Staudamms geöffnet. Bäng, Splatter!

Es dauert mehrere sehr lange Sekunden, bis sich durch diesen Horrorfilmwust eine andere Information ihren Weg in mein Gehirn und mein Schreizentrum bahnt: nämlich, dass aus dieser riesigen schwarzen Daunenjacke und Kapuze ein Gesicht auf mich blickt – und zwar ein Gesicht, das ich kenne!

Es ist Carl. Carl Alvey, den wir schon im Supermarkt in Kangerlussuaq kurz getroffen hatten. Carl, ein sehr lebendiger und gar nicht untoter Freund von Bengt. Und er hat auch keine Axt in der Hand.

Woohooohooo, sagt dieser Carl aus den Tiefen seiner Kapuze, das bin nur ich! Ich bin kein Gespenst!

Und zu diesen Worten weicht er zurück, so gut er kann, aber hinter ihm taucht schon eine zweite Gestalt auf.

Endlich höre ich zu schreien auf, und gleichzeitig mit meinem Verstummen fangen wir alle vier so zu lachen an, dass mir fast Tränen über das Gesicht laufen.

Holy cow, sage ich, als ich wieder atmen kann, du großer schwarzer Mann, ich bin in meinem ganzen Leben noch nie so erschrocken!

Das tut mir leid, sagt Carl lachend, während er mich umarmt, das tut mir so leid, es muss ja furchtbar sein, hier unerwartet auf einen großen schwarzen Mann zu treffen!

Macht nichts, sage ich, aber jetzt ist mir warm, sage ich. So warm wie lange nicht mehr!

Hannes ist ein ruhigerer Mensch als ich. Er hat nicht geschrien. Er hat aber auch zuvor schon gehört, dass sich da jemand durch den Flur nähert. Er konnte es mir nur nicht mehr sagen.

Habt ihr denn unsere Zelte nicht gesehen?, fragt Carl. Die drei roten Zelte?

Hannes schlägt sich auf die Stirn. Wir dachten, das sind irgendwelche Messvorrichtungen, man kann es so schlecht sehen in dem Nebel, sagt er.

Nein, da wohnen wir, sagt Carl, wir sind nur schon ziemlich tief eingeweht. Wir hatten für die Jahreszeit unglaublich schlechtes Wetter.

Carl ist der Guide für Murray Fredericks, einen Fotografen, und Michael Angus, einen Filmemacher. Die beiden Künstler sind zum sechsten Mal in Grönland, haben die Insel unter anderem auch schon zweimal mit dem Hundeschlitten durchquert. Die Bilder, statisch und bewegt, die die beiden dabei sammeln, darunter viele Zeitrafferaufnahmen, sind von einer berührenden, besonderen Schönheit. Und weil Murray für seinen besonderen Blick bekannt ist, bekommt er auch genügend Sponsorengelder zusammen, sich auf die Eiskappe fliegen zu lassen und drei Wochen neben der DYE-2 zu campieren, was ein kleines Vermögen kosten muss.

Murray gibt uns eine Lampe. Weiter oben, sagt er, wird es ein bisschen dunkel. Da ist es mit Lampe besser. Damit du nicht noch mal so erschrickst.

Murray erklärt uns kurz, wie die Station aufgebaut ist und wie wir weiter nach oben kommen. Dann zwängen sich Carl und Murray durch den Ausgang. Und wir sind alleine. Wahrscheinlich.

Geh bloß nicht weiter als drei Meter von mir weg, sage ich zu Hannes.

Du aber auch nicht von mir, sagt er.

Also wagen wir uns hinein. Schnee, Eis und Kälte haben die Wände in jahrelanger Arbeit mit einer Eiskristallschicht überzogen. Als seien wir im Innern eines gigantischen Kühlschranks. Von einem langen Flur, der am Ende sehr dunkel wird, gehen seitlich einige Räume ab.

Als der Befehl zur Abreise kam, packten die Mitarbeiter nur das ein, was ihnen gehörte. Und jene Dinge, die keiner anderen Macht in die Hände fallen sollten, geheime Aufzeichnungen und Dokumente. Alles andere ließ man zurück. Um eine solche Station zu errichten, nein, um fast siebzig solcher Stationen zu bauen, wurde kein Aufwand gescheut. Alles war möglich. Doch die Stationen wieder auszuräumen und abzubauen – dafür wurde sich keineswegs angestrengt. Wie fast alle solchen Orte im Norden wurde die DYE-2 einfach verlassen. Einerseits macht das diese Orte zu gewaltigen Müllkippen, aus denen langsam das in ihnen verbaute Gift in die Umgebung sickert. Andererseits üben sie gerade dadurch eine so große Faszination aus. In manchen dieser Plätze des Nordens findet man noch die zuletzt benutzte Kaffeetasse auf dem Tisch stehend vor. Genau dort, wo sie der letzte Bewohner hingestellt hat.

Thomas ist uns mittlerweile hinterhergekommen. Im ersten Raum finden wir einen Schreibtisch, mehrere Regale. In den Schränken stehen noch Aktenordner. Physikbücher. Die Anleitung für die Feuerlöschanlage. Auf dem Tisch liegt aufgeschlagen neben einer angebrochenen Ketchupflasche, einer Thermoskanne ohne Deckel und einer großen Batterie ein ehemaliges Kassenbuch. Die Papierseiten sind von einer dünnen Raureifschicht überzogen. Expeditionen, die hier vorbeikommen, haben es zu einem Gästebuch umfunktioniert.

Ich entdecke einen Eintrag von Bengt aus dem Herbst 2012. Und einiger anderer Gruppen. In dem Buch ist ein Filzstift eingeklemmt, ohne Kappe. Aber er funktioniert beim ersten

Aufsetzen. Ich schreibe unsere drei Namen und das Datum in das Buch und fotografiere den Eintrag.

Der nächste Raum ist so etwas wie ein Maschinenraum, in seinen Wänden sind Schlitze, durch die es Massen an Schnee ins Innere geblasen hat. Alle Wände sind weiß. Wie eine Skulptur aus festgefrorenem Triebschnee. Über eine Stufe gelangen wir auf der rechten Seite des Flurs in die einstige Vorratskammer. Meterhohe Regale voller Essen stehen hier. Backmischungen. Fertiggerichte. Lasagne. Mais. Öl. Es ist alles längst abgelaufen.

Der Schein der Lampe streicht über all diese Dinge. Seltsam fühlt sich das an. Irgendjemand hat diese Sachen irgendwann einmal in diese Regale geschlichtet. Jeden Tag hat er ein paar davon herausgenommen, verarbeitet. Und irgendwann war es dann das letzte Mal, irgendwann wurde hier das letzte Mal etwas gekocht und gegessen. Der Herd in der Küche wurde irgendwann ein letztes Mal ausgeschaltet. Und nie wieder an.

Ich habe schon mehrere verlassene Polarstationen gesehen. Orte, die schon vor mehr als 50, manchmal vor 100 Jahren verlassen wurden. Und auch dort machte es den Eindruck, als seien die Bewohner erst gestern fortgegangen, aber nie in einem solchen Ausmaß wie hier. Hier ist der Moment des Verlassens eingefroren. Wir geistern mit unserer Taschenlampe durch eine Fotografie dieses Moments vor 25 Jahren, an dem der letzte Mitarbeiter aus der Tür trat. Eis und Schnee haben das Aussehen verändert seitdem, durchkommende Expeditionen haben ebenso Spuren hinterlassen. Trotzdem gibt es in diesem Gebäude sehr, sehr viele Dinge, die seit dem 1. Oktober 1988 wahrscheinlich niemand andres angefasst oder bewegt hat. Vieles ist genau so wie an dem Tag, als die DYE-2 aufhörte, aktiv zu sein.

Im zweiten Stock liegen die Wohnräume, einer nach dem anderen, manche haben Luken nach außen, manche liegen nach innen, fensterlos. Räume, in denen die Fenster zerbrochen sind, sind meterhoch mit Schnee gefüllt. Stühle in den Schlafräumen stehen so, wie sie der letzte Bewohner verlassen hat, als er sich zum letzten Mal an seinem Schreibtisch Notizen machte, Papiere ordnete, dann aufstand, seine Tasche nahm und hinausging. Manche Betten sind noch überzogen. In einigen Zimmern haben Zerstörungswütige das Mobiliar kurz und klein geschlagen, Schränke umgeworfen. Wer war das? Warum? Wer hatte, als er hierherkam, so viel Energie übrig?

Immer weiter dringen wir in das Gebäude vor. Es ist gut, dass uns Murray seine Lampe gegeben hat. In den Treppenschluchten herrscht ein schwarzes Dunkel. Wer hat hier zuletzt das Licht ausgeknipst? Wer war der Mitarbeiter, der zuletzt hier nach unten gestiegen ist? Und hat er dann eine Tür verschlossen, als er hinausging? Oder hat er sie offen gelassen, weil es ohnehin keine Rolle spielte, weil hier sowieso kaum jemand vorbeikommt, und wenn, dieser Jemand dann vielleicht einen Schutzraum braucht? So, wie man an Hütten in den Alpen einen Winterraum offen lässt? Oder waren derlei Gedanken den Menschen, die sich bereit erklärt hatten, in dieser Eiswüste ihre Nation gegen einen Angriff der Sowjetunion zu verteidigen, sowieso völlig fremd?

Wir finden einen Aufenthaltsraum, in dem ein alter Fernseher steht, Polstersessel und Sofas. Neben der Tür liegt auf dem Boden ein verdrehtes Knäuel an Weihnachtsschmuck. Grüne Plastikzweige, rote Stoffkugeln. Daneben die Scherben von Glaskugeln. Wie muss Weihnachten hier gewesen sein? Ist den Leuten ein echter Baum hierhergeflogen und vor der Station aufgestellt worden? Oder gab es ein Lager, in dem ein Plastikbaum lagerte? Gab es überhaupt einen Baum, oder war für derlei weder Platz noch Sinn, an der Front des Kalten Kriegs?

In einem Raum steht ein Gummibaum. Ein grüner Gummibaum, es sieht bizarr aus, wie er in dem schneeverwehten Raum steht, neben einer zerrissenen Matratze, auf der verschneites Bettzeug liegt. Der Gummibaum ist aus Plastik, natürlich. Die Schlafräume, stellen wir fest, waren übersichtlich. Wenige Quadratmeter groß, einheitliche Einrichtung, Bett, Schrank, Schreibtisch, Stuhl. In manchen Zimmern hängen noch Pin-up-Poster. Natürlich wurden auch diese Regeln unserer Gesellschaften mit ins Eis genommen. Hart arbeitende Männer hängen sich nackte Frauen an die Wand. Nackte Männer sehen wir keine.

Toiletten und Waschräume mussten sich die Bewohner teilen, wir machen einen Bogen um sie. Carl hat uns gewarnt, die sanitären Anlagen seien von entfesselten Expeditionen auch dann noch benutzt worden, als sie natürlich schon lang nicht mehr funktionierten. Derlei Entdeckungen müssen wir nicht machen.

Das Treppensteigen fällt uns erstaunlich schwer. Es ist, als habe sich die Bandbreite der möglichen Bewegungen, die unser Körper machen kann, reduziert auf lange und kurze Schritte, geradeaus. Unsere Körper sind steif. Unsere Beine sind das Steigen nicht mehr gewöhnt. In dem Gebäude hängt außerdem eine in die Knochen greifende Kälte. Hier hinein dringen keine wärmenden Sonnenstrahlen. Hier ist immerwährender Schatten, der Beton, der Stahl, die Tische, die Möbel, alles ist tiefgefroren und wirft eine helle, scharfe Kälte auf uns. Trotz unserer dicken Daunenjacken friert es uns bitterlich in diesen Wänden.

Trotzdem wollen wir nach jedem Raum noch den nächsten sehen, nach dem zweiten noch den dritten Stock, und schließlich finden wir den Aufgang zum Dom über eine steile Stahltreppe. Laut schnaufend stehen wir schließlich vor dem gigantischen Radarschirm, dem Herzstück aller Frühwarnstationen. Dem Schirm, der zeigen sollte, wenn sich irgendwo weit im Osten, auf dem Gebiet der Sowjetunion, mit Bomben bestückte Flugzeuge in den Himmel hoben, Bomben mit Atomsprengköpfen, die ein Vielfaches mehr Zerstörung zu bringen imstande waren als jene, die einst auf Hiroshima und Nagasaki fielen. Das fürchteten die USA seit den ersten erfolgreichen Atomtests der Sowjetunion. Und weil die Drohgebärden nach den Tests nicht aufhörten, stand hier nun diese Station. Und 54 Jahre nach ihrem Bau nun also wir.

Durch die dünne Verkleidung des Doms fällt goldenes Licht. Jedes Geräusch, das wir machen, hallt zurück, es ist ein Widerhall, dem man anhört, wie kalt es hier ist. In die Wände haben Menschen, die vor uns hier waren, ihre Namen geritzt, Namen und Daten. Am Geländer hängt ein altes Telefon.

Es ist einer der absonderlichsten Orte, an denen ich je gewesen bin.

Wir packen unsere Kameras aus. Versuchen, den Eindruck dieses Platzes einzufangen, die Atmosphäre zu bannen, die Akustik, das ganze Absurd-Gigantische dieses Baus und allem, wofür er stand.

Und dann nehmen die Kälte und der Hunger überhand. Wir haben einen langen Tag hinter uns, müssen noch Wasser schmelzen, essen und bald schlafen. Wir klettern die Stahltreppen hinunter, finden unseren Weg durch das Treppenlabyrinth bis zu dem Flur, der wieder hinausführt aus diesem unwirtlichen Haus und neben dem uns unser Tunnelzelt wie eine wundervolle, gemütliche, Geborgenheit bietende Zuflucht erscheint. Kuschelwarm wirkt es nach der Kälte der Station auf uns, als wir kochen.

Wir sind alle drei aufgekratzt. So viel wie in der Station haben wir schon lange nicht mehr miteinander geredet. Wir haben uns gegenseitig Räume gezeigt, zusammen die Station entdeckt. Wir haben endlich einmal etwas zusammen gemacht. Und wenn es nur ein Rundgang durch ein Haus war. Es hat uns gutgetan. Vielleicht wird jetzt ja wirklich alles besser, denke ich, während wir den dampfenden Inhalt unserer Essenstüten verschlingen. Vielleicht wird es jetzt alles gut? Vielleicht hat Bengt recht – nach der DYE ist alles anders. Das wäre so schön!

Bengt. Ich rufe ihn an, wie vereinbart. Er ist noch 38 Kilometer von der DYE entfernt. Gratuliert uns zu unserem Etappensieg. Bekniet mich, nicht aufzuhören.

An der Ostküste ist ein großer Sturm aufgezogen, sagt er, der wird den Neuschnee, mit dem die andren so kämpfen, schön festpressen für uns. Die Vorhersagen für hier, wo wir sind, sind gut für die nächsten Tage. Irgendwann in den nächsten zwei Tagen wird das Essensdepot eingerichtet, wenn sie die andere Gruppe rausfliegen. Sollten wir trotzdem noch anderweitig Probleme bekommen und unseren Zeitplan nicht einhalten können, könnten wir uns in der größten Not auch zusammen eine Maschine teilen, die uns vom Eis runter nach Isortoq bringt.

Wir haben so viele Möglichkeiten, sagt er. Aufhören ist nicht dabei!

Wir müssen das noch besprechen, sage ich. Aber es geht mir viel besser. Wir haben den Plan in den letzten Tagen eingehalten. Jeden Tag 20 Kilometer.

Das ist doch wunderbar, sagt Bengt. Das sind genau die gleichen Distanzen, die auch wir gemacht haben. Wirst sehen, und jetzt werden es langsam immer mehr, jetzt schafft ihr jeden Tag ein bisschen größere Strecken. Fünf oder sechs Tage zum Sattel, und dann geht's bergab! Dann geht ihr 30 Kilometer am Tag, da bewegt sich dann richtig was!

Wie geht es euch?, frage ich ihn.

Bei uns ist alles prima, sagt er. Es ist eine lustige Gruppe. Heute feiern wir einen Geburtstag. Viel zu essen. Und Cognac!

Wir lachen.

Hast du in Camp Raven schon nach der Überraschung gefragt?

Nein, sage ich, das machen wir morgen. Heute war es spät und grässliches Wetter.

Ja, sagt Bengt, hier auch. Dauernd Whiteout. Lass uns morgen wieder reden, sagt er, wenn ihr schon mindestens 25 Kilometer von der DYE entfernt seid!

Ich lege auf.

Was machen wir?, frage ich in die Runde.

Die letzten Tage sind eigentlich immer besser geworden, sagt Hannes. Jetzt haben wir vielleicht endlich einen Rhythmus gefunden, in dem wir gut weiterkommen.

Nach der Sache mit der Zeltstange wollte ich wirklich aufhören, sage ich. Aber jetzt... gerade mit diesen ganzen Möglichkeiten, die Bengt gerade noch aufgezeigt hat... jetzt will ich eigentlich weitergehen.

In mir wacht jene Abenteuerlust auf, die ich auch am Nordpol hatte. Die eine der Antworten auf die Frage nach dem Warum ist, die einem manche Menschen immer wieder stellen. Weil man es will! Weil man neugierig ist! Weil man sehen will, wo man hinkommt, wenn man losgeht, wie weit man kommt, was man alles kann! Weil es unterwegs so unzählige Momente von einer unschlagbaren Schönheit und Intensität gibt, die es nirgendwo sonst gibt. Der Augenblick, in dem der Kocher zu fauchen beginnt. In dem es warm wird im Schlafsack. Wenn der Himmel plötzlich aufreißt nach tagelangem Whiteout. Wenn am Himmel drei Sonnen stehen, wenn der Schnee zu singen beginnt unter den Skiern. Endlich ist er da, der Wille, die Lust.

Dann gehen wir weiter, sagt Thomas.

Und so ist es beschlossen.

Murray und Michael stapfen in der Nacht mehrmals um unser Zelt herum. Sie fotografieren, wie der Himmel auf einmal aufreißt, sich ein rotes Band den Horizont entlangzieht, und ein halber Mond über der Station zu scheinen beginnt.

Es gibt nur wenige Orte auf der ganzen Welt, die man kaum einfangen kann mit seiner Kamera, sagt Murray am nächsten Morgen, als ich die Zelte der drei besuche, bei nun strahlendem Arktiswetter.

Grönland ist so einer. Er ist zu malerisch. Hier kann sich der Geist ausbreiten in jede Richtung, hier fehlen jegliche Anhaltspunkte, hier hat man diese Leere, die sich anfüllt mit Wolken und dem wechselnden Licht – so dass diese Dinge für sich das Thema, das Motiv werden, es gibt keine Ablenkung mehr.

Murray zeigt mir verzaubernde Aufnahmen des Sternenhimmels über grönländischen Buchten, in die sich die kalbenden Massen des Inlandeises ergießen, während über ihnen Polarlichter über den Himmel ziehen. Im Zeitraffer hat er aufgenommen, wie die Lichter wandern, die Eisberge driften, das Licht wechselt. Es sind Aufnahmen einer Schönheit, die ich noch nie zuvor gesehen habe.

Ich muss auch mal mehr Zeit an der Küste verbringen, sage ich zu Murray.

Das musst du unbedingt, sagt er. Diese Insel ist ein verrückter Ort, ein Ort, dessen Schönheit man kaum verarbeiten kann. Ich versuche seit Jahren, diese Schönheit mit Bildern so wiederzugeben, wie sie ist. Aber das ist schwierig. Sie ist zu mächtig.

Es ist faszinierend, mit Murray zu reden. Er hat jenen Blick, jene Augen, die Menschen haben, die hier oben unterwegs sind, neugierige, hungrige Augen, Augen voller Leben. Wie verrückt muss man sein, wie besessen, um auf der Suche nach dem richtigen Licht eine Insel wie Grönland zweimal mit dem Hundeschlitten zu durchqueren? Wie sehr muss man das richtige Bild wollen, wie perfektionistisch muss man sein, um wochenlang im Zelt zu verbringen, bei arktischen Temperaturen, ungewaschen, mit Expeditionsnahrung? Welcher Fotograf macht so was?

Murray erzählt, dass er manchmal stundenlang arbeitet, wenn das Licht richtig ist. Er vergisst dann zu essen und zu trinken, er vergisst auch, wie kalt es ist. Er sieht nur noch, was er mit seiner Kamera einfangen will, er versinkt im Zauber Grönlands.

Die Begegnung mit Murray ist wie ein Geschenk. Auch durch sie ist die Zeit an der DYE wundervoll. Sie gibt uns Energie, Zuversicht, einen ganz neuen Blick auf das, was noch vor uns liegt. Es ist ein langer Weg, sagt Carl, aber er ist machbar. Man glaubt es nicht auf dem Weg zur DYE, man verliert den Glauben daran. Aber er ist machbar. Definitiv!

Carl hat Grönland schon mehrmals durchquert, als Guide, aber auch in eigenen Expeditionen, mit dem Kite – der Breite und der Länge nach.

Es tut so gut, auf andere Menschen zu treffen, mit ihnen zu reden, etwas anderes in unsere Köpfe einzufüllen als den immergleichen Ablauf der zwölf hinter uns liegenden Tage.

Carl macht uns außerdem ein Angebot: Wir können ihm einen Müllsack geben. Mit allem, was wir nicht mehr brauchen. Er wird den Müll mit im Flieger zurück nach Kangerlussuaq nehmen – und wir können unsere Schlitten um einige Kilo erleichtern. Er weiß, wie froh man um jedes Kilo ist, das man loswerden kann. Denn wir werfen unterwegs natürlich nichts weg. Unsere leeren Essensbeutel, sämtliche Verpackungen, wir haben sie alle noch in unseren Schlitten.

In wolkenlosem Sonnenschein machen wir uns also daran, unsere Schlitten neu zu packen. Mein Müllbeutel mit den leeren Essenspackungen wiegt allein wohl schon zwei Kilo. In einem Restesack habe ich alles gesammelt, was ich vor allem in den ersten Tagen nicht gegessen habe. Nachspeisen. Apfelkompott. Ich packe mein gesamtes Essen neu, für weitere 16 Tage. Den Rest, mehrere Päckchen Mousse au Chocolat und vor allem die Flüssignahrung, die ich nicht vertragen habe, gebe ich Carl. Ich werfe außerdem, auch wenn es mir schwerfällt, ein Buch in den Müllsack. Ein gebundenes Buch. Aber ich habe in der ganzen Zeit noch keine Zeile gelesen, und dieser Schinken wiegt sicher 400 Gramm. Er muss weg.

So sortieren und sortieren wir, und der Müllsack nimmt beachtliche Formen an. Währenddessen wehen unsere Schlafsäcke im Wind, Hannes hat seinen über Murrays Stehleiter geworfen, ich meinen über sein Stativ. Sie trocknen und lüften in der arktischen Sonne. Was für ein wunderbarer Morgen.

Carl sieht uns beim Packen zu und erzählt. Verrückt sei das Wetter in diesem Jahr bisher gewesen, sagt er.

Normalerweise ist es im Mai immer so, wie es heute ist – blauer Himmel, Temperaturen bei minus 20 Grad, perfekte Reisebedingungen, sagt er. Aber wir hatten jetzt zehn Tage fast nur Whiteout und Sturm. Und minus 40 Grad! Murray kam kaum dazu, die Bilder zu machen, wegen denen wir hier sind. Es ist viel zu kalt für Mai.

Wir haben ziemliches Glück gehabt, sage ich zu ihm, dass wir erst ein paar Tage später als die Norweger losgegangen sind.

Oh ja, sagt er, die hatten's nicht einfach. Und haben es immer noch schwer, mit dem Neuschnee auf der andren Seite. Es gibt wirklich manchmal Zeitspannen, in denen man Pech haben kann hier.

Bengt hat uns davon erzählt, sage ich. Ich habe ihn ein paarmal angerufen. Oh, und Bengt hat eine Überraschung für uns nach Camp Raven geschickt. Die müssen wir heute noch holen.

Carl runzelt die Stirn.

Aber es ist seit Tagen keine Maschine hier gewesen, sagt er. Ich kann rüberfunken, ob sie was haben für euch. Sie mögen es außerdem nicht, wenn man einfach so in ihr Gebiet reinlatscht. Die Amerikaner sind ein bisschen empfindlich geworden und haben die Bestimmungen geändert. Das Gebiet rund um Camp Raven ist jetzt militärische Sperrzone.

Aber da müssen wir doch durch, sagt Thomas.

Ja, sagt Carl, ihr könnt auch durch. Aber ich würde davon abraten, einfach in das Camp zu fahren und ans Zelt zu klopfen. Kann sein, dass sie dann ein bisschen verspannt reagieren.

Also nimmt er sein Funkgerät und ruft nach Silver, einer der nur zwei Mitarbeiterinnen. Sie meldet sich schnell, antwortet auf die Frage nach einem Paket, das für uns hier sein müsste, aber mit einem zackigen »negative«. Auch eine Nachfrage ergibt kein positiveres Ergebnis.

Es kann gar nicht hier sein, sagt Carl. Seit ihr in Kangerlussuaq aufgebrochen seid, ist keine Hercules hier gelandet.

Schade, sage ich.

Ja, schade, sagt Carl. Wie ich Bengt kenne, war es sicher was zu trinken!

Der Schlitten ist fertig gepackt.

Carl, frage ich, wie gut war deine Klopapierplanung?

Er lacht.

Die war sehr gut, sagt er.

So gut, dass ich eine Rolle haben könnte?

Klar, sagt er.

Fantastisch, sage ich zu ihm, ich hab total verkehrt geplant, und das ist wirklich blöd.

Kenne ich alles, sagt Carl.

Wir stapfen zu seinem Zelt, und Carl wirft mir eine wunderbare, nagelneue, trockene Rolle Toilettenpapier zu.

Ich kann dir sogar was geben dafür, sage ich zu ihm, und ziehe aus meiner Jackentasche einen Kugelschreiber. Einen Kugelschreiber in Blumenform. Grüne Blume, pinke Blüte. Mit Topf.

Wow, ruft Carl – dann ist jetzt die Strandzeit eröffnet! Er platziert die Blume vor seinem Zelteingang. Wir lachen.

Danke, sage ich. Auch, dass du den Müll mitnimmst.

Kein Problem, sagt er.

Und so steigen wir an diesem Tag gegen Mittag in unsere Ski, hängen unsere um ein paar Kilo leichteren Schlitten ein und machen uns wieder auf den Weg. Um die DYE-2 herum, an ihr vorbei, weiter nach Osten.

Wir passieren nach einem guten Kilometer die eisige Landebahn und danach Camp Raven, das deutlich kleiner ist als die DYE-2: Es ist im Wesentlichen ein lang gezogenes Zelt, mit mehreren Hüttchen mit Messstationen und verschiedenen Gerätschaften rundherum. Silver und noch ein anderer Bewohner sind dabei, eine Hütte freizuschaufeln, als wir langsam an ihnen vorbeiziehen. Sie winken. Wir winken. Dann wird die DYE-2 langsam kleiner und kleiner hinter uns.

Die Bedingungen sind fantastisch. Kaum zu glauben, dass wir noch vor 24 Stunden die DYE kaum sahen, als wir schon fast vor ihr standen. Jetzt ist keine einzige Wolke, kein einziger Wolkenstreifen mehr am Himmel. Der Schnee, der in den letzten Tagen gefallen ist, ist durch den Wind glattgepresst, aber es befinden sich noch keine tiefen Sastrugi darin. Bessere Bedingungen gibt es nicht. Nach etwa anderthalb Stunden drehe ich mich um. Die DYE-2 steht noch immer sehr groß, sehr mächtig, da. Und auf einmal sehe ich, wie neben ihr ein Snowkiter auftaucht und auf uns zuhält. Carl.

Schaut, rufe ich. Wir bleiben stehen, packen unsere Kameras aus. Carl kommt in irrer Geschwindigkeit näher. In elf Minuten legt er die Strecke zurück, für die wir eineinhalb Stunden gebraucht haben. Er zieht eine elegante Schleife um uns.

Ich werde jetzt mal versuchen, Bengt zu finden, sagt er, als er bei uns hält.

Er müsste ja noch ungefähr 30 Kilometer weg sein. Mal sehen, ob ich ihn besuchen kann. Ich hab zu lang im schlechten Wetter gesessen, ich muss mich bewegen!

Mit diesen Worten gibt er dem Kite nach, der über ihm im Wind steht und an ihm zerrt, und zieht in langen Kurven davon, wieder zurück zur DYE und weiter nach Westen. Ein wunderschönes Bild.

Dann sind wir endgültig wieder allein. Wieder zu dritt. Wir freuen uns an dem schönen Tag, am harten Schnee. Wir freuen uns, wieder unterwegs zu sein, ja, zum ersten Mal, seit wir auf der Eiskappe sind, freue ich mich wirklich, unterwegs zu sein. Es macht mir keine Angst, dass wir uns nun von diesem einzigen fixen Punkt auf der ganzen Querung entfernen, dem Punkt, von dem ich gesagt hatte, dass dort meine Reise zu Ende sein würde.

Ich überlege nicht mehr, ob es richtig oder falsch ist, was ich tue. Ich lasse mich tragen von dem Gefühl, ein erstes Ziel erreicht zu haben. Ein Ziel, nach dem alles leichter, alles besser werden soll. Fünf Tage bis zum Sattel, darauf richten wir nun unseren Fokus. Maximal sechs. Ich verdränge, dass es noch fast 400 Kilometer sind, die vor uns liegen.

Die Zeit in der Station scheint auch für uns als Team gut gewesen zu sein. Thomas geht nicht so weit weg von uns wie sonst. Wir machen einträchtige Pausen, in denen wir nicht laut schweigend nebeneinander auf den Schlitten sitzen. Wir reden. Blicken in die Sonne. Wir freuen uns daran, dass wir hier sind. Dass wir uns entschieden haben weiterzugehen.

All die Bedenken, die ich hatte, die Ängste, heute sind sie fort. 22,3 Kilometer schaffen wir an diesem Tag, wir überschreiten die 200-Kilometer-Marke, und als wir unser Zelt am Abend auf fast 2200 Meter Höhe aufstellen, stehen über ihm abermals drei Sonnen. Man möchte schreien vor Glück in diesen Momenten, an solchen Tagen, die man sein Leben lang nicht vergessen wird, von denen man jede einzelne Sekunde für immer erinnern wird. Das Leben, ein Traum.

An diesem Abend im Zelt denke ich mir, dass meine Seele nun hinterhergekommen ist. Nun bin ich angekommen auf dem Eis, in dieser Welt, im inneren Expeditionsmodus. Es fühlt sich an, als sei alles möglich. In meiner Freude und Euphorie spüre ich für diesen einen Abend nicht, wie groß dieses Eis ist und wie übermächtig. Aber dass man das vergisst, das verzeiht einem das Eis nicht.

Zurück in der Hölle

20. Mai 2013, Tag 14
Distanz: 22 km, Gesamtstrecke: 229,4 km
Höhe: 2255 m
noch vor uns: 330,7 km

When the snow melts, you'll see the dogshit.
Sprichwort der Inuit

Meine Knochen bräuchten einen Ruhetag.

Das sagt Hannes, während wir im gleißenden Licht stehen, Thomas weit vor uns. Es hat nur einen Tag angehalten, das gute Gefühl der DYE-2, das gemeinsame Gehen. Thomas ist wieder so groß wie ein Stecknadelkopf. Wir stehen da, verschnaufen kurz, lehnen uns auf unsere Skistöcke, sehen Thomas zu, wie er kleiner wird.

Einen Ruhetag, oder auch nur einen kurzen Tag. Mal nur zehn Kilometer oder so. Einfach, dass man das Gestell mal ein bisschen ausschütteln kann, fährt Hannes fort.

Kannst ja mal einen Antrag stellen, sage ich. Auf die Antwort freue ich mich jetzt schon.

Und dabei würde es mir genauso guttun. Einen Tag im Zelt bleiben oder nur vier, fünf Stunden gehen. Das werden wir nicht, das können wir nicht.

Am Himmel hängt die Sonne. Und neben ihr der Mond. Die Sicht ist weit. Der Schnee hart. Alles ist gut. Aber Thomas zieht uns davon, und das Kleinerwerden dieses Menschen vor uns macht auch uns nun wieder kleiner.

Es ist so schade. Dass es nicht anhielt, das Gefühl der DYE.

Als Thomas nach einer Pause im Nu 500 Meter weg ist von uns, bleibe ich stehen.

Ich werde wahnsinnig, sage ich zu Hannes. Ich werde echt wahnsinnig. Dieses ewige Vorausrennen. Das macht mich fertig.

Grad schön finde ich es auch nicht, sagt Hannes. Ich hab mir das auch anders vorgestellt. Ich hab auch nicht gedacht, dass ich hier einfach 600 Kilometer lang jemandem hinterhertrotte. Aber jetzt ist es halt so. Und irgendwann ist es dann vorbei.

Aber für mich ist schon das Losgehen sinnlos, sage ich. Wenn ich weiß, ich komm eh nicht mit. Je weiter er weg ist, umso weniger will ich ihm nachgehen. Umso größer ist der Widerstand.

Ich fange an, mich in Rage zu reden.

Ich sperre mich durch diesen Abstand innerlich richtig gegen das Gehen, gegen alles, sage ich zornig. Auch, was hinter diesem Wegrennen steht, diese Ignoranz, dass einem die anderen so scheißegal sind. Ich hab so keinen Bock mehr auf dieses Nachgelaufe. Ich würde am liebsten einfach mal links abbiegen. Raus aus dieser Spur. Einfach weg. Ich wär gespannt, ob er das überhaupt merken würde.

Mein Herz klopft mir bis zum Hals. Ich bin wütend. Ich bin unfassbar wütend, dass mir jemand diese Tour so zur Hölle macht. Oder mache ich sie mir vielmehr selbst zur Hölle? Es ist eine absurde Situation, denn obwohl die Dynamik in unserer kleinen Gruppe dazu geführt hat, dass wir zu zweit sind und Thomas alleine ist, bestimmt unser Geschick dennoch der eine und nicht die zwei. Hannes kommt neben mich gefahren.

Du nimmst dir das zu sehr zu Herzen, sagt er. Lass ihn doch einfach laufen. Hat er doch auch selber gesagt – dass wir uns nicht um ihn zu kümmern brauchen. Und vor allem: Lass dir das alles nicht so kaputtmachen.

Ich kann das nicht, sage ich, ich bin kein Stoiker wie du. Leider! Es ärgert mich, dass ich mich so ärgere! So viel Arbeit, so viel Vorbereitung, und alles dafür, dass wir uns jetzt so quälen und einfach überhaupt keine Freude haben.

Jetzt komm, sagt Hannes. Überhaupt keine Freude haben wir auch nicht. Schau dich mal um, wo du bist. Darauf musst du dich konzentrieren. Schau, wie schön!

Er hebt seine Stöcke und dreht sich halb um seine eigene Achse.

Bissl viel Eis halt, setzt er hinzu.

Das bringt mich zum Lachen.

Komm, heute bin ich wieder deine Lok, sagt er. Gestern warst du meine.

Damit geht er los, und ich folge ihm. Durch seinen breiten Rücken sehe ich den Stecknadelkopf-Thomas vor uns nicht mehr. Noch vier Tage bis zum Sattel, denke ich mir. Vier Tage zum Sattel. Dann geht es bergab.

Bald kommt der Schmerz wieder. Ich weiß, dass er kommen wird, so wie jeden Tag. Unsere Körper machen jeden Tag den gleichen, vorhersehbaren Zyklus durch. Das unterscheidet unsere Körper deutlich von unseren Psychen, umso mehr wir unseren Körper berechnen können, umso weniger gelingt das mit dem Geist. Der sich widerspenstig gebärdet, seine eigenen Wege geht, Wege, die wir nicht vorhersehen können, der Dinge an die Oberfläche spült, die wir längst vergessen glaubten, der uns Begebenheiten vorspielt, von denen wir bezweifeln, dass sie jemals so passiert sind, jemals so passieren werden, doch auf dieser großen, weißen Bühne scheinen sie real, beängstigend real.

Ich weiß, dass nach sechs Stunden der Schmerz kommt. Fast kann ich meine Uhr danach stellen, wann er sich anschleicht, wann er leise anfängt, und wann er langsam die Hauptrolle in meinem Innern übernimmt. Ich weiß, wie er sich anfühlt. Wie mein Kopf darauf reagiert, ist jeden Tag neu.

Langsam, ganz langsam bohrt sich ein Messer in die Sohle meiner Ferse. Erst spüre ich nur ein leichtes Antupfen, ein leichtes Pieksen, nach fünf Stunden. Zwei Kilometer lang vielleicht. Dann geht das Pieksen tiefer, die Messerspitze dringt weiter ein. Mit jedem Schritt setze ich meine Ferse auf diese Spitze, die nach sieben Stunden einen Zentimeter tief in mein Fleisch eindringt. Mit jedem Schritt, mit jedem einzelnen dieser vielen Schritte ein kleines Stückchen mehr. Und wenn es bergauf geht, der Schlitten schwer am Gurt hängt und mehr Druck nötig ist, um vorwärtszukommen, dann werden aus dem einen Zentimeter bald zwei. Irgendwann fühlt es sich so an, als würde jedes Mal, wenn die Fußsohle den Boden berührt, ein vielspitziges und vielschneidiges Folterinstrument in den Fuß gestoßen und dann noch einmal umgedreht.

Nach neun Stunden weiß man nicht mehr, wie man noch stehen soll auf diesen Sohlen, wie man noch gehen soll. Menschen, die lange Expeditionen hinter sich gebracht haben, kennen diesen Schmerz. Der menschliche Fuß ist nicht dafür gemacht, Tag für Tag für Tag 80 Kilo über Eis zu ziehen. Er ist ausgelegt für sein eigenes Körpergewicht. Nicht das Doppelte. Und schon gar nicht für mehr als das Doppelte. Das nimmt einem der Fuß übel, wenn man ihn so viel stemmen lässt.

Am Abend im Zelt kribbeln die Sohlen so, als wären sie eingeschlafen und würden gerade aufwachen, nur viel intensiver. Es fühlt sich an, als hätte man Brause in den Sohlen, es kribbelt und blubbert und sticht, es brennt und schmerzt. Ich massiere die Fußsohlen und stelle fest, dass ich es kaum noch spüre, wenn ich die Sohle meiner Ferse berühre. Das wirklich Erstaunliche und ebenso verlässlich Vorhersehbare aber ist, dass die Füße, egal wie sie im Verlauf des Tages zu schmerzen begonnen haben und egal wie sie in der Nacht kribbeln und brennen – am Morgen wieder so frisch sind, wie am ersten Tag. Kein Schmerz. Man steigt in die Schuhe und wartet auf den ersten Stich, doch er bleibt aus. Es wird abermals fünf oder sechs Stunden dauern, bis er sich von Neuem anschleichen wird.

Die Haut hat ein seltsam papierartiges Aussehen angenommen. Für die Haut ist es wahrscheinlich nicht das Beste, immer von einer Dampfsperre umhüllt zu sein – eine Plastiksocke, die keine Feuchtigkeit in den Schuh dringen lässt. Die, anders ausgedrückt, alle Feuchtigkeit am Fuß behält, was nach 14 Tagen zu einem pestilenzartigen Gestank führt. Aber die Schuhe sind trocken, und das ist wichtiger.

Wir reden nicht viel an diesem Abend. Als hätten wir an der DYE unseren Wortvorrat von drei Tagen verbraucht und müssten erst mal eine Weile schweigen.

Als ich mein Tagebuch umblättere, stoße ich auf ein Bild, das mir mein Bruder in das Buch gemalt hat. Ein Aquarell von San Gimignano. Daneben hat er geschrieben: Dein Schlafsack soll dich wärmen wie die Sonne der Toskana. Lang schaue ich das Bild an. Meine Schwägerin hat, weniger künstlerisch, doch nicht weniger liebevoll, auf einer der nächsten Seiten das Einzige gemalt, was sie malen kann: einen Hasen von hinten. Ich muss lachen, als ich das sehe. Was gäbe ich drum, bei ihnen zu sein und zu lachen, mit den Kindern, worüber auch immer.

Gerade als ich einschlafe, bekomme ich einen Tritt in den Rücken. Und bin wieder wach. Es muss der etwa siebzigste Tritt sein, den ich während dieser Tour abbekomme. Jede Nacht im Schnitt fünf Mal. Immer von einer Seite. Während Hannes, der 1,95 Meter große, breitschultrige Hannes, mich in der ganzen Zeit noch kein einziges Mal auch nur berührt hat während der Nacht, bekomme ich von Thomas, der nicht viel größer und breiter ist als ich, jede Nacht Tritte. Erstaunlich ist auch hier wieder, dass ich nicht zurücktrete. Es dauert zwei Wochen, bis ich dieses Thema überhaupt anspreche, und es dauert bis zur 22. Nacht, bis ich zum ersten Mal zurücktrete. Vielleicht bin ich doch stoischer, als ich von mir selbst denke.

In dieser Nacht wächst in mir eine unendliche Sehnsucht nach meinem Bett. Nach meinem Bett, in dem ich alleine liege. Oder mit jemandem, mit dem ich darin liegen will. In Laken, die frisch gewaschen und in der Schlierseer Sonne getrocknet sind und genauso riechen. Die so sauber sind wie ich, in meinem weißen Sommerspitzennachthemd. Das Fenster geöffnet, die frische Bergluft über mich streichend, und dabei das Geräusch, das die Glöckchen der Schafe machen, die hinter meinem Haus auf der Almwiese wohnen.

Ich bin todmüde. Ich kann nicht schlafen. Nicht umsonst ist Schlafentzug eine Folter. Ich will schlafen, ich will nicht mehr spüren, wo ich liege. Ich brauche den Schlaf, bekommen wir doch nur durch ihn die Regeneration, die wir brauchen. Ich schlafe nicht. Ich schaue auf die Uhr, um Mitternacht, um halb zwei, halb drei. Es wird fünf und sechs. Und dann weiß ich schon: Es hat alles nichts genützt. Der Schwung, die Euphorie der DYE sind fort. Es wartet ein neuer Tag in der Hölle auf mich.

Der Tag, an dem ich anfangen werde, mit der Sonne zu reden, der Sonne, die mich verhöhnt.

Camp, morgens

Wir schütten heißes Wasser über unser Müsli und in unsere Thermobecher und heizen dann die Kocher an, um die Thermoskannen wieder aufzufüllen, löffeln das Müsli, das mir jeden Tag weniger schmeckt, und trinken Tee dazu, ziehen die Schlafsocken aus, die Skisocken an und eine weitere Schicht Skiunterwäsche, stopfen den Schlafsack in den Transportsack, füllen die Thermoskannen mit dem frischen heißen Wasser, cremen unsere Gesichter ein und tapen unsere Blasen an den Füßen ab (Hannes), füllen die Jacken- und Hosentaschen mit Essen und ziehen Jacken und Hosen an, streifen das Zuggeschirr über, ziehen die Mütze an und die Skibrille darüber, ziehen im Zelteingang kniend die Filzsocken an und die Schuhe, drehen uns um und rollen kniend die Matten ein und wuchten alles Gepäck an den Zelteingang, ziehen die Handschuhe an, klemmen so viel wir können unter die Arme und kriechen aus dem Zelt hinaus, wischen den Schnee von den Schlitten und fangen mit dem Packen an, der Letzte im Inneren des Zelts fegt das Zelt leer und versucht das Eis und den Schnee so gut es geht abzuklopfen, wir ziehen die Schneeheringe aus dem Boden und die Zeltstangen aus den Ankern, klappen die Zeltstangen ein, rollen das Zelt zusammen und schieben es in den Zeltsack, Thomas spannt das Zelt auf seinen Schlitten, und wir steigen in unsere Skibindungen, klicken die Karabiner unserer Schlitten ein, und dann gehen wir los.

Der Tupilak

22. Mai 2013, Tag 16
Distanz: 16,8 km, Gesamtstrecke: 268,5 km
Höhe: 2387 m
noch vor uns: 291,6 km

*Always be afraid of the water, ice and snow.
Respect them, because you cannot control them.*
Sprichwort der Inuit

Wir brauchen einen Tupilak. Einen Tupilak, der sich wie ein Puffer zwischen uns und unsere Aggressionen stellt, der uns zurückhält, den Abstand nicht mehr kleiner werden lässt, den Abstand zu jenen Abgründen und Seelenschluchten, die in allen Menschen lauern. Auf diese bewegt der Mensch sich zu, wenn er sich herausbegibt aus seiner Schutzzone, aus seinem Gewohnten, wenn er mit Existenziellem konfrontiert wird, wenn er keine Rückzugsmöglichkeit mehr hat, wenn er mit dem Rücken zur Wand steht, wenn er nur ausreichend gequält wird. Dann fallen die Masken, es gibt keine Konventionen mehr, man kann sich selbst nicht mehr gut zureden, relativieren, differenzieren. Wie bei unserem Gehen gibt es auch beim Sturz in den Abgrund nur noch eine Richtung.

Ein Tupilak würde helfen. Das sind furchterregende kleine Figuren aus Tier- und Menschenknochen, Fell und Haaren zusammengesetzte kleine Wesen, die grimmig böse die Zähne fletschen. Nur ein Angakkuq, ein Schamane, kann einen Tupilak erschaffen, und er macht es immer dann, wenn jemand zu ihm kommt, der mit jemand anderem in Streit geraten ist. Dann fertigt er einen Dämonen an, aus Dingen, die dem Kontrahenten gehören. So bösartig sie aussehen, so befriedend ist ihr Dasein, weil sie einen Ausweg bieten aus einem Streit, einen Ausweg, auf dem alle ihr Gesicht behalten und niemand zu Schaden kommt. Wir brauchen Befriedung, wir brauchen einen Tupilak.

Wir stehen um das Zelt, und ich will Thomas davon abhalten, es weiter aufzubauen. So aufzubauen, wie er es gerade tut. Wir sind nur knapp 17 Kilometer gegangen, knapp acht Stunden durch immer dichter werdenden Nebel, der sich schließlich in starken Schneefall verwandelte, gepaart mit bis auf Windstärke 7 auffrischendem Wind, das sind zwischen 50 und 60 km/h, ziemlich genau ins Gesicht. Irgendwann beschlossen wir, unsere Kräfte nicht weiterhin so sinnlos zu verschwenden im Kampf gegen diesen Sturm. Es gut sein zu lassen, für heute.

Thomas ist hektisch. Er wirft das Zelt auf den Schnee, befestigt die ersten Haken. Schnell, hastig. Er achtet nicht darauf, woher der Wind weht. Das Zelt soll stehen, und es soll schnell stehen. Dabei sind wir weit von einer dramatischen Situation entfernt, in der die Zeit knapp bemessen wäre. Der Wind, der uns umweht, ist höchstens ungemütlich, aber lange noch nicht gefährlich.

So wird das Zelt nicht gut im Wind stehen, sage ich.

Thomas hört nicht auf mich.

Deutlich treffen die Böen das Zelt jetzt schon seitlich, drücken seine Wand ein. Sie sollten es aber von hinten treffen, dort, wo das Zelt flach ist und dem Wind die wenigste Angriffsfläche bietet, wo es den Wind über sich gleiten lässt, anstatt ihn einzufangen.

Das Zelt steht nicht gut, wiederhole ich.

Thomas setzt den nächsten Haken.

So wie ich mich während dieser Tour zu fühlen begonnen habe, würde ich nun normalerweise nicht mehr insistieren. Ich würde es hinnehmen, wissend, dass es falsch ist, was wir tun, aber ich hätte weder den Mut noch die Kraft, für meine Meinung einzustehen.

Doch jetzt ist es anders. Ich stehe neben dem Zelt im Wind und erinnere mich an die Nacht, in der die Zeltstangen brachen. Welche Angst ich hatte. Wie viel Kraft diese Angst kostete, das Gefühl, unsicher unterwegs zu sein. Und ich erinnere mich wieder an mein Versprechen. Nichts zu tun, was mich in Gefahr bringt. Wenn ich es halten will, dann muss ich endlich anders agieren. Mit diesen Erinnerungen und Gedanken straffe ich meinen Rücken, und ich hebe meine Stimme gegen den Sturm.

Wir müssen das Zelt umstellen, sage ich also noch einmal, mit fester Stimme.

Was willst du denn umstellen, fährt es aus Thomas heraus, dessen Bewegungen immer hektischer werden.

Ich will es einfach richtig in den Wind stellen, sage ich. Mit dem Hinterteil zum Wind. So steht es schief.

Ich nehme meinen Skistock mit den Windbändern und halte ihn an das Hinterteil des Zelts. Das Windband flattert in einem Winkel von mehr als 45 Grad zu der Richtung, in der das Zelt steht.

Schau, sage ich, so steht es nicht nur ein bisschen, es steht total schief.

Willst du in dem Sturm jetzt eine Wissenschaft aus dem Zeltaufbau machen, fährt Thomas mich an, sehr heftig. Und in mir brandet eine Wut auf, eine solch schäumende Wut, wie man sie nur wenige Male in seinem Leben spürt, eine Wut, die in den Ohren saust.

Nein, sage ich laut, sehr laut, und nehme einen der Haken, die Thomas gerade gesetzt hat und ziehe ihn aus dem Boden.

Ich mache keine Wissenschaft, ich will es einfach nur richtig in den Wind stellen, und zwar so, wie es jedes Kind in den Wind stellen würde, der Länge nach, und nicht seitlich!

Dann mach doch, schreit Thomas los, bau es doch selber auf, wenn du es besser kannst, und er lässt das Zelt los.

Das mach ich auch, schreie ich zurück, oder glaubst du, ich will noch mal in einem Zelt liegen, in dem die Stangen brechen? Ich brauch das nicht noch mal, mir hat das erste Mal gereicht. Und wir stellen dieses Zelt jetzt um!

Es steht wirklich nicht gut, schaltet sich Hannes ein, mit bemüht ruhiger Stimme.

Ja, dann baut es halt ihr auf, schleudert uns Thomas entgegen und geht mehrere Schritt zurück.

Oh Mann, schreie ich, das ist nicht zum Aushalten, dieses kindische Getue! Kann man denn nicht mal sagen, dass das Zelt schief steht, ohne dass eine Staatsaffäre draus wird?

Lass, sagt Hannes, lass, nimm die Heringe und Schluss. Er drückt mir den Packsack mit den Heringen in die Hand, zieht einen anderen aus dem Boden und nimmt das Zelt auf der einen Seite.

Nimm's auf der anderen, sagt er zu mir, und wir drehen's.

Hannes hat die Wirkung des Tupilak übernommen, er stellt sich zwischen uns, und wer weiß, wie wir an diesem Tag aufeinander losgegangen wären, wäre Hannes nicht gewesen.

Vielleicht hätte das auch gutgetan. Sich einmal so anschreien, bis man leer ist.

Zitternd bücke ich mich, nehme das Zelt und drehe es so weit, bis es parallel zu den Windbändern an unseren Skistöcken steht. Mir ist glühend heiß, obwohl ich die Daunenjacke nicht übergezogen habe. Mein Herz klopft mir bis zum Hals. Ich koche. Auch dieser Sturm und dieses frühe Aufhören – es könnte alles so schön sein! Man könnte gemeinsam sagen, heute machen wir mal früher Schluss, könnte sich über den vom Wind geschenkten frühen Feierabend freuen, könnte gemeinsam das Zelt aufbauen und einen gemütlichen Nachmittag darin verbringen, eine Mousse au Chocolat nach der anderen essen, heißen Tee trinken, die Vorräte nach der guten Schokolade durchsuchen und ein spontanes Festmahl feiern, erzählen, lachen, im warmen Schlafsack liegen, während draußen der Wind ums Zelt fegt.

Aber wir, wir streiten. Wir streiten darüber, wie man das Zelt richtig aufstellt. Es ist nicht zu fassen. Es ist so schade.

Wir setzen die Heringe, und Hannes beginnt mit dem Abspannen. Ich nehme die Schaufel und fange an, einen breiten Schneewall rings um das Zelt zu schaufeln. So kann ich mich wenigstens abreagieren.

Thomas hat sich nicht mehr am Aufbau beteiligt.

Soll ich schaufeln?, fragt er jetzt.

Nein, sage ich. Und schaufle weiter. Ich will, dass wir einen hohen, schützenden Wall um uns haben, dass die Schneelappen des Zelts vollständig von Schnee bedeckt sind, dass das Zelt so fest stehen wird, wie es nur stehen kann, sollte der Sturm zunehmen. Ich traue Thomas nicht mehr. Ich will ihm nichts mehr anvertrauen, was mit meinem Leben zusammenhängt. Und ich schaufle gern. Ich habe schon am Nordpol gern den Part des Schaufelns übernommen, während Thomy meistens das Zelt einräumte. Eigentlich räumt ja die Frau das Zelt ein, sagte Thomy einmal dazu. Bei uns kannst du die Frau sein, habe ich darauf zu ihm gesagt. Ich mach's eh nicht ordentlich genug für einen Schweizer. Thomy besah sich daraufhin meinen Schneewall und meinte, der könnte auch noch höher sein. Woraufhin ich ihm eine Schaufel Schnee hinterherwarf. Und dann den Wall noch eine Runde höher schaufelte. Bengt schlief damals mit einem Gast in einem zweiten Zelt neben uns. Und als er am Abend zu uns herüberkam, sagte er, dieser deutsch-schweizerische Schneewall sei höher als die Berliner Mauer. So war das, bei dieser Tour. Ich weiß gar nicht, ob wir damals überhaupt auch nur einen vernünftigen Satz geredet haben. In meiner Erinnerung haben wir immer nur gelacht.

Thomas macht sich daran, unser Lager einzuräumen, während Hannes und ich das Zelt weiter absichern. Mit jeder Schaufel wünsche ich mir mehr, Thomas einen Tupilak ins Zelt zu schicken. Diese kleinen, mythischen Figuren mussten stark sein, sich in allen Elementen zurechtfinden. Deswegen waren Wal- oder Robbenknochen in ihnen verarbeitet, Vogelfedern, Eisbärenkrallen – so konnte sich der Tupilak im Wasser, in der Luft und an Land bewegen. Die fertige Figur wurde vom Angakkuq beschwört, bekam Macht und Kraft verliehen, und wenn alle Zaubersprüche gesprochen waren, wurde der Tupilak dem Kontrahenten hinterhergeschickt. Sein Auftrag: den Widersacher töten.

Dieser nur bei oberflächlicher Betrachtung sehr kriegerische Mythos hatte eine wichtige Aufgabe: Er verhinderte, dass es genau dazu wirklich kam, er verhinderte, dass ein Jäger einem anderen einfach seine Harpune in den Rumpf rammte wie einer jungen Robbe. Diese Aufgabe sollte der Tupilak übernehmen, eine Art früher Auftragskiller, ein Mann für's Grobe. Ihm konnte man all das auftragen, wovon man sich wünschte, es möge einem Widersacher zustoßen.

Eine besondere Eigenschaft allerdings machte den Tupilak erst zu dem schlauen Friedensstifter, der er war: Denn niemand kam auf die Idee, leichtfertig und bei jeder Kleinigkeit einen solchen Geist loszulassen; man tat dies nur aus wirklich triftigem Grund. Weil die Aussendung eines Tupilak auch für den Sender ein Risiko barg: Wenn nämlich der Gegner stärker als der Tupilak war, oder wenn er es verstand, überirdische Mächte für sich zu gewinnen, so konnte es geschehen, dass der Tupilak seine Richtung änderte – und sich gegen seinen ursprünglichen Auftraggeber wendete. Jeder Mensch überlegte sich also gut, ob er seinen Gegner wirklich so hasste, ob es wirklich keine andere Möglichkeit gab, als einen Tupilak mit einem solch schrecklichen Auftrag zu schicken.

Die Furcht vor den Tupilak wiederum führte manches Mal dazu, dass der Widersacher einlenkte und ein Streit tatsächlich beigelegt wurde, ohne dass jemand zu Schaden gekommen war.

Und wer weiß, vielleicht half auch schon ein Abend bei dem Schamanen, an dem man seinen ganzen Zorn in einen solchen Tupilak mit hineinbaute, dass die Wut mitsamt den Räucherkräutern des Schamanen verraucht war, wenn man schließlich dessen Zelt verließ.

Was der Bau des Tupilak für einen wütenden Inuit, ist für mich das Einschaufeln des Zelts. Nach fast einer halben Stunde ziert die höchste Schneemauer der Tour unseren Lagerplatz, ich habe meine ganze Wut in diese Mauer hineingeschaufelt. Hannes und Thomas sind längst im Zelt. Ich stütze mich auf die Schaufel und betrachte mein Werk. Noch zwei Tage bis zum Sattel. Vielleicht drei, weil wir heute früher Schluss gemacht haben. Wo genau der Sattel ist, werden wir nicht sehen, es ist kein so markantes Etappenziel wie die DYE-2. Wir werden es erst an unserem GPS sehen – daran, dass es bergab geht. Wir sind fast auf 2400 Metern angekommen, der höchste Punkt wird bei etwa 2500 Metern liegen. Noch 100 Höhenmeter. Ich sehe zu, wie der Wind die scharfen Kanten der Schneebrocken langsam rund schleift, weiteren Schnee auf den Wall wirft und ihn dadurch langsam selbst gegen sich abdichtet und wie er bereits begonnen hat, im Windschatten des Zelts, dort, wo die Schneedrift abreißt, einen lang gezogenen Schneeberg anzuhäufen. Und mit diesem Wind weht langsam der Rest meiner Wut davon.

Die Monster des Inlandeises

> 23. Mai 2013, Tage 17–18
> Tagesdistanz: 24 km/0 km, Höhe: 2466 m,
> Gesamtstrecke: 292,5 km, noch vor uns: 267,6 km

> *I see things more than my mind can grasp, and the only way to save myself from madness is to suppose we have all died, and that this is part of another life.*
> Knud Rasmussen

Millionen Ameisen laufen über meinen Kopf. Ich kann mich nicht mehr bewegen. Zehn Meter neben dem Zelt. Nur kurz wollte ich noch einmal hinaus, am Abend des 17. Tages, bevor ich im Schlafsack verschwinden würde, Hannes ebenso. Hannes ist vor mir wieder ins Zelt geschlüpft. Doch als ich es ihm nun gleichtun will, kann ich es nicht. Mein Körper tut nicht das, was ich ihm befehle. Mein Atem geht stoßweise, ich drehe den Kopf zum Zelt, und auf einmal wird alles rings um das Zelt schwarz, mein Blickfeld verengt sich, die Ameisen kribbeln unter meinen Haaren, mein Kopf fühlt sich ganz leicht und leer an, als würde er sich gleich von meinem immer schwerer werdenden Körper lösen und davonfliegen. Meine Knie werden weich. Ich schaffe noch einen Schritt, dann falle ich nach vorne auf die Knie, die Hände in den Schnee. Ich versuche krampfhaft, mich zu fokussieren, nicht ohnmächtig zu werden. Es hat zwanzig Grad minus. Ich habe nur meine

Unterwäsche an und keine Handschuhe. Ich *muss* ins Zelt zurück.

Hannes!

Ich krächze es mehr, als ich es rufe. Und noch ein zweites Mal, Hannes! Dann geben auch meine Arme nach, sosehr ich mich auch anstrenge, sie zum Gehorchen zu zwingen. Ich höre noch, dass Hannes mein Rufen zum Glück bemerkt hat, dass er aus dem Zelt kommt, und ich spüre, wie er mich aufhebt. Ins Warme, lalle ich, und dann schließt sich das Schwarz vor meinen Augen.

Als ich wieder zu mir komme, sitze ich zwischen Thomas und Hannes im Zelt und atme hart. Mein ganzer Körper fühlt sich schwer an, jede Gliedmaße trägt eine Tonnenlast, meine Lunge müht sich, meinen Brustkorb aufzupumpen, es ist so schwierig, Luft in mich hineinzuatmen. Mein Herz scheint mit einer Geschwindigkeit von zehn Schlägen pro Minute zu schlagen, es sind große, harte Schläge, ich kann mein Herz auf eine Weise fühlen, wie ich es nie gespürt habe, und es fühlt sich an, als würde es jeden Moment stehen bleiben. Es ist verwirrend. Es ist nicht schön.

Hast du das schon öfter gehabt, fragt Hannes nach einer Weile. Noch nie, sage ich, die Wörter aus mir hinausstoßend. Ich bin noch nie in meinem Leben umgefallen. Ich war noch nie ohnmächtig. Ich sitze mit geschlossenen Augen da und sauge die Luft in mich hinein, das Atmen ist so anstrengend. Hannes schiebt mir meine Wärmflasche in den Schlafsack. Ich greife nach seiner Hand. Und zu meiner Überraschung auch nach Thomas' Hand. Ich muss spüren, dass Menschen da sind und hoffe, dass dieses verwirrende Gefühl aufhört, dieses Gefühl, dass mir das Licht ausgeht. Nach einer Weile wird mein Herzschlag wieder normal, und ich kann besser atmen. Müdigkeit brandet durch meinen Körper, in jede einzelne Zelle. Wie fühlst du dich, fragt Thomas. Müde, sage ich. So müde. Ich will einfach nur schlafen.

Sollen wir die Ärztin anrufen, fragt Hannes. Nein, sage ich, jetzt geht es ja wieder. Ich muss nur schlafen, ich muss mich einfach ausruhen, schlafen, schlafen, schlafen. Ich wickle mich in meinen Schlafsack, und kurz zieht der nun gar nicht mehr so beunruhigende Gedanke an mir vorüber, ob ich wohl auch wieder aufwachen werde, dann bin ich in weniger als einer Minute tief und fest eingeschlafen.

Am nächsten Morgen schauen mich zwei fragende Gesichter an.

Was das wohl war, fragt Hannes.

Keine Ahnung, murmele ich.

Ich gehe hinaus vors Zelt. Und merke, dass meine Beine weich und schwer sind. Es sind keine kraftvollen Grönlandquererbeine. Zurück im Zelt, bin ich völlig außer Atem. Wir frühstücken jetzt erstmal, sage ich.

Wir legen heute einen Ruhetag ein, sagt Hannes, als wir unsere Beutel halb leer gegessen haben. Du musst dich ausruhen. Wenn dir das zum ersten Mal überhaupt passiert, dann sollten wir das ernst nehmen.

Hm.

Nachdem ich meine 600 Kalorien Müsli in mich hineingewürgt habe, bin ich so müde, dass ich kaum noch meine Tasse halten kann. Ich rolle mich auf meiner Matte zusammen. Vielleicht brauche ich einfach noch ein bisschen, sage ich. Gebt mir zwei Stunden, und um zehn starten wir.

Okay, sagt Thomas. Du kannst dich ja auch aktiv erholen. Während des Gehens, wenn ich deinen Schlitten ziehe.

Ja, sage ich, das können wir. Hannes schaut mich an, mit hochgezogenen Augenbrauen, aber er sagt nichts.

Kaum ist Thomas aus dem Zelt, dreht er sich zu mir um.

Das ist original die totale Schnapsidee, sagt er mit gedämpfter Stimme. Du solltest heute liegen bleiben, und wenn es morgen nicht deutlich besser ist, dann ist Schluss.

Jetzt schauen wir mal, wie es um zehn ist, sage ich müde und rolle mich auf der Isomatte zusammen.

Nach einer Weile greift Hannes nach meinem Arm. Ganz abgesehen davon, wie es dir geht, sagt er, ich will das nicht noch mal erleben, dass ich aus dem Zelt komme und dich im Schnee liegen sehe. Was glaubst du, wie das für mich war? Was wäre passiert, wenn ich dich nicht gehört hätte? Wie lang hättest du wohl dort gelegen, bis wir gemerkt hätten, dass etwas nicht stimmt?

Natürlich hatte auch ich mir das gedacht. Wie lange hätte es gedauert? Und hätte ich dann noch alle Finger gehabt?

Und es war auch überhaupt kein schönes Erlebnis, dass du an mir gehangen hast wie ein Kartoffelsack, fährt er fort. Ich muss das nicht noch mal haben.

Seine Sätze hängen im Zelt. Hannes' Sorge beschämt mich. Ja, natürlich. Es geht nicht nur um mich.

Und so liege ich da und denke nach und versuche zu erfühlen, wie es mir geht. Schlafe darüber ein. Um halb zehn wache ich wieder auf, gehe hinaus vors Zelt. Und merke, dass ich kaum zehn Meter in dem verblasenen Schnee gehen kann. Allein die Vorstellung, nun alles zu packen, lässt meine Arme und Beine bleiern schwer werden. Ich wäre schon nach dem Zusammenpacken vollkommen fertig.

Ich stehe auf der grönländischen Eiskappe. Der arktische Himmel spannt sich kraftvoll strahlend blau über mir. Es ist einer der schönsten Tage der ganzen bisherigen Tour, nur ein paar dünne Wolkenfetzen wandern über den Himmel, die Sonne schickt ihre Strahlen hinab auf das Weiß, das es millionenfach reflektiert und auf uns zurückwirft; ohne den Schutz einer Gletscherbrille weigern sich die Augen, sich überhaupt erst zu öffnen, so grell scheint das Licht selbst durch die Lider.

So weit das Auge reicht, sehe ich nichts als Eis, unendlich erscheinendes Eis; die Welt eingefroren, mit Schnee überzogen, für immer. Ich atme tief ein und suche in meinem Innern nach der Faszination, die ich für diese Region, für diese Art der Landschaft zu empfinden gewöhnt bin, ich warte auf die Flut an Freude, die durch mich brandet, wenn sich die Schönheit unseres Planeten so unvermittelt in seiner ganzen Pracht zeigt, ich suche nach der Dankbarkeit, die mich durchströmt, dafür, dass ich an all diesen außergewöhnlichen Plätzen sein darf, für das große Geschenk des Lebens, das ich führe.

Es kommt nichts.

Ich atme ein und aus und suche nach all diesen Empfindungen, ich *will* diese Gefühle fühlen, dieses tiefe Erleben und Erspüren, die Freude, die mich immer wiederkehren lässt in die hohe Arktis, die der Grund für all das sind, was ich hier tue, die mein Antrieb sind, mein Lebenselixier in dieser lebensfeindlichsten aller Umgebungen.

Allein, sosehr ich mich auch mühe und in meinem Innern danach forsche – ich verspüre nichts davon, meine Seele ist zu einer ebenso toten Wüste geworden wie die Eiswüste, die mich umgibt.

Schlimmer noch, es fällt mich eine Einsamkeit an, die auf

meinen ganzen Körper schlägt, eine gähnende, kalte, leere Einsamkeit. Ich blicke von weit oben auf mich und sehe, wo ich mich befinde, auf dieser gigantischen, öden Eismasse; ich sehe den Rest der Welt nicht mehr, ich sehe nicht mehr, dass es eine Insel ist, auf der ich stehe, meine Welt ist diese Insel, ein menschenleeres Eiland aus Eis.

290 Kilometer liegen hinter mir. Die Hälfte der Strecke, ich bin an der Stelle unseres Wegs, die wohl am weitesten entfernt ist von allem anderen Leben. Es sind noch einmal fast 300 Kilometer zu gehen, und es könnten nun 3000, 30 000, 300 000 sein, es spielt keine Rolle. Es ist unvorstellbar weit.

Die Welt ist Eis.

Ich drehe mich langsam um meine eigene Achse und kneife die Augen zusammen, fokussiere die Trennlinie zwischen Himmel und Eis, Blau und Weiß, den fernen Horizont. An keiner einzigen Stelle wird diese Linie unterbrochen, es gibt keine Häuser, keine Berge, keine Eisformationen, die hoch genug wären, es gibt keine Dünen und keine Hügel, es gibt nicht die geringste Erhebung mehr, die den Blick auf diesen weiten Horizont verstellen könnte. Wenn ich mich der Sonne zuwende, muss ich die Augen trotz der Brille ein bisschen mehr zusammenkneifen, ihre reflektierten Strahlen stechen in den Pupillen, erst wenn ich mich wieder abwende, entspannen die Augenmuskeln einen kurzen Moment. Das ist die einzige Abwechslung in meinem Kreiseln auf der Eiskappe. Ich breite die Arme aus und drehe mich schneller, den Blick unverwandt auf den Horizont gerichtet. Die einzigen Geräusche, die ich höre, sind das Knirschen des Schnees unter meinen Schuhen und mein Atmen.

Tag 18, der Ruhetag – Hannes vertreibt sich die Zeit mit dem Bau eines Triumphbogens. Der Triumph aber lässt noch auf sich warten.

450 Kilometer weit kann man in Grönland sehen, weil die Luft klar und die Erdkrümmung gering ist. Bei einem Rundblick also 900 Kilometer.

s gibt nichts, was den Blick aufhält.

Die Einsamkeit, die einen in dieser Landschaft anfallen kann, ist unbeschreiblich.

Doch am Morgen von Tag 22 sind wir nicht mehr allein: Wir treffen auf Bengts Gruppe.

Von jetzt an sind wir zu neunt.

Der erste gemeinsame Tag endet nach einem frohen, gemeinsamen Abendessen mit einem wundervollen Sonnenuntergang.

Tag 24: Hannes hat Geburtstag! Christoffer stiftet ihm seinen letzten, über das Eis geschleppten Kuchen, und Hannes teilt ihn in neun Stücke.

Wenig später erreichen wir das fantastische Essensdepot, das die Norweger angelegt haben.

Norway, 12 points! Sie haben tatsächlich frisches Gebäck aufs Inlandeis geflogen.

Es ist unvorstellbar, wie viel Energie ein Croissant nach 24 Tagen Fertigfutter verleihen kann …

… wobei Bengt den Schokoladenrekord hält: Ein ganzes Kilo hat er an einem Tag gegessen. Zusätzlich zu allem andren.

Und weil es so warm war und das Essen so viel, verlängerten wir die Mittagspause. Das Leben, ein Traum!

Tag 26: Die ersten Berge sind zu sehen, und zum ersten Mal geht es so etwas Ähnliches wie bergab.

Nach zehn Stunden auf den Skiern ist dies die einzige Haltung, in der die Sohlen nicht brennen.

Der Lohn für alle Mühen: ein wundervoller letzter Tag, warm, sonnig …

… und schließlich eine Abfahrt in goldenem Dunst Richtung Küste.

Die Hütte oberhalb des Fjords von Isortoq – unsere erste feste Behausung. Hier können wir zum ersten Mal seit 27 Tagen wieder richtig sitzend essen …

.. bevor es am nächsten Morgen hinunter zum Meer geht. Die letzte Abfahrt …

… und dann stehen wir auf dem noch halb gefrorenen Fjord. Die allerletzten Meter über das Meereis liegen vor uns…

… und an der Eiskante wartet schon Zalo auf uns, der uns mit seinem Boot nach Isortoq bringt.

In Isortoq backt Paul aus unseren Essensresten und gefrorenen Eiern aus dem Laden einen Apfelkuchen, den wir mit zwei grönländischen Mädchen teilen.

44 Menschen leben noch in Isortoq. Von September bis Juni kommt nur einmal in der Woche ein Hubschrauber, nur im kurzen Sommer ein Versorgungsschiff.

13 Eisbären haben die Jäger Isortoqs in diesem Winter geschossen.
Ihr Fell wird zu Jägerkleidung, ihr Fleisch dringend benötigte Nahrung.

Dann ist es vorbei: Mit dem Hubschrauber fliegen wir über Tassilaq weiter nach Kulusuk, von dort nach Reykjavik und schließlich nach München.

Abrupt stoppe ich meine Umdrehungen, das Knirschen verstummt, und ich halte die Luft an. Herzklopfen. Ich fixiere noch immer den Horizont und höre nun das Pochen meines Herzens, hart und schnell, das Strömen des Bluts in meinen Ohren. Ich sinke auf die Knie, mit aufrechtem Oberkörper, die Hände auf den Oberschenkeln lasse ich den Horizont nicht los, halte die Luft so lange an, bis meine Lunge zu revoltieren beginnt, sich aufbäumt gegen meinen Willen und endlich meinen Widerstand bricht und gierig die kalte Luft einsaugt und ausstößt.

Der Lohn für diese Mühe sind farbige Punkte, die um den weißen Horizont zu tanzen beginnen, doch vielleicht sind es auch keine Punkte, sondern die Eiswesen, die hier leben, im Verborgenen, und die nun meine Schwäche erkennen und ihre Stunde kommen sehen.

Die Inuit erzählen von Monstern, Furcht einflößenden Kreaturen, die auf dem Inlandeis zuhause sind. Kein Inuit hätte bis vor wenigen Jahren freiwillig den Weg ins Innere des Eises angetreten, denn auch wenn sie ihre Insel Kalaallit Nunaat nannten, die Insel der Menschen, wusste doch jeder, dass nur die Küsten für sie bestimmt waren, während das Innere des Eises die Heimat der Monster war. Makakajuit nennen sie die Ungeheuer, die hinter Sastrugi lauern, mit eisbärähnlichen Köpfen, doch aufrechten Gangs und langen Klauen an den Tatzen. Halb Frau, halb Hund ist der Erqigdlit; ein riesiges Maul hat der Aqaiarorsiorpua, mit grässlichen Zähnen, und jedes Kind kennt die Amagaiat, titanenähnliche Frauen, die ihre Haare zu einem Dutt stecken und große Körbe auf den Rücken tragen, in denen sie all die kleinen Menschlein einsammeln, die sich in ihre Welt wagen. Und immer wieder greifen sie in diese Körbe, holen sich mit ihren langen Krallen ein Menschlein heraus, um es genüsslich zu verspeisen.

Aber wer wusste schon, was wirklich der Ursprung dieser Erzählungen und Zeichnungen war? *Dachten* die Inuit nur, dort oben im Eis hausten derlei Dämonen, weil das Weiß so unvorstellbar groß war? Oder waren sie doch schon selbst über das Eis gereist und tatsächlich Monstern begegnet? Hatten die Dorfältesten nur festgehalten, was ihnen wirklich widerfahren war? Oder wussten sie mehr als wir; waren sie weise genug, die Ungeheuer vorauszusehen, die unser Gehirn in Einsamkeit zu erschaffen in der Lage ist? Gespenster, die den Menschen übers Eis begleiten und peinigen, ihm keine Ruhe lassen, die ihn an all seinen Fähigkeiten zweifeln lassen, die ihn sich selbst als winzig und ohnmächtig empfinden lassen im Angesicht der Größe dieses Eises, die einen Prozess in Gang setzen bei ihm, der einem inneren Schrumpfen gleichkommt und ihn vernichtet, wenn er nicht die Kraft hat, dagegen anzukämpfen, die ihn in seiner menschlichen, handlungsfähigen Existenz ausradieren und zu einem willenlosen Gefangenen des Eises machen. Sind das die Monster, vor denen die Alten die Jungen im Dorf warnen?

Lethargie, das erzählen alle alten Expeditionsberichte, Lethargie ist der größte Feind in Eis und Schnee, Körper und Geist kann hier eine Müdigkeit und Schwere befallen, die jede Pore des Körpers auszufüllen vermag und selbst jene Handlungen unmöglich macht, die für das direkte Überleben notwendig sind. Was damals als Lethargie beschrieben wurde, würde heute wohl Depression genannt, begründet im Gefangensein in einer Situation, in der man sich als vollkommen ohnmächtig empfindet, eine Situation, die als unentrinnbar, unverrückbar, unveränderbar, als im wörtlichen Sinne ohne jede Aussicht auf Veränderung erscheint.

17 Tage. 17 Tage nichts als Eis, und es ist ein anderes Eis als in den Jahren zuvor am Nordpol. Der Arktische Ozean bietet dem Auge Abwechslung durch die nicht enden wollenden Eisrücken, Auftürmungen, Anhäufungen von zerborstenem Meereis, zerquetschten Schollen, in den Himmel ragenden Eisfingern, offenen Wasserstellen, dünnen, gerade wieder gefrorenen Rissen. Kein Kilometer gleicht je dem anderen. Hat man die Hindernisse auf dem Ozean manchmal verflucht, sehnt man sich hier nach ihnen. Alles, was die zermürbende Monotonie unterbrechen würde, selbst wenn es mehr Anstrengung bedeuten würde, wäre willkommen. Jeden Tag das gleiche Aussehen, jede Stunde, und niemals wird der Fortschritt, den wir tun, sichtbar, es ist immer und immer und immer alles gleich. Wie haben es Expeditionen ausgehalten, die sich Jahre in diesem Nichts bewegten? 17 Tage. Es ist lächerlich. Es ist ewig.

Ich knie auf einer der höchsten Stellen der grönländischen Eiskappe. Und verstehe in vollem Umfang, warum es Geschichten gibt von Mitarbeitern auf Polarstationen, die eines Tages einfach aufstanden, den Raum verließen und nie mehr wiederkamen, die einfach hineingegangen waren in das Weiß, immer weiter und weiter, bis sie verschwunden waren, die sich dem Weiß überlassen und sich von ihm haben verschlingen lassen, die sich in das Eis hineinstürzten, um es endlich nicht mehr zu sehen.

Auf meine Knie gestützt spüre ich diese magnetische Kraft, ich spüre, dass es eine Stimme gibt in mir, die mir sagt, es wäre so einfach, und es ginge so schnell. Geh einfach in eine Richtung, immer weiter weg vom Zelt, schließe die Augen, und überlasse dich einfach dem, was passiert. Du musst nicht mehr weiter dem Weg folgen, geh einfach deinen eigenen, hinein in das Weiß, hinaus aus der Welt.

Es ist die Stimme der Dämonen, der Makakajuit und Erqigdlit, der Amagaiat und Aqaiarorsiorpua, sie fangen an zu rufen, nach dem Menschlein, das gewagt hat, in ihr Eis zu dringen.

Und es ist dies wohl die größte Herausforderung, mit der sich alle Eisreisenden konfrontiert sehen: auf diese Stimmen nicht zu hören, sich nicht der Hoffnungslosigkeit zu ergeben. Es ist nicht die Kälte und nicht der Wind, was den Menschen derart niederzuringen vermag. Es sind die großen Distanzen und die lange Dauer, das Wiederfinden seiner selbst in einer endlosen Wüste, einer Wüste, auf deren Wucht man sich nicht vorbereiten kann, in der der weiße Horizont dem Gehirn vortäuscht, dass ein Ausweg ohnehin unmöglich und folglich jede Anstrengung dazu verdammt ist, jämmerlich vergebens zu sein.

Vergebens. Dort, wo ich sonst Freude verspüre, ist nichts als Eis, ein Eisblock auf meiner Seele, meinem Herzen. Alles, was ich tue, ist nichts als vergebens, es ist sinnlos, so wie mein ganzes Leben und alle menschliche Existenz ohne jeden Sinn ist. Es spielt keine Rolle mehr, ob wir existieren, uns um ein Leben mühen, das wir erfüllt zu nennen wagen. Vergebens, alles.

Ich spüre kaum noch meine Arme und Beine, aber ich kann nicht mehr unterscheiden, ob dies von den zwanzig Minusgraden herrührt oder von der Kälte, die nun aus meinem Innersten strahlt. Ich stehe auf. Ich muss mich zwingen, meinen Blick vom Horizont zu lösen und mich dem Zelt zuzuwenden. Und dann gelingt es meinem Gehirn, meinen Beinen zu befehlen, zum Zelt zurückzukehren. Mit schwer klopfendem Herzen stapfe ich auf den grünen Tunnel zu, beuge mich hinunter, öffne den Reißverschluss und krieche hinaus aus dem Weiß, hinein in die andere Welt, in die mir die Stimmen der Dämonen dennoch seit einigen Tagen zu folgen imstande sind.

Ich schaue niemanden an, als ich sage, dass ich schlafen will, nichts als schlafen. Die Tabelle und der Eintrag, den ich dann nicht machen können werde, es ist mir alles gleich geworden. Wir werden den Sattel heute nicht erreichen, den Plan wieder nicht einhalten. Die große Bedeutung, die diese Etappe hatte, der Wert meiner Tabelle, mit der ich die Monotonie zu durchbrechen hoffte und den Fortschritt trotz der Gleichförmigkeit unserer Umgebung für uns spürbar machen wollte, mit der ich mich selbst mit Hoffnung erfüllen wollte, mich unbedingt glauben machen wollte, dass wir vorankamen – dieser Wert ist zerflossen im Weiß, die Bedeutung hat sich aufgelöst in dem Nichts, in dem wir umherirren. Nichts hat mehr Bedeutung in diesem sinnlosen Unterfangen.

Das Weiß schickt sich an zu triumphieren, ein weiteres Mal, über Menschlein, die denken, es bereisen zu können, als sei es gerade so wie irgendein anderes Gebiet der Welt durchschreitbar, erkundbar, als könnten wir uns auch diese Weite untertan machen, ihr allen Schrecken nehmen und zu einer Region machen, die nicht anders oder besonderer ist als der Rest der großen Welt, in die sich der Mensch bis in ihren allerletzten Winkel hineingebohrt hat, ohne jemals um Erlaubnis zu fragen, dachte er doch, sie gehöre ihm allein.

Doch das Weiß ist anders. Und als ich mich auf meinen Schlafsack lege, spüre ich, dass es diesmal gewinnen wird, gerade weil ich so sehr kämpfe. Als könne man hier je einen Kampf gewinnen.

Hatte ich nicht genau das gelernt, auf meinem Weg zum Pol? Dass jeder Kampf hier aussichtslos war, dass man anders sein musste, um voranzukommen, demütiger, anerkennender, dass man hier niemals einen Kampf auch nur beginnen durfte, denn einem Kämpfen gegen das Weiß war das Scheitern immanent?

Man musste um Einlass bitten in die Eiswelt, ihre Macht anerkennen und ihre Seele erfühlen. Nur jenen, denen dies gelang, war in dieser Welt Erfolg beschieden, den man jedoch als nichts als Gnade erkennen musste, die das Weiß dem Glücklichen zuteilwerden lässt.

Was aber, wenn man es nicht mehr fühlen kann? Wenn man im Weiß gefangen ist, ohne noch die Fähigkeit zu besitzen, in eine Verbindung mit ihm zu treten, weil man sich in Wahrheit nur wegwünscht, nur fort sein will, nur will, dass es vorbei ist? Das Weiß kann man nicht täuschen. Wenn du es nicht wirklich willst, wirst du es nicht bekommen. Und so spüre ich zwar, wie das Weiß, unbeirrt und unverändert, in seiner nicht erfassbaren Macht auf mein Anklopfen wartet. Allein, ich habe die Kraft nicht mehr, meinen Arm zu heben, und noch weniger als die Kraft spüre ich den Willen. Alle Energie, alles Gefühl ist mir geraubt.

Doch so werde ich niemals Einlass erlangen. Wenn sich nicht mein Innerstes ändert, werde ich es niemals auf die andere Seite schaffen. Niemals. Mit dieser Erkenntnis legt sich eine bleierne Müdigkeit auf mich wie ein Mantel, unter dem ich in einen tiefen, von spitzen Träumen geplagten Schlaf falle.

Warum mache ich das?

Ich

weiß

keinen

einzigen

Grund

mehr.

Die Polizei

25.-26. Mai 2013, Tage 19 und 20
Distanzen: 26,8 km/27,6 km, Gesamtstrecke: 346,9 km
Höhe: 2463 m, 2386 m
noch vor uns: 213,2 km

Summer is the season of inferior sledding.
Sprichwort der Inuit

Hannes schaut auf sein Display und tippt und tippt darauf herum, immer aufgeregter.
 Was ist los, frage ich ihn.
 Ich glaube, es geht bergab, sagt er.
 Was? Dann haben wir den Sattel!
 Ja, sagt er. Vorhin waren wir auf 2504 Metern. Das war das höchste. Jetzt sind wir auf 2484. Wir gehen bergab!
 Kann auch der Luftdruck sein, sage ich, noch zweifelnd.
 Nein, das ist nicht der Luftdruck, sagt Hannes, 2504 Meter, höher kann es ja auch langsam nicht mehr gehen. Das war's. Wir fahren ab!
 Hannes strahlt. Er strahlt über sein ganzes braunes, ausgezehrtes Gesicht und steckt mich damit an.
 Lass sehen, sage ich und beuge mich über das Display. Tatsächlich. 2484. Und beim letzten Wegpunkt 2504.
 20 Meter, sage ich, 20 Meter!
 In meinem ganzen Leben werde ich mich vermutlich nie

wieder so über 20 Höhenmeter freuen. 20 Höhenmeter, die beweisen, dass wir jetzt auf der letzten Etappe sind. Unser nächstes Ziel heißt Isortoq. Unglaublich.

Am Abend im Zelt bestätigt sich, was wir gehofft haben: Wir haben den höchsten Punkt tatsächlich überschritten. Wir sind auf 2463 Metern, 40 Meter tiefer als noch am Mittag.

Ich greife nach dem Telefon. Ich muss Bengt erzählen, dass wir über den Sattel sind.

Congratulations!, blechert es aus dem Hörer. Now you can start the downhill!

Thomas und Hannes hören die Worte, so laut sagt er es, und wir lachen alle.

Von Downhill war noch nicht viel zu spüren, sage ich. Es war genauso wie immer.

Aber es kommt, sagt Bengt, es kommt!

Bengt und seine Gruppe haben durch unseren Ruhetag aufgeholt, sie sind gerade noch 20 Kilometer hinter uns.

Thomas hat heute meinen Schlitten gezogen. Dass das nötig ist, zerstört mich innerlich noch mehr. Aber Hannes hatte nach meinem Kollaps insistiert, dass es besser wäre aufzuhören. Dass wir weitergehen, ich aber erst mal keinen Schlitten ziehen darf, das ist nun der Kompromiss. Die Erinnerung an meinen beunruhigenden Herzschlag hilft mir dabei, das zu akzeptieren. Dennoch fällt es mir schwer. Unendlich schwer.

Heute wissen wir, dass es sich bei meinem Kollaps wohl um eine neurokardiogene Synkope gehandelt hat. Dabei werden die Blutgefäße erweitert und die Herzfrequenz verringert. Die Expeditionsärztin stellte diese Diagnose, als Hannes ihr beschrieb, was passiert ist. Der Auslöser ist: emotionaler Stress.

Ich ziehe deinen Schlitten heute auch noch, sagt Thomas am nächsten Morgen zu mir.

So werde ich ein bisschen abgebremst, und wir bleiben näher zusammen, fährt er fort. Ich glaube, das hat uns gestern allen gutgetan.

Überrascht schaue ich ihn an. Manchmal kommen von jedem von uns wieder so erstaunlich warme Sätze oder Gesten. Manchmal ploppt so etwas wie Fürsorge zwischen uns auf, woran man merkt, wie leid es im Grunde jedem tut, dass es so schiefgegangen ist zwischen uns. Dass ein jeder es sich anders vorgestellt hatte.

Ja, sage ich. Das hat gutgetan. Dass wir mal gemeinsam gegangen sind.

Also, sagt Thomas, und nimmt mir mein Schlittenseil aus der Hand, dann machen wir das heute nochmal. Und du kommst wieder zu Kräften.

Danke, sage ich.

Und so gehen wir also los, an diesem 20. Tag, im Whiteout und mit extremem Rückenwind. Bizarre Muster malt der Wind in den Schnee, und eine ganze Weile gehen wir wie an einer Grenze entlang, rechts von uns ist der Schnee zerfurcht von tiefen Sastrugi, links von uns scheint er wie glatt geschliffen. Der Wind jagt den Schnee darüber hinweg, an uns vorbei, lässt Schneefahnen um uns wehen, hunderte Meter lang. Wenn ich die Arme ausbreite, schiebt mich der Wind an von hinten. Es tut so gut, ohne den Schlitten zu gehen. Ohne dieses Gewicht, das einen in den Boden hineinzuziehen scheint. Ich gerate nicht in diese Zwangzustände, in denen sich die Endlosschleifen in meinem Kopf drehen und drehen und drehen und mich quälen und foltern. Ich kann selbst bestimmen, was ich denke.

Als ich am Abend das Satellitentelefon einschalte, blinken sechs Nachrichten von Bärbel auf, Hannes' Frau. Wir haben Bärbel bei der Polizei als Ansprechpartnerin in Deutschland angegeben, falls etwas passieren sollte. Die ersten Nachrichten sind schon drei Tage alt, in ihnen bittet sie nur um einen Anruf. Die nächsten sind schon dringender, und im letzten schreibt sie, die Polizei in Kangerlussuaq sei kurz davor, uns suchen zu gehen, wenn wir uns nicht melden.

Mist, sagt Thomas. Das liegt bestimmt an diesem Fehler im Permit.

Welcher Fehler, fragt Hannes.

Na, das falsche Datum. In unserem Permit stand, dass wir 14 Tage für unsere Querung einplanen. Was eigentlich jedem einleuchten müsste, dass das nicht stimmen kann. Das habe ich den Zuständigen auch gemailt, und in Kangerlussuaq haben wir es ja auch nochmal ausbessern lassen. Von 14 auf 21 Tage.

Ich erinnere mich daran. Ich sehe richtig, wie der dänische Polizist das Datum durchgestrichen hat. Aber diese Änderung ist wohl nie im Rescue Center angekommen.

Hannes ruft Bärbel an, die völlig aufgelöst ist. Der Mitarbeiter des Rescue Centers sei mittlerweile sehr ungehalten, sagt sie. Wir müssten dringend dort anrufen. Und warum wir uns überhaupt zwei Tage lang nicht bei ihr melden, wenn sie uns doch eine Nachricht nach der anderen schickt?

Wir verstehen nicht, warum ihre Nachrichten erst jetzt bei uns ankommen. Als Thomas sein Satellitentelefon einschaltet, blinken jetzt auch bei ihm Bärbels Mitteilungen auf. Alle auf einmal, sieben Stück.

Thomas ruft beim Rescue Center an. Erklärt, was da schiefgegangen ist. Dass wir alle wohlauf sind. Der Mann am anderen Ende der Leitung ist froh, das zu hören. Bei dieser Gelegenheit meldet Thomas, dass wir die Zeitangabe von 21 Tagen aber nicht einhalten werden, sondern dass es ein paar mehr werden. Er gibt unsere Position durch, sagt, dass wir rechnen, noch fünf bis sechs Tage zu brauchen. Der Mann vom Rescue Center sagt, wir sollen uns wieder melden, wenn wir mehr wissen. Alles ist gut.

Jetzt wissen wir wenigstens, dass tatsächlich eine Rettungskette anlaufen würde, würden wir nicht zum vereinbarten Zeitpunkt ankommen.

Drei Dinge, auf die wir uns freuen

Hannes
Dass man neue Sachen kaufen kann, wenn die alten kaputt sind und nichts reparieren muss, frisches Obst und im Gras liegen.

Thomas
Essen mit Messer und Gabel, Fleisch und Salat, sich zivilisiert anziehen können.

Birgit
Mit einer normalen Hose auf eine normale Toilette gehen, ohne das Klopapier abzählen zu müssen, in einem Bett mit sauberen Laken schlafen, meine Familie.

Die Einsamkeit

27. Mai 2013, Tag 21
Distanz: 24 km, Gesamtstrecke: 370,9 km
Höhe: 2282 m
noch vor uns: 189,2 km

Alle wahre Weisheit findet man nur fern von den Menschen, draußen in der großen Einsamkeit, und sie kann nur erlangt werden durch Leiden. Entbehrungen und Leiden sind die einzigen Wege, den Sinn eines Menschen für das zu öffnen, was den anderen verborgen ist.
Knud Rasmussen

Die Einsamkeit, die einen anfällt. Erst lauert sie nur im Weiß. Irgendwo, du siehst sie nicht, aber du spürst schon, dass sie da ist. Und wartet. Sie wartet so lange, bis dich der Kreislauf deiner Tage wieder dorthin geworfen hat, wo er dich jeden Tag, den du auf diesem Eis verbringst, hinwirft. Wenn der Abstand größer wird. Die Pausen stumm. Die Kräfte kleiner. Und der Abstand noch größer. Dann schleicht sie sich an, die Einsamkeit, setzt sich auf deinen Schlitten und macht ihn noch schwerer, und irgendwann kriecht sie über die blaue Plane deiner Pulka näher an dich heran, sie hangelt sich an den Seilen entlang bis zu den Riemen deines Zuggeschirrs, und dann sitzt sie dir im Genick.

Im Genick, das steif ist, steif von der ewig gleichen Bewegung. Linker Fuß, rechter Arm. Rechter Fuß, linker Arm.

Stock. Ein. Satz. Wenn du dich umdrehen willst, nur kurz über deine Schulter blicken, kommen seltsame Geräusche aus deinem Nacken, wie aus dem Scharnier einer Tür in einem jahrhundertealten Haus, in das immer wieder jemand Öl gegossen hat, das aber nie jemand gereinigt hat, und jetzt pappen die Teile zusammen, und bei jedem Millimeter des Drehens reißen ein paar der klebrigen Fäden, aber dafür entstehen wieder neue, die die Bewegung bremsen. Es ist ein seltsames Geräusch, das du noch nie in deinem Nacken gehört hast, noch nie von irgendwo aus dem Inneren deines Körpers. Du drehst deinen Kopf gegen den Widerstand an, willst dich einmal umsehen, willst einmal eine andere Bewegung machen, nur eine einzige andere Bewegung, nachdem du diese eine heute schon tausende Male wiederholt hast, genauso wie gestern und vorgestern und auch an dem Tag davor.

Du ziehst die Schultern nach oben, hebst die Arme, und der Schmerz fährt dir vom Nacken bis in die Fingerspitzen und die Wirbelsäule entlang bis in die Beine. Du drückst die Schultern nach unten, versuchst, Kreise zu machen, aber es geht nicht, wie festgeklebt sind die Sehnen im Innern, die Muskeln im Nacken hart wie ein Schraubstock, in dem die Knochen festgeklemmt sind. Der Schraubstock in der Werkstatt deines Großvaters fällt dir ein, der lange Eisenhebel daran, und wie der Großvater immer ein-, zweimal mit seiner großen Hand dagegengeschlagen hat, bis sich der Hebel bewegte und auf der langen, schmierig geölten Schraube die beiden Eisenteile auseinanderfuhren und das freigaben, woran der Großvater gerade arbeitete. Du erinnerst dich auf einmal auch an die feuchte Kühle in der Werkstatt, in der dieser Schraubstock stand, und dass es immer nach frischen Sägespänen gerochen hat, nach Sägespänen und ein bisschen auch nach den Pferden. Und du standst neben ihm, mit deinem grünen Fahrrad, und schautest zu ihm hinauf, und dann machte der Großvater einen Scherz, immer sagte er etwas Lustiges, wenn er dich sah, und seine Augen lachten immer am meisten, weil der Großvater einer jener Menschen war, die mit den Augen lachen können. Und dann fluchte er wieder, wenn irgendetwas klemmte, fluchen, das konnte er, und du hast gelacht und bist wieder davongesaust.

Abrupt bleibst du stehen, denn jetzt riechst du es, du stehst auf dem Inlandeis Grönlands und siehst dich, fünf Jahre alt, neben deinem Großvater stehen, und du riechst die Sägespäne und die Pferde und die Kühle, obwohl es hier auf dem Eis nichts zu riechen gibt, und auf einmal kommen dir Tränen, denn den Großvater gibt es nicht mehr, und noch viel länger schon ist dieser Geruch aus der Welt geweht.

Wenn du so weit bist, dann hat sie dich, die Einsamkeit. Denn sie ist es, die dich diese Gedanken denken lässt, sie führt dir vor, wie allein du bist, und das kann sie gut, sie kann es auf tausend verschiedene hinterlistige Arten, sie zeigt dir all die Menschen, die dein Leben schon verlassen haben, und lässt alle weg, die dafür neu gekommen sind. Sie malt ein schiefes, hässliches Bild ihrer selbst, und dann stehst du auf dem Eis, mit deinem Schlitten, und eine kalte Hand greift nach deinem Herz, umschließt es so, dass du Luft in deine Lunge pumpen musst, schnell, weil dir das Herz sonst einfriert und zerspringt in tausend Splitter aus spitzigem Glas.

Schwer atmend stehst du da, blickst dich um in dem Weiß, in dem es nur einen roten Punkt gibt, weit weg, vor dir, und einen blauen Punkt, hinter dir.

Nichts sonst gibt es hier. Deswegen zählt alles doppelt, ist alles unendlich viel wichtiger, was zwischen diesen Punkten passiert, weil es alles ist, was wir haben. Wenn nichts passiert, haben wir nichts.

Habe ich mich je so einsam gefühlt, habe ich gewusst, dass es eine solche Einsamkeit geben kann, dass man sich so umfassend, grenzenlos, ausweglos: allein fühlen kann? Hat diese Einsamkeit in mir gewartet, hat sie immer schon zu mir gehört, oder bringt das Eis sie zu mir? Dies ist wohl das letzte der Monster des Inlandeises, das Monster der Einsamkeit.

Grönländer waren vor diesem Monster geschützt, denn sie konnten gar nicht allein sein, früher einmal. Oder zwar allein, aber doch nicht einsam. Als sie noch keine Christen sein mussten, als sie sich noch nicht dazu zwingen haben lassen, an etwas zu glauben, was mit ihrem Leben nichts zu tun hatte, nicht mit ihrem Leben und nicht mit der Natur, die sie umgab.

Einsam sein können Grönländer erst, seit die Missionare ihnen erzählt haben, dass alles, woran sie glaubten, falsch war, dass es gar nicht stimmte, dass Tiere eine Seele hatten und auch nicht Pflanzen, Wasser und Luft und Lachen. Bis dahin hatte nämlich alles eine Seele in der Welt der Inuit, alles hatte einen Wert, und wenn sie ein Tier töteten, so geschah das, weil das Tier sich hingegeben hatte, und der Jäger musste dem Tier dafür danken, dem Tier und seiner Seele.

Wer auf diesem Eis steht, weiß, woher dieser Glaube kam, und er passt so viel besser zu diesem Land, dieser Welt, diesem Eis, diesen Menschen als der Glaube der Europäer, ein Glaube, der den Menschen Angst einjagt vor Strafe, ein unbarmherziger Glaube, der von oben nach unten Regeln auferlegt, der deshalb nicht unbedingt hilft beim Leben, zumindest nicht so praktisch wie der der Grönländer.

Denn im Glauben, dass alles eine Seele habe, konnte ein Mensch aufbrechen auf die Jagd, allein, tagelang, und doch nie einsam sein, war er doch umgeben von beseelten Wesen, und auch wenn es nur Dinge waren, so hatten sie doch eine eigene Seele, sie begleiteten ihn und hatten einen hohen Wert. Wie wichtig es ist, begleitet zu werden, wie wichtig es ist, nicht einsam zu sein, hier, in dieser eingefrorenen Welt. Nach drei Wochen habe ich das gelernt, und es ist eine harte, eine große Lektion.

Der Glaube der Grönländer kam nicht von Gelehrten, nicht von den einen, die sich erhoben hatten über die anderen, er kam direkt aus der Welt, in der sie lebten, aus der Natur, das, woran die Grönländer glaubten, erscheint so logisch, es erscheint hier an diesem Ort als das einzig Wahre, woran man glauben kann, woran man glauben muss, um zu überleben! Und es erscheint umso seltsamer und gleichzeitig umso trauriger, dass sie sich je davon überzeugen ließen, dass ein anderer, vollkommen abstrakter Glaube der richtige war, und ihrer der falsche.

Die ganze Tragödie dieses Volks, das einst ein stolzes, glückliches, gesundes Jägervolk war, ein Volk, dessen Sprache keine Schimpfworte kannte und das seine Kinder mit nichts als Liebe erzog, ein Volk, für das Teilen und Helfen so selbstverständlich war wie es unsere Kirchen zwar predigen, aber niemals wirklich praktizieren – die ganze Tragödie dieses Volks nimmt hier ihren Anfang. Als die Kirche kam und sich berechtigt fühlte, alles als geistlos zu erklären, von dem die Inuit geglaubt hatten, es habe eine Seele, als die Kirche in Gestalt eines Hans Egede 1721 den Inuit alles nahm, was bisher deren Einsamkeit verhindert hatte.

Denn wenn die Schlitten keine Seele mehr haben und auch

nicht die Tiere, wenn das Lachen seelenlos ist und das Wasser, die Luft und die Erde – dann ist der Mensch, wenn er allein ist in diesem Eis, nun auch einsam. Und was noch viel schlimmer ist: Dann muss er all das auch nicht mehr achten, nichts hat mehr einen Wert, denn es ist ja ohnehin alles tot.

Ich sehne mich nach anderen Menschen. Nach Menschen, die etwas sagen, fragen, erzählen, die lachen, scherzen, reden, von denen etwas zu mir fließt und zu denen ich etwas fließen lassen kann, ich sehne mich so nach einem Austausch von Gedanken, Gefühlen, wie in meinem ganzen Leben noch nicht. Ich will kein allein umherirrender Planet mehr sein, ich will Teil von irgendetwas sein, eingebettet, umringt, innendrin.

Hannes bleibt hinter mir stehen.

Ist nicht so viel los hier, hm, sage ich und zeige mit dem Stock den Horizont entlang.

Hannes lacht. Nein, nicht viel los hier, sagt er. Bis wieder was los ist, dauert es noch eine Weile. Aber dann wird uns auf einmal viel zu viel los sein, nach dem wenigen hier, glaube ich.

Ich weiß gar nicht, sage ich. Hannes, sehnst du dich auch so nach Menschen?

Nach Menschen? Allgemein oder jemand Bestimmtes?

Allgemein, sage ich, einfach, dass jemand da ist. Oder dass eben mehrere da sind, nicht nur wir drei, die wir uns so laut anschweigen.

Schon, ja, sagt Hannes. Das hat aber weniger mit den Menschen als vielmehr mit der Stimmung zu tun.

Ich bin völlig ausgehungert, sage ich zu ihm. Nach Menschen. So was habe ich noch nie gespürt.

Du bist auch noch nie 600 Kilometer über ein Eis gelatscht, sagt Hannes. Das weiß man vorher halt nicht, was das macht mit einem.

Nein, das weiß man vorher nicht, sage ich.

Dann gehen wir weiter, dem roten Punkt hinterher, der Thomas ist. Weil ich meinen Schlitten heute wieder selbst ziehe, hat er keine Bremse mehr, und der Abstand zwischen uns wird wieder groß. So groß, dass wir kaum noch erkennen, ob sich der Punkt noch bewegt oder ob er steht und wartet.

Wie ich es leid bin, diesem Punkt hinterherzuwandern. Wie ich es leid bin, all meiner Freiheit beraubt zu sein. Hinterher, hinterher, immer hinterher. Immer ist da schon diese Spur.

Es wäre Zeit für eine Pause. Wir müssten ihn rufen. Ihm sagen, dass wir anhalten wollen. Ich kann es nicht. Wir müssen aber, denke ich. Ich habe Hunger. Ich will etwas trinken. Ich muss ihn rufen, damit er stehen bleibt.

Es geht nicht. Ich hole Luft. Und rufe nicht. Ich kann nicht. Ich kann nicht zum fünfhundertsten Mal diesen Namen rufen, wissend, ich muss ihn noch dreimal schreien, bis der Punkt stehen bleibt. Mein Gehirn setzt aus. Und so atme ich wieder aus.

Stell dich nicht so an, denke ich mir. Ruf!

Ich kann nicht. Ich will nicht. Ich will einfach nicht mehr. Ich habe einen Knoten im Kopf.

Himmelherrgott, ruf ihn.

Ich will nicht. Ich will nicht mehr.

Birgit, sagt Hannes. Eigentlich wäre schon seit einer Viertelstunde Pause.

Ich weiß, sage ich.

Aber ich kann ihn nicht mehr rufen, sage ich, mein Hirn weigert sich. Ich hab seinen Namen gefühlte fünfhunderttausendmal plärren müssen. Mein Kopf mag nicht mehr.

Willst ihm dann ewig hinterherrennen, fragt Hannes.

Nein, sage ich. Wir können ja stehen bleiben. Aber ich kann ihn nicht mehr rufen. Geht nicht mehr.

Mich macht das auch langsam mürbe, sagt Hannes. Aber es hilft ja nichts. Also ruft er nach Thomas. Drei-, viermal, wie immer. Dann bleibt der Punkt stehen, und wir holen auf. In mir hat sich ein solcher Widerstand gegen diese ganze Situation gebildet, dass ich zu fürchten beginne, dass ich bald wirklich nicht mehr weitergehen kann. Weil ich einfach nicht mehr will. Weil ich das alles nicht mehr will, mich, uns, wie wir sind. Dass zwischen Hannes und mir noch alles gut ist, ändert daran nichts. Alles ist vergiftet. So, wie es zwischen uns ist, zermörsert es mich, meinen Willen, meine Kraft, alles.

Schweigsam pausieren wir.

Menschen. Was gäbe ich für andere Menschen.

Dabei merken wir nur nicht, wie nah wir anderen Menschen da schon sind.

Am Abend klingelt mein Satellitentelefon.

Birgit, are you snowblind, schallt Bengt in unser Zelt.

Wieso?

Weil wir ziemlich lange nebeneinanderher gelaufen sind, sagt Bengt. Wir haben euch gesehen. Wir haben gerufen, gewunken, gepfiffen. Aber ihr habt nicht reagiert.

Wirklich?, frage ich, nein, wir haben euch nicht gesehen.

Das haben wir gemerkt, sagt Bengt.

Er gibt uns seine Koordinaten, und Hannes tippt sie ins GPS. Es stellt sich heraus, dass unsere Camps nur gute zweieinhalb Kilometer voneinander entfernt stehen!

Wollt ihr morgen früh zu uns kommen und mit uns gehen?, fragt Bengt.

Wollen wir morgen früh zu Bengts Gruppe rübergehen?, frage ich in die Runde.

Klar, sagt Hannes. Thomas nickt.
Yep, sage ich in den Hörer.
Wir verabreden, dass wir am nächsten Morgen gegen halb neun Uhr zu Bengts Camp kommen sollen.
Wir starten sonst immer um acht. Aber wir können auch mal eine Stunde länger schlafen, dann müsst ihr nicht ganz so früh los, sagt er. Aber kommt nicht später.
Nein, sage ich. Wir werden da sein.
Great, sagt Bengt. Bis morgen.
Bis morgen.

Bis morgen! Wie sich das anfühlt, zu sagen, bis morgen! Zu wissen, morgen trifft man jemanden! Wir haben eine Verabredung im Eis!
Das Telefon in der Hand schaue ich sprachlos Hannes an. Er sieht mir wohl an, was ich denke.
Das ging ja jetzt schnell, sagt er.
Was?
Na, mit den anderen Menschen.
Ja, sage ich und lache, das ging jetzt wirklich schnell. Als ich das gesagt habe heute, haben die anderen uns wahrscheinlich schon gesehen. Wir hätten nur unsere Hälse mal drehen müssen.
Wann stehen wir dann auf, sagt Hannes.
Wenn wir großzügig rechnen, sagt Thomas, sollten wir so um halb acht losgehen.
Dann stelle ich den Wecker auf halb sechs, sage ich. Und das mache ich dann auch. Zum letzten Mal steht unser Zelt allein im Wind. Von morgen an, so hoffe ich, wird alles anders.

Zweieinhalb Kilometer

> 28. Mai 2013, Tag 22, morgens
> Gesamtstrecke: 370,9 km, Höhe: 2282 m
> noch vor uns: 189,2 km

> *If you want to go fast, go alone.*
> *If you want to go far, go together.*
> Sprichwort der Inuit

Hannes nimmt das GPS, stopft es in seine Jackentasche, reckt seine rechte Hand mit einem ausgestreckten Mittelfinger Richtung Thomas und schreit in den Wind, dann lassen wir's eben, dann schau ich eben nicht mehr, dann rennen wir halt einfach nur blöd durch die Gegend!

Und dann stapft er weiter, und ich stehe da, im Wind und Nebel und Schnee, schaue ihm und Thomas hinterher, der schon so weit weg ist, dass er es nicht hören kann, was Hannes da schreit. Er merkt nicht, wie sehr er Hannes nun wieder über den Mund gefahren ist, dass er ihn, seine Meinung, seinen Hinweis komplett ignoriert hat. Wie so oft, wenn Hannes die Richtung kontrolliert.

Und nun hält er es für die beste Idee, nach den Spuren von Bengts Gruppe zu suchen. Was objektiv betrachtet unökonomisch ist, weil wir doch die Koordinaten haben und schnurstracks auf das Camp zugehen können, und zudem bei diesem Wind von fraglichem Sinn. Ich stehe da, und mein Herz krampft sich zusammen. Nicht Hannes, denke ich mir, nicht auch noch Hannes soll verzweifeln!

Aber Hannes ist nun offensichtlich am Ende seiner Geduld angelangt. Er ist, wie er am Vortag sagte, mürbe. Er kann nun auch nicht mehr.

Um halb acht sind wir fertig auf den Skiern gestanden, um die zweieinhalb Kilometer zu Bengts Camp zu gehen. Die Sicht ist schlecht, hundert, zweihundert Meter vielleicht.

Als wir losgehen, schaut Hannes auf sein GPS, sagt die Kurszahl, sagt, er will noch auf seinen Kompass schauen, aber er ist noch nicht fertig mit seinem Satz, da geht Thomas schon los. Wie immer. Er ist schneller als Hannes. Weil Hannes die Augen immer wieder auf sein GPS richtet, um zu sehen, ob wir richtig gehen. Thomas schaut nicht auf sein GPS, er hat die Koordinaten gar nicht eingegeben. Und schlägt eine Richtung ein, zu weit nach Süden. Hannes versucht, Thomas' Kurs zu korrigieren, ich gehe neben ihm. Der Abstand zwischen Thomas und uns vergrößert sich. Hannes ruft, Thomas, das ist jetzt echt mühsam, komm, die Birgit soll vorausgehen mit dem GPS, das ist einfacher. Aber Thomas hört nicht, er beachtet Hannes' Satz gar nicht. Wir gehen einfach weiter nach Süden, ruft er, dann stoßen wir automatisch auf ihre Spuren. Und ab.

In mir fängt es an zu brodeln. Das wird ja wieder genauso bizarr wie im Eisfall, sage ich zu Hannes. Thomas rennt uns einfach weg und schafft dadurch Fakten.

Es gibt für mich aber nur einen vernünftigen Weg zu diesem Camp – auf die Koordinaten zuzugehen. Das ist meine Meinung. Und offensichtlich auch die von Hannes. Ich versuche, das trotz meiner über nun 21 Tage angestauten Wut neutral auszudrücken.

Warum sollen wir denn nach den Spuren suchen, wenn wir die Koordinaten vom Camp haben?, rufe ich Thomas hinterher, aber er hört nicht. Er stemmt sich in sein Gestänge und geht stur in seine Richtung, in die Richtung, von der Hannes nun dreimal gesagt hat, sie sei falsch.

Das ist der Moment, in dem bei Hannes, dem ruhigen, ausgeglichenen, besonnenen Hannes, eine Sicherung durchbrennt. Ich hab's so satt, schreit er, nachdem er das GPS wild in seine Brusttasche gestopft hat, ich hab's so satt, diese ganze beschissene Veranstaltung, dass wir NIE was zu dritt machen, dass wir hier hirnverbrannt durch die Gegend laufen, und er einfach wieder davonrennt, ich könnte kotzen!

Ich lasse ihn schreien und könnte heulen. Warum kriegen wir es einfach nicht hin, warum, denke ich, warum? Was ist so schwer, nun zu dritt zu einem Camp zu gehen? Zusammen? Wie ein Häuflein Elend gehe ich neben Hannes her. Nach ein paar Metern sage ich, Hannes, komm, ich nehm das GPS.

Das wollte ich ja, schreit er, er sagt es nicht, er schreit es, aber wir gehen ja nach Spuren!

Und mit Hannes' verzweifeltem Blick, mit seinem Schreien und mit seinem Wirklichnichtmehrwollen und Aucheinfachnichtmehrkönnen strafft sich auf einmal mein Rücken. Seltsam ist das. Für mich selbst hätte ich das wahrscheinlich nicht gekonnt. Aber für Hannes kann ich es auf einmal. Auf einmal bringe ich zum ersten Mal die Kraft auf, mich zu widersetzen. Einfach nicht mehr mitzumachen.

Wir machen das jetzt anders, sage ich. Ich gehe ihm nicht mehr hinterher. Er geht falsch. Wir gehen jetzt den Koordinaten nach, und wenn Thomas nach Spuren suchen will, dann soll er nach Spuren suchen. Ich hab keine Lust, heute, wo wir wahrscheinlich noch 30 Kilometer mit Bengt laufen werden, jetzt noch ein paar Kilometer aus reiner Dummheit zu viel zu laufen. Ich kann auch nicht mehr. Ich *kann* ihm nicht mehr hinterherlaufen.

Ich bleibe stehen. Hannes bleibt stehen. Schneeflocken blasen um uns herum.

Ich hab so keinen Bock mehr, Birgit, das glaubst du nicht, sagt er mit hängenden Schultern und fast gebrochener Stimme, und diese Stimme lässt mich in meinem Entschluss nur noch fester werden.

Gib mir das GPS, sage ich. Meines ist im Schlitten. Er holt es aus der Jacke, ich gehe ein paar Schritte, Augen auf dem Display, und ja, Thomas, der mittlerweile wohl schon wieder 200 Meter weg ist von uns, und es gar nicht gemerkt hat, dass wir ihm nicht mehr folgen, geht in die falsche Richtung.

Wir gehen jetzt auf das Camp zu, sage ich.

Und dann schreie ich ein letztes Mal Thomas' Namen, und beim dritten Schrei, bei dem sich meine Stimme in ein sich überschlagendes, wütendes, hysterisch-furioses Kreischen steigert, dreht er sich um. Er sieht, dass wir einen anderen Kurs gehen, und ich steche mit meinem Skistock in die Richtung, die wir gehen müssen, und ich schreie, hier müssen wir hin.

Und ich schwöre, hätte er sich nicht umgedreht, ich hätte ihn gehen lassen. In den Nebel hinein, bis er darin verschwunden wäre, bis er es irgendwann gemerkt hätte, wir sind ja gar nicht mehr da. Ich weiß nicht, was dann passiert wäre. Wie und ob wir uns dann wieder gefunden hätten. Ich bin mir nur absolut sicher, dass ich ihm nicht mehr gefolgt wäre, ich hätte das getan, was er von Anfang an gefordert hatte: mich nicht mehr um ihn gekümmert.

Mein Gehirn verweigert mir, ihm nachzugehen, so wie es

mir am Vorabend verweigert hatte, auch noch ein einziges Mal seinen Namen zu rufen.

Jetzt ist Schluss.

Freunde

> 28. Mai 2013, Tag 22
> Distanz: 27,6 km; Gesamtstrecke: 398,5 km,
> Höhe: 2125 m
> noch vor uns: 161,6 km

> *You never really know your friends from your enemies –*
> *until the ice breaks.*
> Sprichwort der Inuit

Aus dem Dunst tauchen die verschwommenen Umrisse dreier Zelte auf. Da ist es. 500 Meter steht auf meinem Display, und der Zeiger zeigt genau auf das Camp. Ich stecke das GPS ein. Als wir näher kommen, kriecht jemand aus dem Zelt, das ganz rechts steht, also steuere ich auf dieses zu.

Das Erste, was ich dann sehe, ist ein Lächeln. Ein sehr breites Lächeln. Als Nächstes finde ich mich in einer Umarmung wieder, und daunenbehandschuhte Hände klopfen mir auf den Rücken. Good morning, tönt es gleichzeitig mit beschwingter Stimme aus der Kapuzenvermummung, you must be Birgit. Welcome!

Das ist eine so lustige Art, auf dem gottverlassenen Inlandeis jemanden willkommen zu heißen, dass ich lachen muss, obwohl mir noch vor Sekunden so gar nicht nach Lachen zumute war. Ja, antworte ich, richtig, aber ich schätze, so viele andere kommen hier heute nicht mehr vorbei!

Nein, sagt der große Daunenmann, ihr seid heute wahrscheinlich die Einzigen.

Das ist Paul. Paul ist Niederländer, und er ist selbst in seiner Daunenverpackung noch sehr schlank und außerdem etwa zwei Köpfe größer als ich.

Ihr habt uns gefunden, stellt Paul fest, das ist gut.

Ja, sage ich, das ist gut. Das ist sehr gut.

Und *wie* gut das ist. Ich stehe neben Paul, der nun Hannes und Thomas begrüßt. Es tut so gut andere Menschen zu sehen. Menschen, die lachen. Es tut so gut zu lachen! Es ist so unfassbar schön, als Erstes einfach gleich einen Scherz zu hören. Es fühlt sich an, als würde meine geplagte Seele gerade eine Riesenportion Medizin bekommen. Als würde mich jemand innen drin streicheln.

Aus dem Zelt hinter Paul faltet sich Christoffer zu seiner vollen Größe auf, die etwa der Pauls entspricht.

Hej!

Christoffer, stellt sich heraus, ist aus Norwegen. Noch ein lächelndes Gesicht. Ein Traum.

Wo ist Bengt, frage ich.

Der hat das Zelt ganz vorne, sagt Paul, und deutet auf das dritte der drei Tunnels.

Das mittlere gehört LiHui und Jane Lee, zwei jungen Frauen aus Singapur, die nun ebenfalls aus dem Zelt kommen.

Ich fahre zu ihnen hinüber und schüttele auch deren Hände, ihre Gesichter allerdings sind hinter Neoprenmasken und Skibrillen verborgen. Aber selbst durch diese Dämpfung kann ich das Lächeln in ihren Stimmen hören.

Und dann: Bengt. Er schlüpft aus seinem Zelt, steht da, breitet die Arme aus. Hoho, ruft er, here you are! Und im nächsten Moment hat er schon seine Arme um mich geschlungen und drückt mich und klopft mir auf den Rücken.

Oh, Bengt, sage ich, I am so incredibly happy to see you.

Glad you made it, sagt er, ich bin froh, dass ihr nicht aufgehört habt. Das wäre ja so ein Blödsinn gewesen!

Es geht mir aber echt nicht besonders, sage ich.

Ach was, sagt er, und wendet sich dem Zeltabbau zu. Das kriegen wir alles hin, wirst sehen. Du warst zweimal am Nordpol! Das hier ist viel einfacher!

Das ist es nicht, sage ich. Nicht für mich.

Wirklich? Glaub ich dir nicht. Einar, ruft er ins Zelt, willst du mitkommen oder hierbleiben?

Ein alter Mann ist kein Schnellzug, sagt Einar und kriecht aus dem Zelteingang. Einars Gesicht ist von einem grauen Rauschebart eingerahmt, und als er sich aufrichtet, strahlen mich aus seiner Vermummung zwei hellblaue Augen an.

Guten Morgen, Birgit, sagt er, wir haben schon viel gehört von dir!

Oh weia, sage ich.

Und so, wie ich mich vor zwei Minuten noch freute, zerdrückt es mir jetzt fast das Herz vor Angst. Die Achterbahn, die in mir drin gerade noch steil nach oben fuhr und am höchsten Punkt angelangt war, stürzt jetzt ins Bodenlose, ich falle und falle. In mir krampft sich alles zusammen. Was, wenn wir nun gleich losgehen und sie zu schnell sind für mich?

Während die sechs ihre Zelte abbauen, nimmt die Achterbahn an Fahrt auf, mein Herz beginnt, schwer zu klopfen, in einem immer enger werdenden Kreisel rausche ich nach unten. Vor meinem inneren Auge sehe ich, wie sich Bengt, Paul, Christoffer, Einar, LiHui und Jane langsam von uns entfernen, wie wir sie ziehen lassen müssen. Horror. Dieser Gedanke schnürt mir so die Luft ab, dass ich meine Jacke am Kragen ein Stück weit aufmachen muss, obwohl es schneidige 20 Grad minus hat.

Bestimmt bin ich zu langsam. Sonst hätten sie uns ja nicht eingeholt. Sie konnten uns ja überhaupt nur einholen, weil ich so eine fürchterliche Schnecke bin, die nicht vorwärtskommt, die nicht vorwärtskann und nicht vorwärtswill, die so elendig herumjammert, anstatt zu gehen, die im Kopf eine unüberwindbare Barriere hat. Die keine Kraft mehr hat, keinen Willen, sich zu quälen, keinen Biss. Noch bevor wir einen ersten Schritt gemeinsam gehen, zerfleische ich mich. Ich lasse nichts, nichts, aber gar nichts Gutes an mir.

Was ist das nur, das mich mich selbst so geringschätzen lässt, immer wieder? Warum kann ich Bengt nicht glauben, wenn er sagt: Du kannst das?

Es wird schiefgehen. Jetzt kommt der Moment, in dem wir einsehen müssen, dass wir gescheitert sind. Der große Plan, zu dritt durch Grönland, es war eine Hölle, von der ersten Minute an, und jetzt sind wir verloren. Wenn wir Bengt gehen lassen müssen, ist alles vorbei. Bengt hinter uns. War so wichtig für mich. Bengt vor uns. Totale Hoffnungslosigkeit.

Dieser Hurrikan also durchweht mein Inneres, während ich äußerlich scheinbar ruhig zusehe, wie die sechs ihre Schlitten packen. Und dann wird auf einmal deutlich, dass ich nicht die Einzige bin, die kämpft. Nicht nur ich habe Angst.

Hannes kniet auf dem Boden neben seiner lädierten Skibindung. Die hält niemals bis an die Küste, sagt er auf einmal. Ich glaube, ich gehe jetzt ohne Ski weiter.

Seine Stimme lässt meine dahinrauschende Achterbahn anhalten. Seine Stimme klingt noch immer so gebrochen wie vorhin bei dem GPS-Horror.

Wie bitte, sage ich, ohne Ski? Spinnst du?

Was soll ich denn machen, sagt er. Die Bindung ist total im Arsch. Und wenn sie genau dann vollends auseinanderbricht, wenn wir abfahren, dann komm ich euch niemals hinterher.

Ich habe Hannes noch nie mit einer solchen Stimme reden hören, so aggressiv und gleichzeitig resigniert, so verzweifelt. Ich knie neben ihm nieder.

Sie hat bis jetzt gehalten, sage ich. Also hält sie auch weiter.

Ich geh jetzt ohne Ski, sagt er bockig.

Du kannst doch nicht ohne Ski gehen!

Die Situation wird bizarr. Die beiden Frauen aus Singapur sitzen fertig angeschirrt und abmarschbereit auf ihren Schlitten. Christoffer und Paul sind so gut wie fertig mit dem Schlittenpacken, ebenso Bengt und Einar.

Und jetzt dreht Hannes durch.

Weil er deutsch spricht, versteht aber keiner der anderen, was er da redet. Er schnallt seinen zweiten Ski ab und werkelt an der Bindung herum.

Hannes, sage ich, das ist Schwachsinn. Zieh deine Ski wieder an. Sie halten schon. Und wenn sie nicht halten, dann sind wir jetzt zu neunt. Dann fällt uns schon was ein!

Hannes antwortet nicht.

Glaubst du im Ernst, wir fahren dann davon, frage ich ihn. Wir finden dann schon eine Lösung!

Viel später werde ich mich fragen, warum ich eigentlich immer anderen Mut machen kann. Nur mir selber nicht.

Okay, ruft Bengt, während er in seine Bindung steigt und seinen Schlitten in sein Geschirr einhängt, everybody ready, sind alle fertig?

LiHui und Jane stehen von ihren Schlitten auf, nehmen die Stöcke in die Hand, Paul und Christoffer gleiten heran, schon fertig angeschirrt. Alle sind fertig.

Habt ihr zufällig Kaffee übrig, fragt Christoffer.

Oh, ruft die gesamte Gruppe, ja, Kaffee, habt ihr Kaffee?

Kaffee habe ich jede Menge, sage ich.

Super, dass ihr da seid, sagt Christoffer, willkommen!

Gut, sagt Bengt, dann haben wir einen schönen Tag vor uns. Wir gehen nicht schnell. Der Einzige hier, der schnell geht, ist dieser junge Mann hier, sagt er, auf Christoffer zeigend. Aber bis Isortoq lernt er es auch noch, dass er nicht so rennen soll.

Das glaube ich nicht, wirft Einar ein. Alle lachen.

Jetzt sind wir zum ersten Mal zu neunt, fährt Bengt fort, also gehen wir heute neun Etappen, nine legs, damit wir ein schönes Stück vorankommen. Und jetzt, sagt er, und wendet sich dabei an Hannes, Thomas und mich, kommt noch etwas, was wir jeden Morgen vor dem Weggehen machen. Daran könnt ihr euch gleich gewöhnen.

Ja, sagt Christoffer, wir haben ein paar seltsame Rituale in dieser Gruppe.

Erschreckt nicht, sagt Bengt, zählt bis drei, und dann rufen alle zusammen und sehr laut: Wo men yao qu Isortoq!

Um Gottes willen, sage ich, was heißt das denn?

Das heißt: Wir wollen nach Isortoq gehen! Auf Mandarin 我们要去 Isortoq, sagt LiHui laut lachend, oder besser, das soll es heißen. Es klingt nicht wirklich richtig.

Das macht nichts, sagt Bengt, Hauptsache, es hilft!

Hannes und ich lachen. Thomas verzieht keine Miene. Thomas hat während der ganzen Zeit keinen Ton gesagt. Hannes macht sich daran, seine Ski anzuschnallen.

Bengt schaut auf sein GPS, dreht auf seinen Skiern um. Ich führe die erste Stunde, sagt er, dann wechseln wir.

Und setzt sich in Bewegung.

Es geht los.

Einer nach dem anderen reiht sich hinter Bengt ein. Paul, Christoffer, Einar, Jane und LiHui. Dann kommen wir.

Mein Herz klopft mir bis zum Hals. Jetzt wird es sich also zeigen. Fast panisch bin ich darauf bedacht, den Abstand zu dem Schlitten vor mir auch ja nicht größer als nur einen Meter werden zu lassen. Und bald merke ich: Das ist ja gar nicht schwer. Im Gegenteil. Es fällt mir leicht. Bengt geht eine wunderbare Geschwindigkeit. Zu Anfang bleibt er einige Male kurz stehen, kontrolliert die Richtung auf dem GPS. Dann wird das Gehen gleichmäßig. In einem Tempo, das einen ausreichend warm werden, aber nicht außer Atem kommen lässt. Ich muss mich nicht quälen, ich muss mich nicht anstrengen. Ich kann einfach vorwärtsgleiten.

Und auf einmal sehe ich, wie schön dieser Morgen ist. Der Nebel beginnt langsam sich aufzulösen. Die noch tief stehende Sonne lässt die Luft golden glitzern. Sechs Menschen gehen vor mir. Sechs Menschen gehen in dieses goldene Licht, diesen goldenen Schimmer hinein, und ich folge ihnen. Es sieht wunderschön aus. Es ist das erste Mal, dass ich die Schönheit des Eises und des Schnees wieder sehe. Das erste Mal seit 20 Tagen.

Ich könnte heulen.

Tiiid! Das ruft Christoffer nach einer Stunde laut. Auf norwegisch heißt das schlicht »Zeit«. Damit zeigt er an, dass eine Stunde um und damit die erste Pause gekommen ist. Bengt bleibt stehen. Und alle reihen sich neben ihm und hinter ihm auf, schnallen die Skier ab, setzen sich auf die Schlitten, ziehen Daunenjacken über und packen ihre Essensbeutel aus.

Ich bin zuhause.

Wie habe ich das vermisst. Eine gemeinsame, akzeptierte Pause, auf die sich alle freuen, die alle brauchen, um miteinander zu reden, zu essen, zu trinken und zur Toilette zu gehen. Zehn Minuten. Zehn Minuten, die den Tag in aushaltbare Stücke teilen, auf die man sich freuen kann, in denen man sich in Ruhe eine andere Jacke anziehen kann, falls einem zu warm oder zu kalt ist, zehn Minuten, in denen man endlich einmal nicht auf seinen schmerzenden Fußsohlen stehen muss, zehn Minuten, die den Unterschied ausmachen zwischen Himmel und Hölle.

In mir singt es.

Ich schnalle meine Ski ab! Und niemand macht eine herablassende Bemerkung! Ich ziehe meine Daunenjacke über, packe meinen Essensbeutel aus und stürze mich auf den ersten Energieriegel.

Bengt kommt zu meinem Schlitten. Gibt mir zwei Scheiben Knäckebrot und ein Päckchen eingeschweißte Wurst. Du hast doch Magenprobleme, sagt er. Glaub mir, wenn du das gegessen hast, hast du keine mehr. Und lacht.

Wann seid ihr aufgebrochen?, fragt Paul.

Zwei Tage vor euch, sage ich. Aber wir waren langsam.

Ihr seid nicht langsam gewesen, sagt Bengt. Ihr habt lediglich einen Tag verloren, als es dir nicht gut ging. Die Gruppen, die vor uns sind, sind richtig in Verzug. Die hatten schon vor der DYE-2 einen Tag verloren, dann noch einen an der DYE, und danach noch zwei. Und jetzt stecken sie beim Abstieg in einem halben Meter Neuschnee und kommen nicht voran. Die werden am Ende fast 30 Tage brauchen. So ist es halt, sagt er, mit den Schultern zuckend. Man hat es nicht in der Hand, wie es hier oben läuft, und in den letzten Jahren immer weniger. Es ist doch irre, wie viel es geschneit hat.

Unser entspanntes Plaudern wird von Christoffer unterbrochen.

Two minutes, ruft er.

Oh, wow, sagen Hannes und ich, und jetzt?

Das heißt, dass wir in zwei Minuten weitergehen, sagt Christoffer. Unsere Pausen sind immer exakt zwölf Minuten lang.

Zwölf Minuten?

Jep, sagt Christoffer, wir sind da ziemlich militärisch. Aber ihr seid ja Deutsche, so exakte Zeitplanung muss euch doch ziemlich gefallen.

Oh je, sage ich, wenn es um exakte Zeitplanung geht, dann bin ich so undeutsch, wie man nur undeutsch sein kann.

Alle lachen.

Weil ich das auch nicht kann, habe ich die Verantwortung für die Zeit an Christoffer übertragen, sagt Bengt. Ich selber vergesse die Zeit immer völlig.

Das stimmt nicht, flüstert Christoffer mir zu. Wir wollten schon ein paarmal schummeln und früher Pause machen. Aber er hat es immer gemerkt. Er merkt alles. Und wieder lachen alle.

Bengt hat derweil den Kompass an Jane weitergegeben, die nun die Führung übernimmt. Es geht weiter.

Es ist ein Traum.

Auch in dieser zweiten Etappe geht es mir gut. Es geht mir sogar sehr gut. Auf einmal ist diese seltsame Schleife in meinem Kopf weg. Ich höre keine Lieder mehr, die ich nicht hören will, ich habe keine Gedanken mehr, die mich niederdrücken.

Ich schaue auf die sechs, die vor mir im Weiß gehen, und könnte singen und jubeln vor Freude. Auch Jane geht ein Tempo, das genau richtig ist. Es ist nicht zu langsam und nicht zu schnell, es ist genau so, dass man Freude an dem verspüren kann, was man tut. Wir rennen nicht gegen etwas an.

Der Nebel hat sich nun völlig verzogen, die Sonne hat ihn aufgelöst, wir gehen durch einen wundervollen blau-weißen arktischen Tag. Die Sonne steht hell leuchtend am Himmel. Doch jetzt quält ihr helles Licht mich nicht mehr. Ihr Strahlen wärmt mich, erhellt mein Inneres. Ich bin so froh!

Als das nächste Mal Christoffers »Tid« erschallt, springe ich aus meiner Bindung und gehe zu Thomas. Du kannst mir den Sack wiedergeben, den ich dir nach dem Eisbruch gegeben hatte, sage ich. Ich kann ihn wieder selber nehmen. Überrascht schaut er mich an. Aber er sagt nichts, sondern gibt mir den Sack aus seinem Schlitten. Vorgestern noch konnte ich meine Pulka nicht mehr ziehen. Heute lade ich Gewicht um. Es ist verrückt. René, ein österreichischer Freund und erfolgreicher Skitourenrennläufer, hat bezüglich anstrengender Unternehmungen den legendären Satz geprägt: Des is a reine Kopfpartie. Sein Spruch fällt mir jetzt ein. A reine Kopfpartie. Vielleicht ist es ja wirklich so einfach. Alles ist besser, die Gewichte, die an mir hingen, die Dämonen, die vor mir tanzten, sind weg. Weil wir jetzt anders sind.

Dass eine Veränderung mit uns geschieht, ist unverkennbar. Auch Hannes geht es besser. Er sitzt auf seinem Schlitten und isst, blinzelt in die Sonne. Thomas steht ein Stück weit von uns entfernt neben seinem Schlitten. Er sieht unglücklich aus. Er ist der Einzige, der steht. Der Einzige, der nichts isst. Paul schaut auf sein GPS. 6,5 Kilometer haben wir, sagt er.

6,5 Kilometer, nach zwei Stunden. Bengt fläzt auf seinem Schlitten. Das ist das Tempo, das ich dir gesagt hatte, Birgit. Zwischen 3,2 und 3,4 Kilometer in der Stunde, auf keinen Fall schneller. Und, wie geht es dir damit?

Traumhaft, sage ich.

Bengt sagt nichts. Er grinst nur.

Nach fünf Etappen, also sechs Stunden, kommt die Siesta.

Siesta, ruft Christoffer.

Siesta is wonderful, sagt Bengt.

Siesta is definitely the best time of the day, sagt Paul.

Alle springen aus den Skibindungen. In der Siesta, der großen Mittagspause, die zwischen einer halben und einer Stunde dauert, baut Bengt ein Zelt auf, in dem sich alle treffen mit ihren Essensbeuteln. Dann wird gelacht, gegessen, und sich ausgestreckt.

Manchmal schlafen wir sogar ein bisschen, sagt Christoffer, ein Power Nap ist überhaupt das Beste an so einem Tag. Hinterher ist alles wieder gut.

Während Bengts Gruppe sich also geschäftig daran macht, ihre Mittagspause vorzubereiten, stehen wir drei da und schauen uns an.

Wir passen ja nicht alle in ein Zelt, sage ich, also bauen wir unser eigenes auf.

Können wir, sagt Hannes. Bewegt sich aber nicht.

Ich hab keine Lust, das Zelt aufzubauen, sagt Thomas. Ich hab schon gesagt, was ich davon halte.

Wir bauen jetzt unser Zelt auf, sage ich, mühsam beherrscht. Weil wir eiskalt werden, wenn wir hier eine Stunde im Wind stehen.

Mit wütenden, eckigen Bewegungen löst Thomas die Spanngurte, mit denen das Zelt auf seinem Schlitten befestigt ist, und wirft es zwischen uns auf den Boden.

Da, sagt er.

Oh mei, sage ich, und nehme das Zelt, gebe Hannes das eine Ende in die Hand und ziehe die Hülle von der Zeltwurst. Wir bauen das jetzt auf, sage ich zu Hannes.

Und das machen wir dann auch. Wir bauen das Zelt auf,

werfen unsere Isomatten hinein, schnallen die Schlafsäcke außen auf die Schlitten, damit sie in der Sonne trocknen können. Dann krame ich in einigen meiner Essensbeuteln nach Kaffee, finde drei Päckchen, außerdem drei Nachspeisen, und mache mich damit auf zu Bengts Zelt.

Kaffee, rufe ich, als ich mich in die Zeltöffnung beuge.

Juhuuu!, schallt es mir entgegen. Ebenso begeistert werden die Nachspeisen, Apfelkompott und Vanillecreme, aufgenommen.

Gar nicht so schlecht, dass wir euch getroffen haben, sagt Christoffer.

Dann krieche ich zu Hannes ins Zelt, wir strecken unsere Beine aus und essen. Wir essen und trinken in Ruhe, aus der Thermoskanne gieße ich Wasser in braunes Pulver, das bald zu Mousse au chocolat wird. 600 Kalorien. Genüsslich löffle ich es aus. Dazu gibt es Speck und eine halbe Tüte Studentenfutter. Man mag nicht glauben, wie gut das alles zusammenpasst. Es ist ein Festmahl. Ein windstilles Festmahl. Ich habe richtig Hunger, zum ersten Mal seit Tagen. Dazu trinke ich fast eine halbe Thermoskanne Tee. Es tut so gut, seinem Körper an einem solchen Tag zwischendurch mal etwas richtig Gutes zu tun. Dann strecken wir uns aus. Machen die Augen zu.

Allerdings nur Hannes und ich. Thomas kommt nicht ins Zelt. Er telefoniert mit der Fluggesellschaft und bucht seinen Flieger um. Auch als er damit fertig ist, kommt er nicht.

Birgit, ruft Bengt aus dem andren Zelt, noch 25 Minuten.

Ja!, rufen wir zurück. 25 Minuten. Ein Traum.

Aus dem Zelt dringt anfangs noch Lachen zu uns herüber. Dann wird es leiser und schließlich ganz still. Wir hören die Geräusche des Winds und ab und an ein Rascheln, wenn sich jemand bewegt. Ansonsten: Stille. Ruhe. Die Beine jubeln. Es tut so gut, sie während des Tages einmal zu entlasten.

Nach 25 Minuten packen wir wieder zusammen. Vier weitere Etappen warten auf uns. Jeder aus der Gruppe führt einmal, doch ich lehne die Führung ab, als Bengt sie mir anbietet. Ich bin so heilfroh, dass wir so freundlich aufgenommen worden sind. Ich will niemandem das Führen, das jeder gerne macht, wegnehmen, und ich genieße weiter das Gefühl, in dieser Gruppe aufgehoben zu sein.

Nach fast zwölf Stunden sind wir 27,6 Kilometer weit gekommen. Wenn wir die zweieinhalb Kilometer hinzurechnen, die wir heute Morgen zu Bengts Camp gelaufen sind, haben wir drei heute erstmals die 30-Kilometer-Marke geknackt. Jene Marke, von der ich immer dachte, ich würde sie nie erreichen können.

So, wie es Hannes und mir immer besser geht, wird Thomas' Miene immer dunkler. Für ihn muss das nun wiederum schrecklich sein. Dass wir von selbständig Marschierenden zu den Anhängseln einer kommerziellen Expedition werden. So hat er sich seine Grönland-Durchquerung sicher nicht vorgestellt. Aber er stürmt nicht mehr voraus, er bleibt in der Reihe. Am Nachmittag geht er weit hinter uns.

Ich glaube, wir haben ein Problem, sage ich bei einer Pause zu Hannes, als Thomas noch entfernt ist.

Das glaub ich auch, sagt er.

Und was sollen wir da machen?

Keine Ahnung, sagt Hannes. Ich find's aber so tausendmal besser als vorher. Der Rhythmus ist super.

Das finde ich auch, sage ich. Es ist um Welten besser. Ich hätte nicht für möglich gehalten, wie sich alles verändern kann.

Ja, sagt Hannes, was so bissl hinhocken und in die Luft schauen ausmacht, gell?

Vielleicht ist das die größte Lehre, die ich aus dem ganzen ziehe, sage ich nach einer Weile zu ihm.

Was?

Dass es manchmal besser ist, wenn man sich einfach a bissl hinhockt und in die Luft schaut.

Das hab ich schon lange gelernt, sagt Hannes, und streckt sich auf seiner Pulka aus.

Am Abend, als wir ins Zelt kriechen, unser erstes gemeinsames Camp mit Bengts Gruppe, frage ich Thomas, ob alles in Ordnung ist mit ihm.

Was soll sein, fragt er. Sehe ich aus, als sei nicht alles in Ordnung?

Ja, sage ich, genauso siehst du aus.

Na und, sagt Thomas. Die ersten 22 Tage hast du gelitten, und die restlichen fünf oder sechs leide jetzt halt ich. Du hast ja schon beschlossen, dass es um Welten besser ist als vorher. Also, dann lassen wir es doch dabei.

Naja, sage ich. Wir könnten ja schon nach einem Weg suchen, der für alle drei passt.

Das ist nicht nötig, sagt Thomas.

Sollten wir nicht darüber reden, was jetzt los ist, frage ich, damit wir die letzten Tage noch gut rumkriegen?

Wenn ich abends im Zelt liege, habe ich keinen Bock zu reden, sagt Thomas. Da brauche ich die Zeit, um mich zu erholen. Wir brauchen das nicht bereden. Es ist halt jetzt so.

Er sagt das sehr heftig.

Hannes werkelt derweil an seinem Kocher herum und sagt gar nichts. Wahrscheinlich ist das dann auch die Lösung. Einfach gar nichts mehr sagen. Es ist alles viel zu verfahren zwischen uns. Von diesem Moment bis zum Ende der Tour wechseln Thomas und ich also vielleicht noch fünf Sätze miteinander. Damit reden wir aber immer noch deutlich mehr als Peronis Team, in dem einer der drei beschloss, rund vierzig Tage lang überhaupt nichts mehr zu sagen. Keinen Pieps.

Draußen nähern sich Schritte. Bengt.
Hej, sagt er, how are you doing?
Good, sagt Hannes, und macht den Reißverschluss auf.
Bengt kniet sich in den Eingang. Wenn ihr wollt, dann kommt doch noch zum Essen in unser Zelt, sagt er. Bringt nur euer eigenes Wasser mit.
Gerne, sage ich. Und auch Hannes.
Oh, wie gerne komme ich! Wie gerne flüchte ich aus jener beklemmenden Stille, in der wir unser Essen wieder freudlos in uns hineinschaufeln würden. Auch wenn es unkommod ist, noch einmal aus dem warmen Zelt, dem warmen Schlafsack zu schlüpfen. Egal. Alles ist besser als unsere Tristesse.
Ich bleib hier, sagt Thomas.
Okay, sage ich.
Als wir Wasser geschmolzen, das Zelt für die Nacht eingerichtet haben und fertig sind, packen Hannes und ich unser Essen und zwei Thermoskannen. In unseren Daunenschuhen springen wir zu Bengt hinüber.
Kommt rein, schallt es von drinnen. Vier rote Gesichter strahlen uns entgegen. LiHui und Jane fehlen noch. In der Mitte des Zelts steht Bengts Kocher, der angenehme Wärme verbreitet und auf dem ein Topf mit Schmelzwasser steht. Rechts und links davon liegen die Isomatten, auf denen wir uns aufreihen wie auf Sofas. Es ist so gemütlich, wie es in einem Zelt auf einer Eiskappe überhaupt nur sein kann.
Wir schütten das Wasser in unsere Beutel und warten, bis das Essen aufquillt. Christoffer mischt sich Milchpulver in einer Tasse, dann dreht er eine fast leere Dose mit löslichem Kaffee auf.
Wie viel darf ich heute, fragt er in die Runde.
Sechs, sagt Paul. Also zählt Christoffer sechs Kaffeekörn-

chen in seine Tasse, die in der Zeltmitte steht. Wir beugen unsere Köpfe darüber und schauen zu, wie sich in die Cremefarbe der Milch ein kaum wahrzunehmender Braunton mischt.

Der ist heute richtig stark, sagt er dazu. Aber nur, weil wir von euch Nachschub bekommen haben! Leider hat sich unsere Tourenplanung in der Kaffeeschätzung völlig verrechnet. Schon nach der Hälfte hatten wir fast keinen mehr.

Ach, streitet Bengt ab, das kommt nur davon, dass ihr so viel Kaffee trinkt, ich habe genauso geplant wie immer.

Paul tippt auf seinem GPS herum. Wir sind heute 160 Höhenmeter abgefahren, sagt er. Wir lachen alle. Davon haben wir nicht viel gemerkt!

So geht es dahin. Es ist genauso, wie ich gehofft hatte, dass es sein wird, wie ich gehofft hatte, dass auch unsere Tour sein würde. Man sitzt nach einem langen Tag erfüllt im Zelt. Unterhält sich, redet Blödsinn. Isst und wird müde und möchte nirgendwo sonst auf der Welt sein. Deswegen nimmt man all das ja auf sich. Nicht um des Gehens, des Leistens willen. Sondern des gemeinsamen Erlebens willen.

Wie fandet ihr den Tag, fragt Bengt.

Super, sagt Hannes.

Einen Traum, sage ich.

Was war denn los bei euch, fragt er. Und wo ist Thomas?

Hannes und ich schauen uns an. Was sollen wir jetzt sagen?

Thomas ist drüben, sage ich, er ist müde, aber wir sollen euch grüßen.

Danke, sagt Bengt. Und was war jetzt euer Problem?

Ich weiß es nicht, sage ich. Wir haben einfach keinen richtigen Teamspirit hinbekommen. Woran das genau lag, kann ich nicht sagen.

Wir haben recht unterschiedliche Ansichten, wie man so eine Tour macht, sagt Hannes.

Und das habt ihr vorher nicht gewusst oder besprochen, fragt Bengt.

Nein, sage ich. Vorher kam das in dieser Dimension nicht raus.

Hm, sagt Bengt, das ist ja wirklich schade. Für euch alle. Wenn man keinen Spaß hat, ist es nicht lustig auf so einer langen Tour.

Es war auch nicht lustig, sage ich. Um ehrlich zu sein, es war schrecklich. Es waren mit die fürchterlichsten Tage in meinem ganzen Leben.

Ist das wahr, sagt Bengt überrascht.

Ja, sage ich, das ist wahr.

Es tut so gut, das zu sagen. Und es tut so unendlich gut, dabei in die Augen eines Freundes zu schauen und zu wissen, jetzt wird es anders. Jetzt wird alles anders.

Das tut mir so leid, das zu hören, sagt Bengt. Er streckt seine Beine neben dem Kocher aus. Aber ich kenne das. Wenn ich will, wenn ich es drauf anlege, kann ich hier Menschen innerhalb von drei Tagen so fertigmachen, dass sie keinen Schritt mehr vorwärtsgehen können. Weil sie im Kopf fertig sind. Einfach nur, indem ich zu schnell gehe – und diese Distanz ist zu weit, um zu schnell zu gehen. Die baut sich dann in deinem Kopf zu einer unüberwindlichen Barriere auf. Und dabei ist es verblüffend, wie viel schon ein kleiner Unterschied ausmacht. Es ist absolut nicht egal, ob man 3,3 oder 3,7 Kilometer in der Stunde geht, obwohl es nach nicht viel klingt. Das ist ganz leicht. Man kann Menschen hier oben sehr schnell psychisch völlig zerstören, völlig zur Verzweiflung bringen.

Ja, sage ich, das hast du auf den Punkt gebracht. So habe ich mich gefühlt.

Eine Weile ist es still im Zelt.

Das ist ja wirklich richtig mies gelaufen, sagt Bengt. Aber warum habt ihr nicht auf mich gehört? Das Letzte, was ich in Kangerlussuaq zu dir gesagt habe, war, ihr sollt euch nicht kaputtmachen. Ihr sollt nicht zu schnell gehen. Pausen machen. Warum habt ihr das denn nicht gemacht?

Tja, sage ich. Weil wir Thomas zu langsam waren. Wir haben einfach kein gemeinsames Tempo gefunden.

Manchmal war Thomas einen Kilometer oder noch mehr vor uns, sagt Hannes.

Da geht ein Raunen durch das Zelt. Einen Kilometer, ruft Einar. Da wäre ich auch fertig, wenn ich da hinterherrennen müsste.

Jane Lee und LiHui kommen ins Zelt und bringen abgepackte gegrillte Schinkenpäckchen aus Singapur mit. Eine willkommene Nachspeise.

Wo ist Thomas, fragt Jane.

Er ist müde, sagt Hannes.

Jane drückt mir die restlichen drei Päckchen in die Hand. Dann bringt ihm das mit, sagt sie dazu.

Danke, sage ich.

Morgen gehen wir zehn Etappen, sagt Bengt. Wecken ist um 5.30 Uhr.

Das ist das Zeichen für alle aufzubrechen. Es war ein langer Tag, und der morgige wird noch länger.

Wir sagen Gute Nacht, und dann stehen Hannes und ich vor unserem Zelt. Es ist fast Mitternacht. Es ist spürbar kälter geworden, am besten merkt man das wie immer an den Fingern. Wenn sie ohne Handschuhe sehr schnell schmerzen, dann geht es auf minus 30 Grad zu. Ein Thermometer braucht man dazu gar nicht, die Nadelstiche in den Fingerkuppen sagen alles, und auch die Art, wie sich die dünne Luft in der Nase festzusaugen scheint.

Die Sonne hängt knapp über dem Horizont. Sie wirft einen langen, rotgelbgoldenen Schweif auf das Eis, ein Schweif, der an unserem Zeltlager vorbeiführt und sich in der Ferne verliert. Als habe einer der Riesen, die hier hausen, einen gigantischen Pinsel tief ins Rot getaucht und einmal quer über Grönland gezogen. Es ist wunderschön.

Das war ein schöner Abend, sagt Hannes.

Ja, sage ich. Und morgen wird's wieder schön.

Freude

29. – 30. Mai 2013, Tage 23 – 24
Distanzen: 27,2 km/30,4 km; Gesamtstrecke: 456,1 km
Höhen: 1976 m/1676 m
noch vor uns: 104 km

*Those who know how to play
can easily leap over the adversaries of life.*
Sprichwort der Inuit

Geborgenheit. Wie lange habe ich das nicht mehr verspürt. Jenes wunderbare Gefühl, gerade jetzt am gerade richtigen Ort zu sein. Aufgehoben zu sein, geschützt, eingebettet. So wie abends auf der Skihütte, wenn Freunde zusammensitzen nach einem Tag im Schnee, mit glühenden Gesichtern und müden Beinen. Und wenn ich dann früher ins Bett gehe als die anderen, die noch in der Stube unten sitzen bleiben, und durch die Heizungsklappe über dem Ofen jedes Wort nach oben ins Lager dringt, und das Lachen und das Knistern des Holzes im Ofen, während der Wind an den Fensterläden rüttelt und der Schlafsack langsam warm wird, aber das, was wirklich wärmt, ist nicht der Schlafsack. Es ist dieses Gefühl.

So fühle ich mich jetzt. Ich liege nicht in der Skihütte meiner Freundin Vroni, ich liege noch immer auf der Eiskappe des grönländischen Inlandeises. Auf jenem Eis, das so unüberwindlich und immer grausamer schien in den vergangenen drei langen Wochen, ein Tanzboden für alle Monster, die mein Inneres erschuf. Doch die Monster sind fort. Jetzt höre ich im Halbschlaf, wie ein Kocher angezündet wird, wie er erst hustet und dann immer gleichmäßiger vor sich hin faucht, ich höre ein Lachen und wie jemand einen Reißverschluss öffnet und laut die Temperatur verkündet: neun Grad minus! Ich höre ein Schniefen und erste Schritte auf dem Schnee, der so hart und trocken ist, dass er unter den Sohlen quietscht.

Diese Geräusche kommen nicht von uns, nicht aus unserem Zelt. Sie kommen von unseren Nachbarn, von Paul und Christoffer. Es ist der erste Morgen, an dem wir nicht mehr alleine aufwachen, an dem wir ein kleines Zeltlager bilden, vier grüne Tunnel, nebeneinander. Wortfetzen wehen zu uns herüber, ich verstehe sie nicht, aber der Ton ist freudig.

Ein neuer Tag im Eis liegt vor uns.

Wie anders alles sein kann.

Ein neuer Tag im Eis liegt vor uns. Noch vorgestern barg dieser Satz ein kaum zu fassendes Grauen. Waren wir hoffnungsfroh und begeistert in Kangerlussuaq gestartet, hatte unterwegs irgendetwas von uns Besitz ergriffen, uns verändert und unsere Tage, unsere Sicht auf uns und unsere Umgebung. Keine Schönheit, nur noch Schrecken war sie irgendwann für mich, waren wir für uns, und mit jedem Tag war es unmerklich, unausweichlich, leise schleichend, immer noch ein Stückchen schlimmer geworden, ohne dass wir etwas dagegen tun konnten.

Und nun erscheint es mir wie ein Wunder. Gibt es das wirklich, dass fast von einer Sekunde auf die andere – alles anders sein kann? In die bessere Richtung? Ist es wirklich möglich, dass man draußen nicht nur von einer Sekunde auf die andere in einer Katastrophe stecken kann, vom Arktisprospekt in die Tragödie – sondern auch anders herum? Kann man ebenso schnell aus der Katastrophe in den Arktisprospekt geraten?

Ich habe keine Angst mehr. Ich liege in meinem Schlafsack, nach acht Stunden Schlaf, die Augen noch geschlossen, ich höre das Lachen, die Schritte, den Kocher. Und zum ersten Mal seit wie vielen Tagen, seit 17 oder 18?, will ich aufstehen, will ich, dass der Tag beginnt. Ich freue mich auf einen neuen Tag draußen, dort, wo ich sein will, ich freue mich auf das Licht und das Lachen und die Menschen und die Welt.

Wie kann das sein, frage ich mich, wie kann das sein, wie können Himmel und Hölle so nah beieinanderliegen, wie kann heute alles anders als noch vorgestern sein?

Gegen das, was das Eis mit uns machte, waren wir drei seltsam machtlos gewesen. Jeder hatte gelitten, und keiner konnte es ändern.

Und jetzt ist es vorbei. Wir sind nicht mehr nur drei. Wir sind neun. Wir sind nicht mehr auf Gedeih und Verderb aufeinander angewiesen, auch wenn wir es schon längst nicht mehr sein wollen, wir sind nicht mehr Gefangene unserer eigenen Idee. Und während ich mich noch wundere und freue über die Geborgenheit, die ich fühle, merke ich, dass da noch etwas anderes ist. Freiheit. Ich fühle mich zum ersten Mal wieder frei.

So frei wie 2011, als ich aus dem Hubschrauber sprang, meinen Schlitten packte, mich umblickte auf dem Arktischen Ozean, und Bengt rief: Let's go playing!

Es ist wieder da, das Gefühl der Abenteuerlust, des Entdeckenwollens, des Verrücktedingetunwollens, dieses unschlagbare, unbezahlbare Gefühl, so vollkommen frei zu sein, so frei, dass man sich aufmachen kann zu entdecken, hineinzugehen in die Welt, auf unbekannten Wegen, das zu tun, von dem so viele immer nur sagen, man könnte ja mal. Dieses Gefühl, das man nur hat, wenn man unterwegs ist, wenn man nicht mehr im Konjunktiv lebt, das der Grund ist für alles, für alle Anstrengungen bei den Vorbereitungen, allen Verzicht und alle Arbeit. Dieses eine, irre Gefühl, das einen glauben macht, man könne die ganze Welt erobern, dieses Gefühl, das man jenen, die es empfinden können, an den Augen ansieht, an diesen leuchtenden, anderen Augen. Dieses Gefühl, das man immer wieder haben will, das sich besser anfühlt als alles andere auf der Welt. Ein Gefühl von Freude und Freiheit, das jede einzelne Pore des Körpers anfüllt.

Ich krieche aus dem Zelt, die Welt ist in goldenes Licht getaucht, es ist noch nicht einmal sechs Uhr morgens, Eiskristalle glitzern in der Luft wie Sterne, es ist ein Bild, das sich sehr schwer beschreiben lässt in seiner Schönheit, die einen die Kälte vergessen lässt, die an den Fingern nagt. Ich sehe sie wieder, die Schönheit. Das Eis hat sein Grauen verloren; die Welt ist wieder Geschenk, kein Horror mehr.

Wenig später der Schlachtruf, den wir heute schon kennen und mitrufen können, dann reihen wir uns hintereinander ein, wir beginnen unseren Weg durch das diffuse, glitzernde Morgengold. Es ist ein Morgen, wie ihn jeder Skitourengeher kennt, jeder Bergsteiger, jeder Wanderer. Wenn man früh aufsteht, so früh, dass die Welt noch gefroren ist, aber die Wärme schon hinter dem Kälteschleier wartet, wenn die Luft so klar ist, dass sie schnell und leicht durch die Lungen fließt, wenn einen die Kälte wach und das Gehen warm werden lässt, wenn man sich irgendwann, vielleicht eine halbe Stunde nach dem Aufbruch, so gut, fühlt wie man sich nur genau in diesem Moment gut fühlen kann, wenn man jeden Schritt gerne macht, wenn man voranwill, hinein in die Welt, wenn man neugierig ist, was an diesem Tag noch auf einen wartet, was man noch sehen wird – und wenn das alles zusammen das Leben zu einem Traum werden lässt.

In der ersten Pause kommt Paul zu mir.
Ich glaube, ich habe hier was, was deinem Magen guttut, sagt er, und drückt mir eine Packung Knäckebrot in die Hand.
Das habe ich in den Tiefen meines Schlittens gefunden. Willst du es haben?
Und wie ich es haben will. Aus dem Knäckebrot und meinem Schinken mache ich mir ein deftiges Speckbrot.
Als wir weitergehen, stöpselt sich Paul seine Kopfhörer ins Ohr.
Jetzt, verkündet er, höre ich ein Konzert der Berliner Philharmoniker. Das dauert genau eine Stunde, bis zur nächsten Pause.
Wow, sage ich. Was für ein Konzertsaal, und deute mit den Skistöcken über das Eis.
Es gibt wohl keinen schöneren, sagt Paul. Und wir sind die einzigen Gäste.

Mit dem Steigen der Sonne wird es warm, der Dunst verzieht sich, die Luft wird klar und immer klarer, wir gehen durch eine Welt, die nur noch zwei Farben hat, Weiß und Blau, keine Schattierungen, ein Grönlandweiß und ein Arktisblau, sauber getrennt, keine Erhebung, kein Hindernis, das Auge fällt ins Endlose. Heute ist einer jener Tage, an denen man 450 Kilometer weit sehen könnte, würde man auf einen Hügel steigen, weil die Luft so trocken ist. Dreht man sich einmal um die eigene Achse, steht man also im Zentrum eines Kreises von 900 Kilometern Durchmesser, das ist so, als würde man fast ganz Deutschland überblicken. Es ist kein Wunder, dass diese Weite jeden verwirrt, der sie nicht gewöhnt ist. Dass das Gehirn nicht weiß, wie es diese Leere, diese Referenzlosigkeit zu lesen, zu deuten, zu sehen hat und dass der Geist sich dann seine eigenen Geister schafft, um diese Leere zu bevölkern.

Aber wie ist es mit denen, die mit dieser Weite leben, deren Augen keine Grenzen gewöhnt sind? Der grönländische Schamane Angaangaq, der schon vor der Unesco gesprochen hat, sagt, wer vor einem solch weiten Horizont lebt, für den machen Grenzen keinen Sinn. Er sagt: »Nur der Mensch glaubt an Grenzen... Aber Mutter Erde hat keine Grenzen. Der Wind kennt keine Grenzen. Vielleicht trägt er das welke Blatt, das der Herbstwind von dem Baum in deinem Garten reißt, tausende von Kilometern durch die Luft. Vielleicht trägt er es nach Norden, wo es irgendwann über Grönland gefriert und niederfällt. Nun liegt es in einem grönländischen See und entfaltet dort seine Energie. Alles hängt mit allem zusammen. Alles ist mit allem verbunden. Ihr seid diejenigen, die die Grenzen erfunden haben... Wir müssen lernen, dass es nur eine Welt gibt – dass die Grenzen, die wir in ihr gezogen haben, Illusionen sind.«

Man kann zu keinem anderen als diesem Schluss kommen, wenn man hier lebt. Wie viel weiser die Inuit doch sind als wir. Einfach weil sie in der Natur ihren größten Lehrmeister sehen, weil sie begreifen, dass nur die Natur, von der sie leben, ihr Lehrmeister sein kann und ihr Gesetzgeber.

Jetzt macht mir diese Grenzenlosigkeit und Leere, in der wir uns bewegen, keine Angst mehr, die Sonne scheint nicht mehr hämisch, jetzt recke ich ihr mein Gesicht entgegen, lasse ihre Strahlen in mich dringen, mich wärmen, außen wie innen.

Mit dieser Wärme verändert sich der Schnee, und wir sind nun schon so Teil dieser eisigen Welt geworden, dass wir die Veränderung als Erstes hören, bevor wir sie spüren. Der Schnee hört auf zu singen. Wenn er kalt und trocken ist, lassen die Ski einen hellen Ton auf ihm erklingen, dem man anhört, wie leicht die Kanten dahingleiten. Wenn der Schnee wärmer wird, wird daraus ein Schleifen, ein dunklerer, fast dumpfer, stumpfer Ton, der erzählt, dass die Ski sich über einen Widerstand hinwegbewegen müssen.

Wenn der Schnee sich schließlich verschluckt und gänzlich verstummt, wird es mühsam. Dann gleitet nichts mehr, dann klebt sich der Schnee an den Laufflächen der Ski fest. Er stollt, sagt man im Alpenraum, er bildet zentimeterdicke Bremsklötze, die die Schritte abrupt bremsen.

Dort, wo wir also dachten, das Vorankommen würde nun besser werden, weil das Gefälle größer und die Schlitten leichter sind, stollen plötzlich unsere Ski, und eine Abfahrt, auch nur ein leichteres Gehen, rückt in weite Ferne. Jeder Schritt wird erneut zu einem Unternehmen, immer wieder stockt unsere Karawane, weil wir die Schneeklötze mit den Stöcken von unseren Skiern klopfen müssen. Warum auch immer, stollen meine Ski dabei noch am wenigsten, ich habe Glück. Und als ich in einer Pause Bengts Skiwachs auftrage, stollen sie hinterher fast gar nicht mehr.

Den gleichen Verlauf nimmt auch der nächste Tag, wieder ist der Morgen in Gold getaucht, und wir beginnen unseren Weg, wie man manchmal im Herbst eine Wanderung am frühen Morgen beginnt, wenn die Nacht schon kalt war, das Laub vielleicht schon von Reif überzogen ist, und dann bricht sich langsam die Sonne ihren Weg zu den Wanderern hindurch, und wenn sie anfängt zu wärmen, liegt schon ein ganzes Stück Arbeit hinter uns.

Irgendwann fährt Bengt neben mich und fährt eine Weile neben mir her.

Jetzt geht's dir wieder wie am Nordpol, hm, fragt er.

Ja, sage ich. Es ist wie ein Wunder. Ich habe gedacht, es ist alles weg. Ich könnte es einfach nicht mehr. Alles, was ich in den Expeditionen gesehen habe, diese ganze Kraft, die ich da hineingesteckt habe, die ganze Leidenschaft, ich dachte, es ist einfach weg.

Bengt lacht.

This passion will never leave you, sagt er. Once you have it, you don't loose it.

Christoffer ruft »Tiiid«.

Als wir weiterfahren, sind Bengt und Christoffer hinter mir. Sie unterhalten sich über irgendeine Tour in Alaska, worüber genau, verstehe ich nicht. Irgendwann sagt Bengt laut, und meine Freundin Birgit wird auch mit dabei sein. Sie weiß es zwar noch nicht. Aber ich weiß es.

Ich drehe mich um und lache.

Vielleicht, sage ich, vielleicht!

Ganz sicher, sagt Bengt.

Hannes dreht sich ebenfalls um.

Du weißt schon, dass du zu mir gesagt hast, solltest du jemals wieder die Idee zu so einer Unternehmung haben, soll ich dir aufs Knie hauen? Und aufs Hirn? Soll ich das jetzt machen?

Und dann lachen wir so, dass ich umfalle, einfach so, aus dem Stehen. Christoffer ruft: wow, Germany, 12 points!
Das Leben. Ist. Ein Traum.

Hannes!

31. Mai 2013, Tag 25
Distanz: 32,5 km, Gesamtstrecke: 488,6 km
Höhe: 1400 m
noch vor uns: 71,5 km

May you have warmth in your igloo,
oil in your lamp and peace in your heart.
Sprichwort der Inuit

Hannes hat Geburtstag. Und ich hab kein Geschenk. Weil ich ihn vergessen habe, vorher. Wie mich das ärgert! Ich kann ihm nicht mehr als eine Umarmung schenken.

Alles Gute, sage ich zu ihm, und drücke ihn fest, am Morgen im Zelt. So einen Geburtstag im Eis hat ja nicht jeder.

Als wir fertig gepackt haben, fahre ich zu Bengt hinüber und sage ihm, dass Hannes Geburtstag hat, und als alle da stehen, kurz vor dem Schlachtruf, singen wir ihm ein Ständchen, und das ist dann doch noch sehr schön, so ein Happy Birthday, an einem goldenen dunstigen Morgen auf dem grönländischen Inlandeis. Das kriegt ja auch nicht jeder.

Noch besser wird es in der zweiten oder dritten Pause, als die Sonne schon höher steht und es so warm ist, dass man sich gemütlich hinsetzen kann.

Christoffer kramt lange in seinem Schlitten herum. Dann holt er etwas aus einem Plastikbehältnis, legt es auf ein Holzbrett und ein Messer daneben. Er steht auf und geht zu Hannes hinüber.

Das sind die letzten Stücke meines Kuchens, sagt er. Sie waren eigentlich für das Ende bestimmt. Aber ein Geburtstag ist doch die beste Gelegenheit, den Kuchen jetzt schon zu essen. Lass ihn dir schmecken!

Wow, sagt Hannes, das ist ja toll! Aber ihr müsst mitessen.

Es ist ein Schokoladenblechkuchen. Mit Gummibären oben drauf. Hannes schneidet den Kuchen vorsichtig in neun kleinere Stücke, fünf mal drei Zentimeter vielleicht. Geht von Schlitten zu Schlitten und gibt jedem ein Stück ab. Und so sitzen wir auf unseren Schlitten, in der Sonne. Und feiern Hannes' Geburtstag, in Grönland, mit einem Schokoladenkuchen.

Die Kerzen, sagt Christoffer, musst du dir halt dazu vorstellen.

Das ist ja nichts Neues hier oben, sagt Hannes.

Die Eishörnchen

31. Mai 2013, Tag 25
Distanz: 32,5 km, Gesamtstrecke: 488,6 km
Höhe: 1400 m
noch vor uns: 71,5 km

And yet there is only one thing, the only thing. To live to see the great day that dawns and the light that fills the world.
Sprichwort der Inuit

Es sind Croissants. Es ist nicht zu fassen. Croissants. Pain au chocolat. Quarktaschen. Ein kirschgefüllter Blätterteighimmel.

Und es ist wahr! Es ist keine Fata Morgana. Ich stehe auf dem Inlandeis und beiße in Blätterteig, ich fühle die rote Marmelade auf der Zunge und die weichen, nach Sommerkaffeetrinken im Garten duftenden Kirschen darin, ich muss die Augen zumachen und nur noch schmecken und spüren und fühlen, ich sehe ein Kaleidoskop an Farben und Formen, eine grüne Wiese mit Obstbäumen und Bienensummen, ich tauche mit der Zunge in diese flüssige Kirschsüße, die mein ganzes Hirn auszufüllen beginnt, und dann bin ich nichts mehr außer süß und weich und Kirsch.

LiHui schreit, oh my God! Oh my God! Cookies! Cookies! Cooooooookies! Und ich muss lachen, aber mein ganzer Mund ist voll mit Blätterteigkirsch.

Egal, wo ich sein werde auf der Welt, sage ich irgendwann zu Bengt, wenn ich mal dringend was zu essen brauche, werde ich immer einen Norweger fragen. Nur Norweger sind wahnsinnig genug, frische Croissants aufs Inlandeis fliegen zu lassen.

Ich glaube, das war eher eine Notlösung, sagt Bengt.

Das ist die beste, schönste, fantastischste Notlösung in meinem ganzen Leben, sage ich. Und nehme die nächste Kirschtasche, denn zu unseren Füßen liegen noch ungefähr 20 Stück. Mehr als genug für alle.

Wir haben das Essensdepot gefunden. Jenes Depot, das die Basislager der einzelnen norwegischen Expeditionsanbieter hier gemeinsam eingerichtet hatten, als sie eine der Gruppen ausfliegen mussten. Hannes, Thomas und ich brauchen eigentlich nichts. Unsere Vorräte werden ziemlich genau reichen, wenn jetzt nicht noch etwas sehr Unvorhergesehenes passiert. Aber es sind so gute Sachen in den Paketen, dass wir doch alle bereitwillig etwas davon einpacken. Egal, was es wiegt. Fast.

Wie an Weihnachten knien wir um die Tüten herum. Wir hatten weitere Fertignahrung erwartet. Sachen, die sich gut halten, denn das Depot ist schon ein paar Tage alt. Und natürlich sind derlei Dinge in dem Depot, Schokolade, jede Menge Müsliriegel – aber eben nicht nur. Niemals, niemals hätte ich mit frischen Lebensmitteln gerechnet, schon gar nicht mit Gebäck! Auch wenn Lars Ebbesen, der für Børge Ousland arbeitet, das in einer Nachricht aufs Satellitentelefon geschrieben hatte. Ich hatte das für einen Scherz gehalten. Aber jetzt liegen sie vor uns im Schnee. Die besten Croissants unseres Lebens. Es ist so ungewohnt, wenn man wieder richtiges

Essen im Mund hat, keine gefriergetrocknete, aufgequollene Pampe. Richtiges Essen. Es fühlt sich zauberhaft an. Am lautesten freut sich noch immer LiHui, die sich kaum beruhigen kann, und eine ganze Packung Schokoladenbutterkekse in sich hineinfuttert, ohne Pause, und zwischen den einzelnen Keksen immer wieder ruft, oh, my God! Cookies!

Oh, ja, wir haben Hunger!

Das Glück in den Gesichtern.

Der weißhaarige Einar setzt sich neben Bengt auf eine der Kisten. Beißt in eine Quarktasche. Mit geschlossenen Augen. Christoffer filmt sich selbst, wie er ein Croissant isst, und ruft dazu norwegische Begeisterung in das Display. Hannes hat seine Grabungsarbeiten in dem Schneehaufen, der das Depot markiert, beendet, greift ebenfalls in die Bäckertüte. Beißt in ein Croissant, sagt, boah. Und fängt zu lachen an.

Das kann man gar nicht glauben, wie das schmeckt, sage ich zu ihm, aber er kann nicht antworten.

So sitzen wir da, in der Sonne, als hielten wir hier einfach ein Sommerpicknick. Was für ein Luxus. Es ist nahezu windstill, und es ist so warm geworden, dass wir alle unsere Mützen abgenommen und Jacken und Handschuhe ausgezogen haben, wir machen die Lüftungen unserer Hosen auf und sitzen nur in unseren Wollshirts da, unsere Haare sind zerzaust, unsere Gesichter von der Sonne dunkel gefärbt, die Wangen leuchten rot. Dieser Anblick ist fast noch schöner als der Anblick der Schätze, die vor uns liegen. Glückliche, gesunde Gesichter. Freude in einer sehr reinen Form.

Wie dankbar man wird.

Wie dankbar man ja schon auf einer Skitour sein kann, wenn man in eine warme Hütte kommt und einen Teller Spaghetti essen kann, nach einem langen Tag draußen im Kalten, an dem man sehr viele Kalorien verbrannt hat. Wenn man dann Spaghetti hineinwirft in den Körperofen, dann spürt man manchmal richtig, wie die kleinen Helfer alles, was in den Nudeln steckt, wieder einbauen in die leeren Speicher, wie es arbeitet im Innern, wie man wieder an Energie gewinnt. Wer dieses Gefühl kennt, mag es sich vorstellen können, wie eine Kirschtasche schmeckt, nach 25 Tagen.

Wie scharf die Sinne werden. Wie gleichgültig man zuhause oft etwas isst, nebenher, vor dem Computer, bei der Arbeit, immer wieder einen Bissen. Essen ist dann nur Nahrungsaufnahme, ein Vorgang, den man eben tun muss, man achtet weder das Essen noch sich selbst dabei.

Hier ist jedes einzelne dieser im Eis gefundenen Hörnchen eine Offenbarung, das Essen wird zelebriert, genossen, konzentriert wird jeder einzelne Geschmackseindruck wahrgenommen und begeistert begrüßt und so lange im Mund, im Hirn behalten, wie es nur geht, und alle Sinne sind dabei, das Sehen, das Tasten, das Schmecken und Fühlen. Es ist ein Fest.

Als zum ersten Mal dieses Essensdepot angesprochen wurde und die Frage fiel, ob wir auch etwas brauchen, war ich sehr zurückhaltend. Da war sie wieder, die Frage nach der Dekadenz. Und wie wenig »echt« eine Expedition doch ist, mit einem solchen Rettungsanker, mit solchen Möglichkeiten, wenn man sich sein Essen so einfach hinterherfliegen lassen kann, weil man verkehrt geplant hat oder das Wetter länger schlecht ist. John Franklin hat seine Schuhsohlen gegessen, 1847, als er die Nordwestpassage nicht fand und monatelang in der kanadischen Arktis umherirrte, bevor er recht jämmerlich starb. Wir dagegen nahmen es nicht einmal mehr in Kauf, dass unser Essen vielleicht, unter Umständen, sehr knapp würde und wir ein paar Tage – nur ein paar Tage! – Hunger haben könnten.

Jetzt aber sitze ich vor diesem Essen und habe wieder einmal eine Lektion gelernt. Nie zuvor war für mich Nahrung, ein Lebensmittel, so wertvoll wie an diesem Tag. Auch nicht nach den Nordpoltouren, als ich wieder in Longyearbyen war. Natürlich hatten wir uns über das Pfeffersteak bei Kroa gefreut, und wer dieses Steak kennt, weiß, wovon ich spreche.

Aber das hier ist anders. Ist man wieder zurück in Orten, Städten, Geschäften, ist man zwar immer noch dankbar für alles, was es auf einmal wieder gibt. Aber gleichzeitig ist dann ja alles wieder dauerhaft verfügbar, und das ist einem auch bewusst.

Die Croissants hier sind nicht dauerhaft verfügbar, dieses Depot ist eine Insel auf dem Inlandeis wie eine Oase in einer Wüste, und wenn wir es verlassen, werden wir wieder dort sein, wo es nichts gibt außer dem, was wir dabeihaben. Es ist noch nicht vorbei.

Und weil das so ist, hat alles, was vor uns im Schnee liegt, einen vielfachen Wert. Und vielleicht behandeln wir diese Lebensmittel heute so, wie wir Lebensmittel immer behandeln sollten, wie wir es aber schon lange nicht mehr tun in unserer Überflussgesellschaft, in der wir immer alles haben können.

Langsam esse ich die Kirschtasche auf. Dieses Gefühl, denke ich mir, will ich nie vergessen, nie will ich vergessen, wie gut diese Kirschtasche schmeckt und mit welcher Ehrfurcht ich sie gegessen habe, mit welchem Genuss und mit welchem Respekt.

An diesem Tag bleiben wir fast zwei Stunden an dem Essensdepot, wir essen, so viel wir können, halten dann in der Sonne auf unseren Schlitten ein Schläfchen und warten darauf, dass der Schnee wieder härter wird und weniger pappt.

Und als wäre dieser Tag noch nicht schön und besonders und ausgefüllt genug, ist es am späten Nachmittag so weit: Zum ersten Mal, zum allerersten Mal gleitet der Schlitten von alleine. Das Gefälle ist sanft, sehr sanft. Und auf einmal lässt der Druck an den Hüften nach. Das geschieht so unvermittelt, dass ich fast ins Schwanken gerate. Ich bin es nicht mehr gewöhnt, ohne einen Bremsblock voranzuschreiten. Leicht fühlt sich das an, so leicht!

Wow, sage ich zu mir, wow!

Ich schaue mich um nach meinem Schlitten und sehe ihn selbständig gleiten, die Seile hängen durch. Ich gebe mir mit beiden Stöcken einen kräftigen Stoß. Und gleite. Meine Ski gleiten. Ich fahre ab!

Hannes!, rufe ich, Hannes! Woo-hooo-hooow, wir fahren ab!!! Es geht bergab!

Hannes allerdings hat immer noch Felle an seinen Skiern. Es lohnt sich nicht abzufellen, er müsste sie wenig später doch wieder dranmachen.

Bengt fährt neben mich. Now comes the best part, sagt er, jetzt kommt der beste Teil. Are you ready?

Und wie ich bereit bin, und wie!

Wie lang haben wir auf diesen Moment gewartet? Mehr als 500 Kilometer lang! Und so schieben wir kräftig an und fahren hinab, über diesen ersten sanft abfallenden Hang, auf die Ostküste Grönlands zu.

Die ersten Berge

1. Juni 2013, Tag 26
Distanz: 28,5 km, Gesamtstrecke: 517,1 km
Höhe: 1317 m
noch vor uns: 43 km

The most beautiful smile is a smiling heart.
Sprichwort der Inuit

Christoffer dreht sich um. Schau, sagt er, und zeigt mit seinem Skistock in die Ferne. Berge.
Tatsächlich. Berge. Die Berge der Küste und der vorgelagerten Inseln. Ich schaue und schaue während des Gehens und fange an zu straucheln. Das ist fast zu viel für mich. Dieser erste, sichtbare Beweis, dass wir es fast geschafft haben. Dass es jetzt schon ganz schön sicher ist, dass wir wirklich ankommen. Ich trete aus unserer Karawane heraus und lasse die anderen vorbeiziehen. Was für ein Weg, der da hinter uns liegt. Ich stütze mich auf meine Stöcke und blicke auf die Berggipfel, die über die abfallende Eisebene vor uns emporragen. Zum ersten Mal treffen meine Augen wieder auf einen Widerstand. Zum ersten Mal seit 22 Tagen sehe ich wieder etwas anderes als weiße, weite Ebene.
Und man kann mich für verrückt halten. Aber das Auftauchen dieser Berge, dieses erste Zurückweichen der völligen Leere, in der wir uns bewegt haben, diese erste, weit entfernte

Referenz – sie lässt mein Denken geordneter werden. Ausgerichteter. Heraustreten aus dem luftleeren Raum. Es gibt jetzt wieder etwas, an dem ich mich orientieren kann.

Bengt kommt heran, er ging ein Stück hinter uns.

And?, fragt er.

Mountains, sage ich, und deute voraus.

Yeah, we are almost there, sagt er. Playtime soon will be over.

Playtime, wiederhole ich langsam. Playtime war es nicht gerade für mich.

Nicht dieses Mal, sagt er.

Und dann stehen wir eine Weile und schauen.

Aber solche Touren muss es auch geben, fährt er dann fort. Sonst lernst du nichts. Fürs nächste Mal hast du viel gelernt, viel mehr, als wenn alles glattgegangen wäre.

Oh, gelernt habe ich viel, sage ich. Ich glaube, ich weiß noch gar nicht, wie viel. Aber ob es ein nächstes Mal überhaupt geben wird, da bin ich mir nicht so sicher.

Das sagst du jetzt, sagt Bengt. Warte, bis du wieder zuhause bist. Und wie schnell du dann wieder ins Eis wollen wirst. Das ist doch immer so. Und du, sagt er, du kannst doch auch nicht mehr anders.

Komm, sagt er und stößt sich mit den Stöcken ab.

Ich komm gleich, sage ich.

Ja, bisher war das immer so. Bisher wollte ich sofort wieder los, kaum war ich zuhause. Bisher war ich immer froh, dass es meistens ja schon einen neuen Plan, neue Termine, neue Projekte gab, die dieses Band in den Norden nicht abreißen ließen. Aber jetzt? Will ich wirklich noch einmal los, irgendwann? Oder hab ich es jetzt gesehen, das Eis? Habe ich mich getäuscht, und diese Welt ist doch nichts für mich?

Warm ist es wieder geworden, so warm, dass die Ski der anderen wieder stollen. Meine nicht so. Ich schiebe mich hinterher, hole recht schnell auf. Wir halten an, ziehen unsere Jacken aus. Bengt sagt, heute machen wir die Pauseneinteilung anders, wir machen zwei halbstündige Pausen, anstelle einer einstündigen. Weil das Gehen so anstrengend ist.

Die Sonne schiebt sich hoch an den Himmel. Dass es so warm sein kann in Grönland. Ich öffne die Lüftungsschlitze meiner Hose, von unten bis ganz oben. Ich habe jetzt nur noch ein dünnes Wollshirt an. Christoffer schert aus und zieht sich bis auf eine Schicht Unterwäsche aus. Ich halte bei ihm an und wühle in meinem Schlitten nach einem Baumwolltuch. Selbst die dünnste Wollmütze ist mir jetzt zu warm, aber ohne Mütze will ich nicht gehen. Ich würde einen Sonnenstich bekommen. Aber ich sehne mich danach, ein leichteres Gefühl auf dem Kopf zu haben. Seit dem 5. Mai, seit der Erstkommunion meiner Nichte, an einem sonnig festlichen Morgen in Bayern, habe ich meine Haare nicht mehr gewaschen. Sie fühlen sich an wie ein fettig filziger Helm. Heute ist der 1. Juni. Wie freue ich mich auf den Moment, in dem ich keine Mütze mehr aufhaben muss und meine Haare waschen kann.

Ich finde ein Tuch, binde es mir um den Kopf. Das fühlt sich schon so viel besser an. Ich creme mein Gesicht, meine Hände, meinen Hals mit Lichtschutzfaktor 50 ein, trage dicken Sonnenschutz auf die Lippen und extra auf die Nase auf. Zum dritten Mal schon heute, aber der Schweiß lässt den Schmutzfilm dahinschwinden. Auf meinem Handrücken hat sich eine Linie gebildet. Dort, wo das Wollshirt aufhört, das eine Daumenöffnung besitzt, hat sich die Haut lila gefärbt. Die halbe Hand und die Finger haben eine Farbe angenommen, die ich an mir noch nie gesehen habe. Es ist kein Sonnenbrand, denke ich, denn ich war nie ohne Sonnenschutz. Es sieht aus, als seien meine Hände gegrillt worden.

Ich muss an meine Oma denken. Meine Oma, die immer so stolz auf ihre schöne Haut war, die nicht so viele Altersflecken und auch nicht so viele Falten hatte wie viele andere. Moidl, sagte sie jeden Sommer zu mir, Moidl, setz dir was auf den Kopf auf! Und dann erzählte sie immer, wie sie früher auf dem Feld ihr Tuch ganz weit ins Gesicht gezogen hatte, so weit, dass keine Sonne an sie hinkam. Was meinst du, sagte sie am Ende immer, wie ich mich sonst verbrannt hätte. Aber ich hab immer aufgepasst, und schau, das hat schon was genützt.

Das sagte sie noch, als sie 92 Jahre alt war. Wenn sie mich jetzt sehen könnte! Oh Moidl, würde sie rufen und den Kopf so schütteln, dass ihr ganzer Oberkörper mitwackeln würde, Moidl, pass auf, du verbrennst ja alles!

Ich kann hören, wie sie es sagt.

Ich pass schon auf, sage ich. Und ziehe mir das Tuch so tief ins Gesicht, dass es mir bis an die Sonnenbrille reicht.

Dann gehen wir weiter. Jetzt brennt die Sonne. Sie wirft ihre Strahlen so unerbittlich auf uns, als seien wir nicht in der Arktis, sondern in einer afrikanischen Sandwüste unterwegs. Einar bleibt stehen, der vorher seine Mütze abgenommen hat. Er trinkt große, gierige Schlucke. Wickelt sich ein Baumwolltuch um den Kopf. Unbedeckt, das fühlt sich nicht gut an.

Ich stelle mir vor, wo wir sind. Das imaginäre Satellitenbild. Wir gehen nun zwar am Rand, aber doch immer noch im Innern einer gewaltigen weißen Fläche. Millionenfach, tausendfach spiegelt sich das Licht, schleudert der Schnee die Strahlen auf uns zurück, wo sie sich in unsere Gesichter, unsere Haut bohren. Hell. War es jemals so hell in den vergangenen

Wochen? Das Weiß erscheint nicht mehr wie Weiß, es wirkt mehr wie eine Lampe, ein greller Scheinwerfer, es ist, als gingen wir auf einem riesengroßen Bühnenscheinwerfer dahin. Das Blau ist heute kein dunkles, sattes Blau, es hat eine helle, dünne Farbe angenommen. Kann es zu hell sein für blauen Himmel, kann das Licht dem Himmel die Farbe wegnehmen?

Seit 28 Tagen haben wir keine Dunkelheit mehr erlebt, nur orange-goldene Nächte. Hannes sagte gestern Nacht, ein Arktis-Innenzelt sollte innen schwarz sein. Und wie er es vermisst, dass es nachts dunkel wird.

Wie verwirrend und auch wie fatal es für den Organismus sein kann, wenn es nie dunkel wird, haben schwedische Psychologen in Grönland untersucht, die sich für die hohe Selbstmordrate des Landes interessierten. Daten aus mehr als 30 Jahren haben sie gesammelt. Und auch wenn jedem Suizid immer ein komplexes Ursachenmuster zugrunde liegt, wenn die Inuit mit vielen Problemen zu kämpfen haben, wenn Perspektiven fehlen und die Identität eines ganzen Jägervolks innerhalb weniger Generationen nahezu zerstört wurde – so erstaunt es doch, dass sich 82 Prozent der Selbsttötungen während der Zeit ereignen, in der es nie dunkel wird – und eben nicht in der Zeit, in der es nie hell wird. Warum ist das so?

Wenn man hier vor sich hin geht, Tag um Tag, Nacht um Nacht, beginnt man zu ahnen, warum. Weil man nie auskann. Nie senkt sich irgendwann einmal die Nacht über das Land, nie verschwimmen Konturen, nie sagt einem die Natur: Jetzt sollst du schlafen. Jetzt darfst du schlafen, leg dich hin, das Licht ist aus. Es gibt keine Rast, keine Pause, keinen Rhythmus, keinen Wechsel. Es ist immer und immer und immer alles hell. Nie sehen wir endlich einmal – nichts. Selbst der dichteste Eindruck von Nebel, das Whiteout, entsteht durch ein Übermaß an Licht, durch die unendliche Reflexion zwischen Schnee und Wolken.

Und so hört auch der Körper nicht auf, Serotonin zu produzieren und im Gegenzug gar kein Melatonin mehr – so erklärten sich die Forscher des Stockholmer Karolinska-Instituts den hohen psychischen Druck, der schließlich zu den Verzweiflungstaten führe. Denn die Herstellung dieser Stoffe wird durch Licht gesteuert, und wenn nun immer Licht und nie Dunkel herrsche, könne es geschehen, dass man dauerhaft schlaflos bleibe und sehr erregbar werde. Dies werde von den Betroffenen als extrem belastend empfunden.

Das Licht ist wohl auf andere Art unerbittlich, als es die Dunkelheit ist.

Wir gleichen Beduinen, wie wir so dahinmarschieren, mit den Tüchern um unsern Kopf. Der Schnee pappig. Die Beine schwer. So schleppen wir uns vorwärts, klopfen immer wieder den Schnee von den Skiern, oft stockt unsere Karawane.

Es ist erstaunlich, sagt Bengt, was die Hitze mit den Menschen macht. Die Hitze, sagt er, ist viel anstrengender, viel auszehrender als die Kälte. In arktischen Stürmen, bei 35 oder 40 Grad minus, sagt er, gehen seine Gruppen zügig und ausdauernd dahin. In der Hitze aber fallen die Leute um wie die Fliegen.

Wir fallen nicht um. Aber wir leiden, ja.

Und die Schmerzen sind auch wieder da, die spitzen, fiesen, nervigen Schmerzen in den Fußsohlen. Einmal lege ich mich sofort, als wir stehen bleiben, auf meine Pulka und stecke die Ski senkrecht in den Schnee, ohne abzuschnallen. Hauptsache, kein Gewicht mehr auf den Sohlen.

Oh, sagt Paul, super Idee, tun dir die Fußsohlen auch so weh?

Ja, sage ich, die Hölle ist das.

Jeden Tag das Gleiche, sagt Paul, immer am Nachmittag fängt es an. Er legt sich auf seine Pulka neben mir.

Und so liegen wir da und schauen in den Himmel und machen beide: Aaaah, ist das schön.

Bengt kommt herangefahren. Die Schmerzen sind normal, sagt er. Die hat man immer bei längeren Touren. Aber keine Sorge, in zwei, drei Monaten sind sie wieder weg.

Was?, rufen Paul und ich im Chor, in zwei, drei Monaten?

Ja, es geht relativ schnell, sagt Bengt.

Norweger sind einfach aus einem anderen Holz, sage ich.

Es gibt eigentlich keine härteren Menschen als Norweger, sagt Paul.

Eigentlich gibt es überhaupt nichts neben Norwegen, sagt LiHui.

Und so liegen wir da, schauen in den Himmel und lachen. In dieser Gruppe sind sogar diese beschissenen Fußschmerzen lustig.

In der zweiten Pause telefoniert Bengt mit Lars in Norwegen. Der Wetterbericht für heute und morgen sieht gut aus. Also werden wir keine Mammutetappe hinlegen müssen. Denn wir sind mittlerweile in dem Gebiet, das wie ein Trichter Richtung Isortoq verläuft. Kommt schlechtes Wetter auf, oder gibt es eine Piteraq-Warnung – dann will man nicht hier sein, wo sich der kalte Wind an die Küste hinunterstürzt.

In dieser Region will ich mich immer so kurz wie möglich aufhalten, sagt Bengt. Aber das Wetter ist stabil. Also können wir hier ein letztes Mal campen.

Ein letztes Mal campen. Seine Worte machen mich – traurig! Dass es nun, wo es endlich so schön ist, bald schon vorbei ist.

Überrascht nehme ich diese Traurigkeit zur Kenntnis. Habe ich nicht schon fast mit dem dritten oder vierten Tag die Tage zu zählen begonnen, wann es endlich so weit sein wird, wann wir endlich angekommen sein werden? Und jetzt, jetzt ist es dann so weit. Morgen. Morgen schon!

Wie sehr sich alles ändern kann.

Nach zwölf Stunden, 28,5 Kilometern und auf einem immer stärker stollenden Schnee sagt Bengt, es hat keinen Sinn mehr. Wir campieren. Dafür fangen wir morgen eine Stunde früher an. Damit wir den harten Schnee ausnützen, und es auch wirklich hinunterschaffen.

Ganz hinunter, an den Fjord von Isortoq. Gute 40 Kilometer sind es noch. Wir stellen die Zelte auf. Ein letztes Mal gehen Hannes und ich hinüber in Bengts Zelt, sitzen auf den Matten im Kreis. Als ich Wasser in mein Essen gieße, sage ich, Mist, bis zum letzten Tag habe ich nicht gelernt, dass ich vorher dieses kleine Beutelchen rausfischen muss.

Diese Beutelchen sind in allen Trockenfuttern, sie sorgen dafür, dass das Essen trocken bleibt. Wenn man sie nicht vor dem Wässern rausnimmt, hängt eine Menge Schlonz mit dran.

Das habe ich auch nach ungefähr tausend dieser Tüten nicht gelernt, sagt Bengt. Aber wenigstens esse ich sie jetzt nicht mehr mit.

Was soll das heißen, du isst sie nicht mehr mit?

Bei meiner ersten Tour, sagt er, habe ich nicht gewusst, was das für Beutel sind. Ich dachte, das sind Gewürze. Also haben wir die Beutelchen immer aufgeschnitten und den Inhalt über das Essen gestreut. Wie bei so Asia-Fertigsuppen.

Schon während er das erzählt, fängt er zu lachen an. Als er fertig ist mit der Beschreibung, liegen wir alle nach Luft japsend im Zelt und können nicht aufhören zu lachen.

Das hast du nicht ernsthaft gemacht, sage ich, es steht doch riesengroß drauf, dass man das nicht essen darf. Do not eat.
Ich halte meinen Beutel hoch.
Aber wir dachten, das steht nur drauf, damit man die Tütchen nicht im Ganzen verschluckt, aus Versehen. Wir waren sicher, dass man das aufschneiden muss.
Nach dieser Erklärung lachen wir so, dass das Zelt wackelt.
Wir essen und lachen, nach einem Tag, an dem wir zwölf Stunden auf den Skiern standen und fast 30 Kilometer hinter uns gebracht haben. Anstelle zerschlagen zu sein, sind wir froh; die Müdigkeit, die wir spüren, ist nicht dunkel und bedrohlich, sie ist von Glück erfüllt. Wir fühlen jene befriedigende Glücksmüdigkeit, die jeder Sportler kennt, wenn er zusammen mit anderen ein schönes Tagwerk vollbracht hat. Wir möchten nirgendwo anders sein, als gemeinsam in diesem Zelt auf dem Inlandeis.
Draußen nähert sich die Sonne dem Horizont und taucht die Welt in Orange. Dann stellen wir den Wecker auf 4:30 Uhr.

Die Hütte

2. Juni 2013, Tag 27
Distanz: 39 km, Gesamtstrecke: 556,1 km
Höhe: 118 m
noch vor uns: 4 km

*I will love the light for it shows me the way,
yet I will endure darkness because it shows me the stars.*
Sprichwort der Inuit

Das Meer. Es ist kaum von Himmel und Eis zu unterscheiden, aber das, was da glitzert, ist das Meer. Wir sehen die Ostküste Grönlands. 27 Tage und 530 Kilometer, nachdem wir am Point 660 an der Westküste aufgebrochen sind, sehen wir hinunter auf die andere Seite.

Wir sind immer noch weit oben, auf fast 1300 Metern. Wie lange wir im Aufstieg gebraucht haben, um diese Höhe zu erreichen ... sechs anstrengende Tage. Und jetzt werden wir sie an einem einzigen abfahren. Wenn alles klappt, wenn das Wetter hält, wenn nichts passiert.

Das Gelände fällt jetzt spürbar ab. Wir gehen leicht nördlich, an der Küste entlang. Weit entfernt sehen wir wieder die Bergkette vor uns, die auf der anderen Seite des Fjords liegt, doch aus unserer Perspektive sehen die Berge fast aus wie Nunataks, Bergspitzen, die aus der vergletscherten Ebene ragen.

Rechts von uns blicken wir auf die zerfaserte Küste Ostgrönlands hinunter. Wir sehen Eisberge im Meer treiben, auch noch Eisfelder, das Meereis ist jetzt im Frühsommer schon aufgebrochen, aber noch nicht verschwunden.

Welche Musik hörst du jetzt, frage ich Paul.
Ich höre keine Musik mehr, sagt er.
Warum?
Die Musik war gut, solange alles monoton war. Aber jetzt gibt es so viel zu sehen. Sehen und hören gleichzeitig, das ist mir zu viel.

Sehen und hören gleichzeitig ist mir zu viel. Was für ein Satz. Aber er stimmt. Wie sehr wir uns verändert haben. Unsere Sinne sind so scharf geworden. So scharf, dass es schnell zu viel wird, wenn mehr Reize auf uns einströmen als in den vergangenen Wochen. Wir tun, was wir tun. Wir sind bei dem, was gerade geschieht, wir sind bei uns. Wann ist man das schon. Es gibt kein Telefon, keine Mails, kein Internet und auch keine Autos, keine schnellen Bewegungen, keine künstlichen Geräusche. Wir sind, wo wir sind, wir sehen nur so weit, wie das menschliche Auge sehen kann, wir sind so schnell, wie ein Mensch schnell sein kann, wir hören den Wind und den Schnee. Sonst nichts.

Wir müssen auf niemanden reagieren, wir sind, für diese kostbaren Tage, nur die, die wir hier sind: Menschen, die über eine Insel gehen.

All die Blasen, die man sonst ständig überall unsichtbar mit hinschleppt, haben wir an der Eiskante gelassen, wir sind nur für sehr ausgewählte Menschen erreichbar und auch nur dann, wenn wir es wollen. In den vergangenen Wochen haben wir Abstand genommen vom Multitasking, wir haben nie mehr als nur eine Sache gleichzeitig gemacht. Gehen. Zelt aufbauen. Essen. Schlafen. Wir haben in dieser Zeit nicht auf Mails oder Anrufe gewartet und haben auch nicht daran gedacht, noch etwas anderes, Dringendes erledigen zu müssen, wir waren mit unseren Gedanken nicht in der Zukunft, sondern nur dort, wo wir waren.

Manchmal war es auch schwer aushaltbar, so allein mit sich zu sein. So ganz ohne Ablenkung. Man kann nicht mal schnell abdriften ins Internet, den Fernseher anmachen, Zeitung lesen, sich unterhalten lassen. Die Unterhaltung hat sich das Hirn selber gemacht. Und das Programm hat mir nicht immer gefallen.

Wir haben uns auch der Natur ein ganzes Stück weiter angenähert. Wir hören Geräusche, die wir in unserem Leben zuhause gar nicht hören können, weil ein Grundgeräuschpegel die einzelnen, kleinen Töne verschluckt. Werde ich je wieder durch den Flügelschlag eines Vogels aufwachen? Zuhause ist es vielleicht auch gut, wenn wir ein bisschen abstumpfen, nicht auf alle Geräusche reagieren, die unsere Umwelt uns schickt. Zuhause haben wir einen Filter vor den Ohren. Den Augen.

Hier ist das anders, hier sind wir darauf angewiesen zu hören und zu sehen. Alle Geräusche sind kleine Botschaften an uns, Botschaften, die sehr wichtig sein können. Der Wind, der stärker, der Schnee, der schwerer wird. Hier muss der Filter verschwinden, unsere Sinne müssen weit geöffnet sein, um die Zeichen zu lesen.

Wir sehen den Himmel mit anderen Augen an. Mit den Augen von Menschen, die kein Haus, sondern nur ein Zelt zu ihrem Schutz haben, die dem Wind ausgesetzt sind, die draußen leben. Wir beobachten immerzu den Horizont, wir bemerken sofort, wenn er verschwimmt, wenn Wolken aufziehen, wenn ein aufkommender Sturm seine ersten Zeichen an den Himmel malt. In den Wolken können wir die Hinweise und Anweisungen lesen, wie wir weiter zu handeln haben. Wir sehen die Schönheit mancher Wolkentürme. Vor allem aber sehen wir Wind, der mit den Wolken kommen wird und schlechtere Sicht, wir bereiten Handschuhe, andere Brillengläser, Überjacken griffbereit vor, wir zurren die Seile der Zelte fester und schaufeln Schneewälle höher.

Wir sind achtsamer geworden.

Aber bald werden wir uns wieder in einer Umgebung befinden, in der man nicht nur gleichzeitig sehen und hören muss, sondern noch sehr viele andere Dinge. Wie wird das sein? Wie schwer wird die Rückkehr diesmal fallen, die Rückkehr und das Eingewöhnen an die laute, schnelle Welt, in der wir nun mal leben?

Ich denke an zuhause. Wie es sein wird, wieder Grün zu sehen. Was freue ich mich auf zuhause. Und dass dieses Zuhause nicht mehr in der Stadt, sondern auf dem Land ist. Was freue ich mich auf den Blick aus meinem Fenster auf die Brecherspitz, den Jägerkamp, den Spitzingsattel, den Schliersee. Das viele Grün, vor allem das satte, volle, feuchte, gesunde Grün. Die Ruhe. Den am Morgen still daliegenden See und die Bäume, die sich in ihm spiegeln. Die sanfte Kühle, in die sich so gut eintauchen lässt. Den Buchladen. Den Bäcker. In Schliersee ist gut ankommen. Das Leben ist gesünder hier.

Und im Juli schon, in knapp fünf Wochen wird es ohnehin wieder losgehen für mich, mit dem Eisbrecher zum Nordpol, wie jeden Sommer. Und schon ertappe ich mich, wie ich an die Zukunft denke, daran, was bis zu meiner erneuten Abreise noch vorbereitet und erledigt werden will. Zum ersten Mal habe ich wieder vorausgedacht, zum ersten Mal bin ich aus dem Jetzt herausgeschlüpft zu den wartenden Pflichten.

Ich bleibe stehen und hole tief Luft. Und schiebe diese Gedanken beiseite. Wir sind ja noch hier! Noch ist diese kostbare Zeit ja nicht vorbei. Mein Blick schweift die Küste entlang, über das Wasser, das Eis, die Berge. Wie wenige Menschen auf der Welt doch jemals diese Aussicht zu sehen bekommen. An ein paar Händen kann man sie abzählen. Während jedes Jahr tausende auf den Everest stürmen, queren Grönland vielleicht 20 oder 30 Menschen. Es hat auch wenig Glamour, im Vergleich.

Zum Glück.

Christoffer ruft Tiiiiid!

Als wir sitzen, sagt Bengt, ihm gefallen die Wolken draußen über dem Fjord nicht. Es sieht so aus, als würden sie hier hereinziehen, sagt er. Das ist ungünstig, gerade auf dem letzten Stück hinunter wäre es schon gut zu sehen, wo wir hinfahren.

Alle neun fläzen wir auf unseren Schlitten und schauen auf die Wolken, die über dem Meer hängen. Heiß ist es wieder, das Wetter ist genauso wie in den vergangenen Tagen, die Sonne wirft mit Macht ihre Wärme auf uns und den Schnee.

Die eine Stunde am Morgen, die wir früher losgegangen sind, hat uns nur einen sehr kleinen Vorsprung beschert, bevor der Schnee wieder weich wurde. Bald brechen wir erneut auf, wir wollen weiter. Noch einmal verwandeln wir uns in die Grönlandbeduinen, die wir gestern schon waren, wir wickeln uns Baumwolle um den Kopf und ziehen die Jacken aus, Christoffer geht wieder nur noch in Unterwäsche, wir anderen machen die Lüftungen der Hosen weit auf. Ich habe noch nirgendwo auf der Welt so viel Sonnencreme verbraucht. Dick schmieren wir uns unsere Gesichter ein, die wir seit 27 Tagen nicht gewaschen haben. Es ist fast unglaublich, dass die Strahlen überhaupt noch durchkommen, durch die sich jeden Tag erneuernde Kruste aus Schweiß, Dreck, Fett und Creme. Aber sie tun es, wir sehen es uns an, und wir spüren es auch. Unsere Gesichter scheinen gegerbt.

Und dann geht es bergab. Richtig bergab, so, dass man es fast eine richtige Abfahrt nennen kann. In genau dem Gefälle, in dem man den Schlitten noch gut im Griff hat. Wie ich es so oft geübt habe, mit Hanna auf der Huberspitz. Bin ich froh, dass ich geübt habe!

Wir fahren durch Spaltengelände, das wissen wir, aber der Schnee ist noch fest und lässt sie uns sicher überqueren, wir fahren in einer Reihe hinter Bengt her, immer schneller und schneller. Es ist ein Traum.

Die Freude, die durch den Körper flutet! So viel Euphorie setzt die Abfahrt frei, der Wind, den ich im Gesicht spüre, die neue Bewegung, das Ausbalancieren des Schlittens – da ist es, das Bild, das ich so oft vor mir gesehen habe, der Lohn für alles, für die vielen, vielen Tage des Bergaufstapfens, des Vorankämpfens, der Lohn für die vielen Kilometer in völliger Monotonie. Wir hatten gedacht, wir würden diesen Lohn früher bekommen. Und dass es mehr als nur einen Tag geben wird, an dem es richtig bergab geht und wir der Ostküste entgegenwedeln können. Was man sich so vorstellt. Das ist nun also nicht so gewesen, der Pappschnee hat uns einen Strich durch die Rechnung gemacht, so wie den Teams vor uns der tiefe Neuschnee. Umso kostbarer sind nun diese Hänge, über die wir in den Alpen lachen würden. Hier sind sie der Himmel. Wir müssen nicht mehr ziehen. Wenn wir doch von oben sehen könnten, wo wir sind, was wir gerade machen! Wir fahren die Ostküste Grönlands ab! Ich kann es kaum fassen, dass es nun wirklich so weit ist, dass ich wirklich tue, was ich tue, dass ich bin, wo ich bin. Wie verrückt ist das denn?, denke ich mir, jetzt habe ich Grönland durchquert!

LiHui und Jane sind vor dieser Expedition noch nie auf Skiern gestanden. Sie haben zwar bereits die Seven Summits bestiegen – aber da brauchten sie keine Ski. Daran gemessen schlagen sie sich ziemlich gut, und das, obwohl ihr Schlittensystem mit den beiden hintereinandergespannten Paris-Schlitten schwieriger handzuhaben ist als ein einzelner. Immer wieder verdrehen, verkanten sich die Schlitten, und vor allem LiHui legt eine beachtliche Anzahl an Stürzen hin. Sie steht aber immer lachend wieder auf, und auch wir haben dadurch einiges an Unterhaltung, wenn wir warten und zuschauen, wie sich die beiden die Hänge hinunterkämpfen. Nach einer erstaunlich kurzen Weile haben auch sie raus, wie sie die Schlitten halten müssen. Es ist ziemlich faszinierend zu sehen, wie schnell die beiden lernen.

In manchen Abschnitten fahren wir durch recht ähnliche Dünen ab, mit denen wir auch beim Aufstieg zu kämpfen hatten. Wie riesige Buckelpisten sehen diese Eisdünen aus; wir schleudern durch ihre Täler und geben uns größte Mühe, die Stellen mit Blankeis zu vermeiden, an denen die Ski und Schlitten unkontrollierbar werden. Das sind wohl die anspruchsvollsten Partien unseres Downhills, hoch konzentriert müssen wir hier sein – und das ist so schön: dass wir endlich wieder etwas zu tun haben, der ganze Körper beschäftigt ist, und nicht nur die Beine den immer gleichen Schritt machen.

Wir legen unregelmäßige Pausen ein, wenn wir auf Jane und LiHui warten. Einmal warten wir ziemlich lange auf die beiden, fahren dann weiter, und wenig später kündigt Bengt eine Pause an. Thomas sagt: Was, schon wieder Pause? Wir hatten doch gerade eine.

Und da denke ich mir, ja, genau das ist es, was nicht funktioniert hat. Jane und LiHui hatten keine Rast, keine Gelegenheit, etwas zu essen und zu trinken nach ihrer Sturzpartie den Berg hinunter – sie haben sich von uns allen wohl am meisten anstrengen müssen. Wäre Thomas der Leiter, er wäre, kaum wären die beiden bei uns angekommen, weitergefahren. Und genau das ist der Stress, der Menschen kaputtmachen kann, dieses Hase-und-Igel-Spiel und das daraus resultierende Gefühl, dass man nie genug Zeit hat, sich selbst zu versorgen. Unter Bengts Führung konnte sich jeder immer darauf verlassen, dass er irgendwann die Gelegenheit bekommen würde, sich um die Dinge zu kümmern, die ihn beschäftigten, sei es nach anderen Handschuhen zu suchen oder eine Falte im Schuh gerade zu ziehen. Geschweige denn zu essen und ein wenig zu rasten. Ein kleines Stückchen Freiheit bedeutete das, die notwendige Freiheit im Kopf.

Bei Thomas' Worten wird mir noch deutlicher bewusst, wie anders, wie viel schöner, auf eine Art gnädiger, auf den Einzelnen rücksichtnehmender es in dieser Gruppe ist. Was bin ich froh, dass wir Bengt getroffen haben. Dass wir uns ihm anschließen konnten, dass uns alle sechs so warm aufgenommen haben.

Und dann breitet sich vor uns eine nahezu unendlich scheinende Piste aus, und wir jagen hinter Bengt den Berg hinunter, und als ich nicht mehr bremsen will, fahre ich neben Bengt und sage, ich lasse es einfach laufen, ich will nicht mehr bremsen! Welche Richtung?, frage ich und Bengt lacht und zeigt mit dem Skistock voran. Go for it!, sagt er, und ich fahre und singe und fahre und juble, dass mir das Endorphin fast zu den Ohren herauskommt. Es ist so schön, so wunderschön, so unfassbar fantastisch, das Gefühl, alles, was ich sehe an der Ostküste der größten Insel der Welt.

Irgendwann halte ich an, stütze mich auf meine Stöcke und lache, ich lache so viel, bis ich vor Lachen umfalle. Bengt kommt angefahren, neben ihm Christoffer, der sich eine neue Technik ausgedacht hat, um sein Schlittengespann im Griff zu halten: Er fährt in der Hocke ab. Er wird erstaunlich schnell auf diese Art.

Wow, that was a good one, hm, sagt Bengt.

That was a fantastic one, sage ich. Schade, dass nicht der ganze Weg so war!

Aber dann hätten wir jetzt nicht so viel Freude, sagt Bengt.

Wie wahr.

Und irgendwann ziehen die Wolken tatsächlich zu uns herüber, binnen weniger Minuten finden wir uns in glitzerndem Gold wieder, die Luft ist voll mit sternengleichen Kristallen, auch der Schnee vor uns glitzert, zwischen den Nebelschwaden zeigt sich immer wieder blauer Himmel, es ist ein Spektakel, das uns zum Stehenbleiben und Fotografieren zwingt, atemlos stehen wir da, mitten in dieser Welt aus Gold.

Dann wird der Nebel dichter, das Gold verschwindet, und wir kommen langsamer voran, weil wir nah zusammenbleiben müssen und Bengt sich immer wieder neu orientieren muss.

Hannes, sagt er, wo ist der Punkt, an dem ihr abgestiegen wärt? Hannes und er beugen sich über das GPS, beratschlagen lange, wie es weitergehen muss.

Jedes Mal, wenn ich hier bin, sieht alles völlig anders aus, sagt Bengt. Er zeigt auf ein paar Hügel, die weiter entfernt aus dem Schnee ragen. Die hat es vor ein paar Jahren noch gar nicht gegeben. Die Eisschicht des Gletschers war so viel dicker, als ich angefangen habe, diese Touren zu machen. Und jedes Jahr ist weniger da.

Und so fahren wir durch den Nebel, und irgendwann flacht das Gelände deutlich ab.

Bengt kontrolliert sein GPS in immer kürzeren Abständen, und irgendwann bittet er uns stehen zu bleiben. Er will ein Stück vorausfahren und sehen, wo wir uns befinden. Wir bleiben also stehen und beginnen uns langsam zu fragen, was Bengt macht, als ich in dem Nebel etwas Dunkles erkenne. Die Nebelwand öffnet sich ein paarmal ganz kurz. Und was die Schwaden da freigeben, ist: Land.

Langsam bahnt sich diese Nachricht ihren Weg in mein Gehirn. Angestrengt starre ich in den Nebel, versuche, mehr zu erkennen. Aber das Fenster geht nicht mehr auf. War es wirklich Geröll, das ich gesehen habe?

Bengt kommt zurück. Er lächelt. Ich möchte jetzt, dass mich keiner überholt, okay, sagt er. Bleibt hinter mir.

Es muss Land sein, denke ich mir. Hier sind keine Spalten mehr. Er sagt das, damit wir gemeinsam ankommen.

Und so ist es auch. Nach ein paar hundert Metern hält er an. Wir bleiben neben ihm stehen. Zwanzig Meter von uns entfernt ragt Geröll aus dem Schnee. Nicht nur Geröll, es ist eine ganze Bergkuppe. Es ist Land.

Wir sind da.

Und es fühlt sich exakt so an wie Weihnachten.

Genauso feierlich, genauso aufregend, und wir teilen es miteinander. Wir stehen da wie Kinder, die darauf warten, in den Raum mit dem Christbaum gerufen zu werden.

Bengt macht eine Zeremonie daraus. Hannes, Thomas und ich, wir halten uns zurück. Wir lassen den sechs ihren Spaß in der Teamformation, die den ganzen Weg gemeinsam gegangen ist. Bengt filmt, wie alle sechs zusammen gleichzeitig auf die ersten Steine treten. Dann erst kommen wir.

Steine. Es ist ungewohnt, wie sich der Boden anfühlt, so hart. Er gibt nicht nach, ist nicht weich wie der Boden, auf dem wir nun 27 Tage unterwegs waren. Die feuchten Kiesel knirschen unter den Sohlen. Es ist rutschig.

Herzlichen Glückwunsch, sagt Hannes zu mir.

Wir umarmen uns.

Wer hätte das gedacht, 2010, an der Rezeption im Guesthouse in Longyearbyen, sage ich zu ihm.

Das hat keiner gedacht, sagt Hannes.

Danke, sage ich. Danke, dass du auf mich achtgegeben hast. Und einen Sack von mir geschleppt hast.

Danke dir, sagt er. Dass du auf mich aufgepasst hast.

Auch Thomas umarme ich.

Eine Weile umarmt jeder jeden. Auch das ist schön, wenn man zu neunt ist. Dann dauert so ein Moment länger.

Christoffer zieht derweil sein Oberteil aus und wirft sich mit einer Whiskyflasche in den Schnee. Dazu stößt er laute Wikingerschreie aus. So feiert man als Norweger.

Wir fotografieren uns ausgiebig, in allen Kombinationen. Auf dem Foto, das uns drei zeigt, kehre ich Thomas den Rücken zu, Thomas schaut nicht in die Kamera, sondern weg von uns, und Hannes sieht 30 Jahre älter aus. Als ich diese Aufnahme zum ersten Mal Zuhause sehe, erschrecke ich.

Legt man es neben eines der Bilder vom Anfang, auf denen wir hoffnungsfroh in die Kamera lachen, mit glatter Haut und hellen Augen – dann läuft es einem fast kalt den Rücken hinab.

Das hat das Eis aus uns gemacht.

Die Inuit wissen schon, warum sie in denen, die übers Eis gehen, keine Helden sehen, sondern sie allesamt für verrückt halten. Warum es für sie keinen Sinn hat, sich so weit aufs Inlandeis zu wagen. Was das Eis mit dir macht, das weißt du vorher nicht.

200 Meter entfernt steht eine Hütte, eine einsame achteckige Holzhütte. Dort können wir essen, sagt Bengt. Wir schleppen unsere letzten Essensvorräte zu dem kleinen, aber sehr stabilen Bau. Es ist ein winziger Raum. Rings um die Wand verläuft eine Bank, in der Mitte ein gemauerter Tisch, darüber ein Kaminabzug. Wir können uns setzen.

Sitzen.

Wir bringen auch unsere Kocher und Schnee in die Hütte und beginnen mit dem Schmelzen. Eine ganze Weile spricht niemand. Wir haben unsere Essensvorräte auf die Mitte des Tischs gelegt, drei Kocher schmurgeln vor sich hin. Paul macht die abendliche Streckenmeldung. 39 Kilometer waren es heute, 1200 Höhenmeter im Abstieg. 15 Stunden waren wir unterwegs, an diesem letzten Tag. Während der Schnee schmilzt, essen wir Speck, Schokolade, Nüsse, Chips, alles kreuz und quer durcheinander. Wir können alles aufessen, was wir noch haben. Wir brauchen es nicht mehr.

Aber ich weiß nicht, was es morgen zu essen gibt, sagt Bengt. Es ist nicht so sicher, ob es überhaupt was zu essen gibt in Isortoq.

Wie meinst du das, fragt Paul, gibt es da keinen Laden?

Doch, aber nicht so einen, wie wir das gewöhnt sind, antwortet Bengt.

Und das Gemeindehaus, in dem wir wohnen, frage ich, hat das Duschen?

Eigentlich schon. Aber im Herbst waren sie kaputt, sagt Bengt.

Oh nein, sagt Jane, ich hab mich so auf eine Dusche gefreut!

Auf einen Tag kommt es jetzt auch nicht mehr an, sagt Hannes.

Bengt schaut in die Runde.

Ich habe meiner Gruppe ja erzählt, dass nach dem 15. Tag ungefähr so etwas wie eine Selbstreinigung einsetzt, sagt er, und man nicht mehr dreckiger wird.

Und das haben sie dir geglaubt?, frage ich.

Alle platzen vor Lachen. Natürlich nicht!, sagt Bengt. Aber ich dachte, einen Versuch ist es wert.

Irgendwann ist genügend Wasser geschmolzen für unser Essen und unsere Thermoskannen. Und wir essen, zum ersten Mal seit dem Frühstück in Kangerlussuaq vor 27 Tagen auf einer Bank sitzend und nicht auf unseren Matten kauernd.

Als ich meinen Beutel aufgegessen habe, will ich wissen, wie es draußen aussieht. Ob man jetzt mehr von der Umgebung sieht, und wo wir eigentlich sind. Ich gehe hinaus. Nebel zieht um die Hütte. Das Geröll ist gelblich und nass, der Schnee sulzig. Man sieht nicht viel mehr als vorher. Es ist, alles in allem, ein absolut unglamouröser Ort für das Ende einer solchen Tour. Die Luft ist feucht. Es ist eine ganz andere Luft als oben auf dem Eis. Meeresluft. Ein leichter Nieselregen setzt ein. Es ist sagenhaft ungemütlich.

Ich gehe ein Stück von der Hütte weg und suche mir einen Felsen, auf dem man gut sitzen kann. Ich will allein sein. Ich will hinunterschauen aufs Meer. Ich will es in mir ankommen lassen, dass ich angekommen bin. Ich will meine Seele vom Eis hinterherkommen lassen.

Nach einer Weile kommt Bengt aus der Hütte.
Alles klar, fragt er.
Ja, sage ich, alles klar.
Er setzt sich neben mich auf den Felsen. Schweigend schauen wir über den Fjord; weit sehen wir nicht in dem Nebel.
Ohne dich hätte ich das nicht geschafft, sage ich nach einer Weile zu ihm.
Ach was, sagt er. Du bist doch selber gegangen, es ist ja nicht so, dass ich dich auf meinem Schlitten gezogen habe. Oder getragen. Er lacht.
Doch, sage ich. Auf eine Art schon. Ihr alle. Ich weiß wirklich nicht, ob wir zu dritt hier angekommen wären. Ich hätte irgendwann einfach nicht mehr gehen können, glaube ich. Ich hätte es nicht mehr ausgehalten. Mit euch zusammen war es völlig anders. Als hätte jemand mein Hirn entblockiert.
Ist das wahr?, fragt Bengt. Bengt sagt nie, oh, really?, er sagt immer, is that true?
Ja, das ist wahr, sage ich. Ich kann kaum beschreiben, wie energielos ich mich gefühlt habe, und du hast mir wieder welche gegeben. Sogar über's Telefon war das so. Wenn ich nicht mit dir hätte telefonieren können jeden Abend, dann wäre ich schon viel früher zusammengeklappt.
Ja, du hast dich nicht gut angehört, sagt er.
Und wieder sitzen wir schweigend da und schauen den Nebelschwaden zu, wie sie über den Bergrücken fallen.
Es ist ganz einfach, sagt er nach einer Weile. Du hast einfach jemanden gebraucht, der dich unterstützt.
Ja, sage ich, so jemanden hab ich wirklich gebraucht. Ich bin dir so unglaublich dankbar dafür, dass du das gemacht hast.
Das brauchst du nicht, sagt er. Irgendwann, das verspreche

ich dir, rufe ich dich an. Und dann brauche ich dich, damit du mich unterstützt.

Das werde ich, sage ich. Versprochen.

Zalo

> Isortoq, 3. Juni 2013, Tag 28
> Distanz: 4 km, Gesamtstrecke: 560,1 km
> Höhe: 0 m
> noch vor uns: 0 km

> *Yesterday is ashes, tomorrow wood.*
> *Only today does the fire shine brightly.*
> Sprichwort der Inuit

Blau ist der nächste Morgen. In allen Schattierungen von Blau liegt der Fjord unter uns, der Nebel hat sich gelichtet. Blau ist das Eis, die gewaltige, spaltige Gletscherzunge, die sich rechts von uns Richtung Meer erstreckt, das Meereis, der Himmel. Wie mit einem Weichzeichner gemalt. Wir sehen bis zu der Insel, und wir glauben, an der Eiskante ein Boot zu erkennen. Der letzte Abstieg beginnt, 118 Meter sind es noch bis hinunter auf Meereshöhe, die steilsten Stellen warten hier auf uns. Als wir aufbrechen, beginnt es zu regnen. In mehreren Stufen geht es hinunter zum Fjord, wir müssen uns gegenseitig mit den Schlitten helfen. Und obwohl es irgendwann schüttet, verlieren wir unsere gute Laune nicht, im Gegenteil.

An der letzten Stufe sage ich zu Hannes, pass auf, jetzt kommt der letzte Härtetest für meinen Schlitten. Und lasse ihn einfach los. Der Beluga schanzt über ein paar Erhebungen, brettert über zwei kleinere Spalten und hebt an dem letzten, großen Buckel am Ufer ab. Er fliegt ungefähr fünf Meter weit und landet wie eine Eins, ohne umzufallen, und bremst sich selbst auf dem Meereis ab, weil er über seine heruntergerutschten Seile fährt. Als wäre er ferngesteuert.

Atemlos haben Hannes und ich die Schussfahrt beobachtet.

Woooo-hooo, rufen wir, als sie erfolgreich beendet ist, und lachen uns fast kaputt.

Du bist ja total verrückt, ruft Bengt von weiter oben. Und sag Thomy, dass ich auch so einen Schlitten will!

Thomas kämpft derweil mit seinem Gestänge, das ihn beim Queren des steilen Hangs fast mit umzureißen droht, vor allem, weil er auch noch einen Schlitten von LiHui zieht. Hannes und ich steigen ohne Ski wieder nach oben. Ich nehme Thomas LiHuis Schlitten ab, sodass er sich selbst ausschirren und um seine Pulka kümmern kann. Bengt und Hannes hangeln sich mit den restlichen Schlitten von Jane und LiHui den Berg hinunter. Dieses Gefälle verlangt ein bisschen zu viel von Skineulingen, deren Ski-Ausrüstung aus weichen Expeditionsschuhen in einer Langlaufbindung besteht, während zwei Schlitten an den Hüften hängen. Es ist gut, dass es regnet und dass der Schnee so sulzig ist, wie er ist. Wäre dieser Hang glatt gefroren, wäre es noch schwieriger, die Schlitten im Zaum zu halten.

Und irgendwann stehen wir dann alle unten auf dem Meereis, dem Meereis Ostgrönlands. Wir jubeln, obwohl es regnet, auf dem Eis große Schmelzwasserteiche stehen und wir mittlerweile ziemlich durchnässt sind. Jetzt kommen die letzten paar hundert Meter. Und vorne, an der Eiskante, sehen wir Zalo. Und ein Boot.

Es ist erst halb acht Uhr am Morgen, und er ist schon da. Wir werden einen ganzen Tag in Isortoq haben, bevor morgen unser Hubschrauber kommt. Was für eine Punktlandung.

Zalo, stellt sich heraus, ist ein sehr breit lächelnder Mann. Er sitzt auf dem Rand seines Boots und beobachtet, wie wir näher kommen. Dann steht er auf und wartet, bis Bengt bei ihm angekommen ist. Bengt und er umarmen sich und hauen sich mit den Armen auf den Rücken. Wir anderen geben ihm die Hand, und er nimmt unsere Hände in seine beiden Hände und heißt uns willkommen, als seien wir alte Freunde. Das Erste, was mir an ihm auffällt, sind seine warmen Augen. Selten habe ich an einem Menschen so warme, sanfte Augen gesehen. Das Nächste, was mir auffällt, sind seine Hände. Noch nie, noch gar nie habe ich derart große Hände an einem Menschen gesehen, sogar mit meinen dicken Fäustlingen sehen meine Hände winzig aus gegen seine unbehandschuhten.

Zalo ist Jäger. Er hat ein Schlittenhundeteam und ein Boot. Im Boot liegen Harpunen, Messer, die ganze Ausrüstung, die man für die Robbenjagd braucht. Zalo nimmt ab und an auch Touristen mit zur Jagd oder auf Schlittenhundetouren hinauf aufs Inlandeis. Zalo ist einer jener Inuit, so scheint es uns, der mit den ganzen Veränderungen, welche die Invasion der Europäer seinem Volk gebracht hat, noch ganz gut zurechtkommt.

Sein Boot allerdings ist klein.

Lass uns mal warten, sage ich zu Hannes. Wir passen doch sicher nicht alle da rein.

Und habe nicht mit Zalo gerechnet. Er stapelt und stapelt, bis alle neun Schlitten auf dem Boot verstaut sind.

Und plötzlich platscht es neben uns, und Jane liegt im Wasser. Als sie auftaucht, schnappt sie nach Luft und greift nach der Eiskante. Hannes stürzt auf sie zu und zieht sie mit einem Ruck aus dem Wasser auf das Eis. Jane ist vollkommen durchnässt; das Wasser hat hier wegen des hohen Salzgehalts vielleicht sogar Minusgrade! LiHui gibt ihr ein trockenes Oberteil und eine trockene Jacke, mehr, sagt Jane, braucht sie nicht.

Was hatte Bengt über die zwei gesagt? They are really tough. Oh ja, das sind sie.

Wir klettern in das Boot, Zalo startet den Außenbordmotor, und langsam tuckern wir durch den Fjord, in dem noch viel Eis schwimmt, neben kleineren und größeren Eisbergen. Zalo steuert uns langsam und sehr vorsichtig durch den eisigen Hindernisparcours.

Die schmelzenden Eisberge knistern, der Sommer hat hier spürbar begonnen, die ganze Welt scheint zu zerfallen, zerfließen, flüssig zu werden, von den Berghängen rauschen gewaltige Bäche herunter, aus den Gletscherwänden brechen Wasserfälle. Und der Schnee an Land hat jenes verwaschene und gar nicht mehr leuchtende Weiß angenommen, das nur schmelzender Schnee hat.

Es ist vorbei. Die große Tour über das Eis, jetzt ist sie vorbei. So ganz begreife ich es noch nicht, wie soll man das auch, wenn man neben der Robbenharpune eines Inuit in einem Motorboot durch einen eisigen Fjord gleitet. Vielleicht begreife ich nie, was dort oben passiert ist mit uns, warum alles so war, wie es war. Vielleicht kann man es auch dann, wenn man zuhause ist, nicht mehr begreifen. Weil man dann wieder hier ist und nicht dort, wo die Monster wohnen und um dich tanzen. Ich drehe mich um und schaue zurück. Ich sehe die Hütte oben an der Klippe stehen. Und sehe wie sich dahinter das Eis türmt, das große Eis, so wie auf der anderen Seite, als wir in Kangerlussuaq losgegangen sind, vor 28 langen Tagen. Es war ein weiter Weg.

Zalo weicht einem großen Eisberg aus, einem jener wundervollen, von den Wellen des Meeres zurechtgeschliffenen

Gebilde, die so geheimnisvoll und gleichzeitig so anrührend anmuten in ihrer Vergänglichkeit. Hinter dem Eisberg tauchen die ersten Häuser auf, ein paar rote Holzhäuschen mit weißen Fensterrahmen. Und viel mehr halb verfallene, verwitterte Hütten, bei denen manche Fensterscheiben zerbrochen sind, obwohl jemand in diesen Behausungen wohnt, das sieht man an der Wäsche, die im strömenden Regen zwischen den Hütten hängt. Zum ersten Mal seit 28 Tagen sehen wir andere Menschen, sehen wir Zeichen menschlichen Daseins.

Zalo legt an dem hohen Steg an, auf den wir über eine Leiter hochklettern müssen, und auf den wir auch unsere Schlitten nach oben wuchten müssen. Die Leiter hochzuklettern ist erstaunlich herausfordernd. Unsere Beine sind es nicht mehr gewöhnt, so hochgehoben zu werden! Und dann steige ich über die letzte Stufe und stehe auf den hölzernen Planken des Stegs. Nicht mehr auf Schnee und Fels, sondern auf einem Untergrund, den der Mensch gebaut hat.

Ich schaue den Hügel hinauf, mit seinen verstreuten Hütten. Der Weg, der nach oben führt, dorthin, wo das Gemeindehaus steht, ist mehr ein schlammiger Schmelzwasserbach als das, was wir unter einem Weg verstehen. Gut ein Meter nasser Schnee liegt daneben noch, mit Robbenresten und Hundekot versetzt. 44 Menschen leben hier, und viel, viel mehr Hunde. Deren Gebell hängt über dem Ort, ein immer wiederkehrendes Bellen und Heulen aus hunderten Schlittenhundekehlen, es riecht nach Robbenfett und Fisch.

Wir sind da.

ANHANG

Glossar

Arktis
Welches Gebiet meinen wir eigentlich, wenn wir von der Arktis sprechen? Es gibt tatsächlich mehrere Arten der Grenzziehung; die populärste dürfte der Polarkreis sein, der auf 66° 33' 44" nördlicher Breite den Breitengrad markiert, an dem die Sonne zum Zeitpunkt der Sommersonnenwende für einen Tag nicht untergeht. Diese Art der Definition richtet sich also nach dem Sonnenstand, berücksichtigt aber die klimatischen Verhältnisse nicht, die zum Beispiel von Landmassen und Meeresströmungen beeinflusst werden.

Andere Grenzziehungen beziehen sich deshalb auf das Vorkommen von Permafrost oder die Baumgrenze. In der Wissenschaft spricht man meistens vom 10° Juli Isotherm, und damit der Grenze, an der die Durchschnittstemperatur im Juli auf Meereshöhe die 10° Celsius nicht überschreitet. Diese Grenze verläuft zum Beispiel durch den Süden Islands und von dort Richtung Osten sehr viel weiter nördlich – wegen des wärmenden Einflusses des Golfstroms auf das Klima in Europa –, während die Grenze westlich von Island sehr viel weiter südlich, ja sogar weit südlich von → Grönland verläuft, weil hier diese warme Meeresströmung fehlt.

Diese Definitionsart berücksichtigt die klimatischen Bedingungen also weit mehr als ein simpler Ring um den Globus. Wie unterschiedlich die Bedingungen sein können, habe ich dieses Jahr eindrucksvoll vergleichen können: Während ich in Grönland ungefähr auf dem 66. Breitengrad auf einem Meer aus Eis und Temperaturen bis minus 30° unterwegs war, hatten wir wenig später, als ich mit dem russischen Atomeisbrecher 50 Let Pobedy zum Nordpol fuhr, beim Ablegen in Murmansk am 69. Breitengrad, also mehr als 300 Kilometer weiter nördlich, strahlendes Sommerwetter bei 20° (plus!).

Blankeis
Mit Blankeis bezeichnet man glatte Eisflächen auf → Gletschern. Weil nur noch sehr wenig Luft im Eis eingeschlossen ist, sieht es sehr klar und sauber aus. Die Entstehung von Blankeis dauert mehrere Jahre und entspricht der klassischen Gletscherbildung: Schnee schichtet sich aufeinander, setzt sich und schmilzt im Sommer nicht ab. Neuer Schnee kommt hinzu, der Schnee verdichtet sich weiter, reduziert sich deutlich im Volumen und wird zuerst zu Firneis, das sehr grobkörnig ist, verwaschen aussieht und noch viel Luft enthält. Durch hinzukommenden Schnee und weiteren Druck entweicht die Luft, und es entsteht nach etwa fünf Jahren Blankeis. Blankeis ist – selbst wenn es flach ist – nur sehr schwer ohne Steigeisen zu überwinden, da es wenig Halt bietet. Bei Steigungen sind Steigeisen unabdingbar.

Blog
Als Fridtjof Nansen 1893 mit seinem Schiff, der Fram, gen Nordpol aufbrach, war klar, dass man für etwa zwei Jahre nicht mit Nachrichten von ihm rechnen konnte. Das ist heute unvorstellbar. Moderne Expeditionen melden sich nahezu täglich, viele mit eigenem Blog, manche sogar bebildert. Wir waren dabei keine Ausnahme.

Wir sind dabei so vorgegangen: Jeden Abend haben wir über unsere Satellitentelefone eine Nachricht an Andreas' Anrufbeantworter durchtelefoniert, der diese Nachricht an unsere Helfer bei meinem Buchverlag btb und unserem Kleidungssponsor Montane geschickt hat. Britta Puce, Nina Portheine, Caroline Opp und Johannes Wessel haben die Nachrichten im Wechsel abgetippt und an Hannes' Frau Bärbel geschickt, die sie schließlich auf unsere Homepage gestellt und sogar noch ins Englische übersetzt hat. Wie bei dieser Prozedur leicht ersichtlich ist, hatten wir dabei von allen die geringste Arbeit. Für den Blog haben wir uns vor allem entschieden, damit unsere Familien und Freunde zuhause Lebenszeichen von uns bekommen. All unseren Blog-Helfern sei deshalb an dieser Stelle ein großer Dank ausgesprochen, dass sie unsere Nachrichten immer so zuverlässig und so schnell wie möglich veröffentlicht haben. Hätte diese Technik damals schon existiert, Fridtjof Nansen hätte sie mit Sicherheit gern genützt, um seiner Eva ab und an ein Lebenszeichen zu schicken.

Distant Early Warning Line (DEW Line)
Mit dem Einsetzen des Kalten Krieges nach dem Zweiten Weltkrieg errichteten die USA eine Reihe von Stationen, die die USA frühzeitig vor einem atomaren Angriff der Sowjetunion warnen und ihnen genügend Zeit zur Vorbereitung der Verteidigung oder einen Vergeltungsschlag geben sollten. Ein derartiger Luftangriff durch russische Bomber gehörte zu den klassischen Bedrohungsszenarien des Kalten Krieges, vor allem, nachdem die Sowjetunion 1949 ihren ersten erfolgreichen Atomtest absolviert hatte.

Der Ring dieser Frühwarnstationen, besser bekannt unter dem englischen Namen der Distant Early Warning Line, zog sich grob um den 69. Breitengrad durch Grönland, Kanada und Alaska. 63 Radarstationen gehörten zu diesem Ring, der sich von der nordwestlichen Küste Alaskas quer durch die kanadische Arktis bis zur Ostküste der Baffin-Insel erstreckte. Von

April 1957 an lieferten diese Stationen ihre Überwachungsdaten an das North American Air Defense Command (NORAD).

1959 wurde der Ring Richtung Osten erweitert: Die Hauptstation (DYE Main) am kanadischen Cape Dyer wurde mit der DYE-1 in Sisimiut in Westgrönland und weiter mit der → DYE-2 und DYE-3 auf dem grönländischen Inlandeis und schließlich der DYE-4 in Kulusuk in Ostgrönland verbunden.

Die Stationen, die über ein eigenes Kommunikationssystem verfügten, wurden in einer Kooperation der USA mit Kanada in einer Zeit von nur zwei Jahren und acht Monaten errichtet. 25 000 Menschen waren in den durch die arktischen Gegebenheiten sehr komplexen Bau der Stationen involviert.

In den Stationen wurde im Schichtbetrieb gearbeitet, der Luftraum 365 Tage im Jahr rund um die Uhr überwacht.

Noch während die Stationen aktiv waren, wurde ihr Errichtungszweck aber nahezu obsolet, da durch die Aufrüstung im Kalten Krieg eine potenzielle Bedrohung durch mit atomaren Sprengkörpern versehene ballistische Interkontinentalraketen entstand – und diese verringerten die mögliche Vorwarnzeit auf lediglich wenige Stunden.

Die Errichtung, der Betrieb und der bis heute noch nicht abgeschlossene Abbau der Stationen der DEW Line hatte und hat noch immer beträchtliche Auswirkungen auf die arktischen Gebiete Alaskas und Kanadas. Die Nordgebiete wuchsen, vereinfacht gesagt, durch die errichtete Infrastruktur näher an den Süden und in das Bewusstsein des Südens heran und erfuhren durch Bau und Betrieb wirtschaftliches Wachstum. In der Folge wurde dort teils auch nichtmilitärisch motivierte Forschung möglich. Damit wären die positiven Folgen aber bereits genannt.

Einige der Stationen wurden in den Achtzigerjahren umgebaut, daneben wurden neue Stationen errichtet – diese bilden seit 1993 das heute noch aktive North Warning System, das die DEW Line ablöste. Die Stationen des North Warning Systems werden von den USA und Kanada betrieben und erstrecken sich vom nördlichen Alaska bis zum südlichen Labrador.

Der größere Teil der DEW-Stationen aber wurde lediglich verlassen, aber nicht abgebaut.

Damit verbleiben eine Menge giftiger Stoffe in der hohen Arktis. Die USA, die die Stationen errichtet haben, sehen sich jedoch nicht in der Pflicht, wenn es ums Aufräumen geht. In Kanada wurde für die Aufräumarbeiten ein Aufwand von 600 Millionen Dollar errechnet. 1996 erklärten sich die USA bereit, 100 Millionen Dollar davon zu übernehmen.

Heute werden die Stationen nach und nach abgebaut oder zumindest bereinigt. Begleitende Studien zeigen, dass die DEW Line im empfindlichen arktischen Ökosystem deutliche Spuren hinterlassen hat: Off-road-Fahrzeuge haben die Vegetation um die Stationen zerstört, was zum Teil zum Schmelzen des Permafrosts geführt hat, dem eine der Schlüsselrollen im nördlichen hydrologischen System zukommt. Zudem wird die DEW Line auch mit der Überfischung einiger nördlicher Fischbestände in Zusammenhang gebracht. Piloten kümmerten sich wenig darum, ob sie heimische Tiere wie Karibus mit ihren Flugmanövern erschreckten und fortwährend zur Flucht zwangen – was fatale Folgen haben kann, da die Tiere in den harten arktischen Lebensbedingungen sehr ökonomisch mit ihren Energieressourcen umgehen müssen. Überdies gingen die Mannschaften der Stationen auch außerhalb der Saison zur Jagd, um ihren ohnehin nicht eintönigen Speiseplan zu erweitern. All diese kleinen und großen Eingriffe hatten verheerende Folgen, sowohl für die Umwelt als auch daraus resultierend für die lokale Subsistenzgesellschaft der Einheimischen.

DYE-2

Die DYE-2-Station gehörte von 1959 an zu der → Distant Early Warning Line, einer Reihe von Frühwarnstationen, die die USA während des Kalten Krieges frühzeitig vor atomaren Angriffen aus der Sowjetunion warnen sollte. Im Rahmen dieser Verteidigungslinie wurden zwei Stationen auf dem grönländischen Eisschild errichtet – die DYE-2 und die DYE-3.

Stationen auf einem Eisschild zu errichten stellte die Konstrukteure vor enorme Herausforderungen, von denen die Logistik noch eine der geringeren war. Eine der Besonderheiten dieses Bauplatzes ist die Schneedrift: Egal, was man auf einer weiten Schnee- oder Eisfläche errichtet, auf der ein kontinuierlicher Wind weht – auf der dem Wind abgewandten Seite bildet sich binnen weniger Stunden eine je nach Windstärke kleinere oder größere Ansammlung von Schnee. Das passiert schon bei einem kleinen Zelt, umso mehr würde sich bei einem mehrstöckigen Gebäude anhäufen. Um dies zu verhindern, wollte man an den Stationen eine ungehinderte Schneedrift ermöglichen, die nicht abgelenkt werden oder abreißen sollte.

Aus diesem Grund wurden die Gebäude auf Säulen gestellt – acht neun Meter hohe Pfeiler bildeten den Grundbau für die DYE-2. Auf diese Pfeiler wurde der Gebäudeblock gesetzt: ein 38 Meter hoher Bau, der eine Gesamtfläche von mehr als 14 000 Quadratmetern auf fünf Stockwerken umfasst – und 2400 Tonnen wiegt. Die Krönung des Baus ist der Radardom, in dem der Radarschirm untergebracht ist, mit einem Durchmesser von etwa 20 Metern.

Weil man wusste, dass die Schneehöhe um die Stationen stetig steigen würde, wurden die tragenden Säulen so konstruiert, dass mittels hydraulischer Hebevorrichtungen Verlängerungen eingesetzt werden konnten – um den Abstand zum Boden stets zwischen sechs und neun Meter groß zu halten. Beim

Bau nahm man an, dass die Stationen mit diesen Vorkehrungen etwa 20 Jahre in Betrieb gehalten werden könnten.

Doch schon kurze Zeit später begannen Probleme: Die Bewegung des Eisschildes in Richtung Küste, wenn sie auch sehr gering war, setzte die Grundträger einer erheblichen Belastung aus, verbog die Stahlträger und zersplitterte hölzerne Stützbalken. Zudem war der Zugewinn an Schnee und Eis rings um den Bau höher als angenommen. Nur drei Jahre nach der Errichtung wurde das Gebäude 1,8 Meter erhöht, 1965 2,7 Meter, 1967 3,2 Meter, 1970 7,6 Meter und 1976 8,2 Meter.

Ähnlich erging es auch der DYE-3. 1977 beschloss man deswegen, die DYE-3 auf ein komplett neues Grundgerüst umzusiedeln, 65 Meter vom alten Standort entfernt. 1982 wurde auch die DYE-2 versetzt. Während all dieser Umbauten, Anhebungen und Versetzungen blieben die Stationen ununterbrochen in Betrieb.

1983 musste die DYE-2 erneut um mehr als acht Meter angehoben werden. Probleme bereitete auch Schmelzwasser. Zum einen strahlte das unzureichend isolierte Gebäude generell Wärme ab, zum anderen schmolz der Schnee auf der Gebäudeoberfläche während der Sommermonate. Eine Ecke des Gebäudes erwärmte sich schneller als der Rest des Baus, was zu einer Ansammlung von Schmelzwasser unter der tragenden Säule dieser Ecke und einem generellen Neigen der Station in diese Richtung führte.

1987 versuchte man – teilweise erfolgreich – die Station wieder gerade zu rücken, 1988 zeigten Messungen jedoch erneut, dass die tragende Struktur bedingt durch den instabilen »Baugrund« großen Belastungen ausgesetzt war.

Am 24. August 1988 beschloss die Air Force, die Station noch vor dem einsetzenden Winter, zum 1. Oktober 1988 zu evakuieren. Kurze Zeit später wurde die Station nur noch einmal kurzzeitig in Betrieb genommen, bevor sie für immer verlassen wurde. Bis heute ist sie verlassen geblieben. Wenig später wurden auch die DYE-3 und -4 geschlossen.

Eisbruch
Eisbrüche entstehen abhängig vom Gelände, über das ein → Gletscher fließt. An Steilstufen, an denen sich die Fließgeschwindigkeit des Gletschers verändert, reißen die Eismassen in der Länge und Breite auseinander, und es bilden sich Spalten und → Seracs. Der berühmteste Eisbruch dürfte der Khumbu-Eisbruch im Himalaya sein. Vom Point 660 in Grönland steigt das Gelände relativ gleichmäßig auf, so dass man hier keine Eisbrüche durchqueren muss.

Eisschild
Es gibt auf der Erde derzeit zwei Eisschilde: das antarktische und das grönländische. Von einem Eisschild spricht man, wenn die eisbedeckte Fläche das darunter liegende Land fast vollständig bedeckt und in der Ausdehnung 50 000 Quadratkilometer überschreitet, kleinere Eisflächen sind Eiskappen. Trotzdem werden die Begriffe Eiskappe und Eisschild oft synonym verwendet.

Das grönländische Eisschild ist 1,7 Millionen Quadratkilometer groß und bedeckt damit etwa 82 Prozent der Fläche Grönlands. Sein Volumen beläuft sich auf 2,85 Millionen Kubikkilometer – würde es abschmelzen, würde der Meeresspiegel um mehr als sieben Meter ansteigen.

Neben Antarktis und Grönland gibt es noch zwei größere Inlandeisflächen: das nördliche und das südliche patagonische Inlandeis. Das südliche patagonische Inlandeis ist erst 2003 zum ersten Mal ohne Unterstützung von außen durchquert worden – von Thomas Ulrich und Børge Ousland, 526 Kilometer in 54 Tagen.

Gletscher

Gletscher entstehen dann, wenn die Temperaturen in einem bestimmten Gebiet dauerhaft so niedrig sind, dass der im Winter gefallene Schnee während des Sommers nicht abschmilzt. Bei ausreichender Last wird der Schnee so zusammengepresst, dass nahezu alle Luft entweicht und der Schnee sich zu Gletschereis verwandelt. Je weniger Luft im Eis enthalten ist, umso bläulicher ist seine Farbe. Je nach Gefälle des Geländes, auf dem sich das Eis gebildet hat, setzen sich die Eismassen in Bewegung und werden erst durch diese Bewegung zum Gletscher. Das Eis fließt in tiefere Regionen.

Durch diese Bewegung kann man den Gletscher grob in zwei Gebiete aufteilen: Das Gebiet, in dem der jährliche Zuwachs durch Schnee höher ist als der Verlust, wird als Akkumulations- oder Nährgebiet bezeichnet. Unterhalb der Gleichgewichtslinie, also dem Bereich, in dem Eintrag und Abschmelze gleich sind, beginnt das Ablations- oder Zehrgebiet des Gletschers, in dem also die Abschmelze überwiegt.

An der Küste Grönlands und anderen polaren Inseln fließen Gletscher ins Meer und bilden dort über dem kontinentalen Schelf manchmal Schelfeis – also gewaltige Eisflächen, die noch mit dem Gletscher verbunden sind, teils aber auf dem Wasser schwimmen. Wenn Eis von Schelfeis oder ins Meer ragenden Gletschern abbricht, spricht man von Kalben, und es entstehen Eisberge. Durch das Kalben können gewaltige Wellen entstehen, weswegen wir in Zodiacs immer respektablen Abstand zu Gletscherfronten einhalten.

Durch ihr Gewicht und ihre Bewegung tragen Gletscher erheblich zur Landschaftsformung bei, sie sind außerdem die größten Süßwasserspeicher der Welt. In manchen niederschlagsarmen polaren Gebieten oder Hochgebirgsregionen sind sie im Sommer die Grundlage der Wasserversorgung.

Aber auch in Europa versorgt die Gletscherschmelze ganze Flusssysteme – zum Beispiel mindert Schmelzwasser das sommerliche Absinken des Rheinpegels.

Grönland

Grönland oder Kalaallit Nunaat ist die größte Insel der Erde und gleichzeitig die Region mit der niedrigsten Bevölkerungsdichte weltweit. Auf einer Fläche von 2 175 600 Quadratkilometern leben hier nur 56 600 Menschen, was einer Bevölkerungsdichte von 0,026 Menschen pro Quadratkilometer entspricht. Zum Vergleich: In Deutschland leben 81,8 Millionen Menschen auf 357 050 km² und damit 230 Einwohner/km².

Grönland misst der Länge nach 2670 Kilometer, an der breitesten Stelle ist die Insel 1050 Kilometer breit. Rund 82 Prozent der Fläche Grönlands sind allerdings mit Eis bedeckt, besiedelt sind ausschließlich die Küstenregionen, sieht man von einigen Forschungsstationen auf dem Inlandeis ab.

Jahrzehntelang kämpften die Grönländer für eine eigene Regierung, die sie 2009 erhielten – und damit unter anderem das Recht, die Bodenschätze für sich zu nutzen. Heute ist Grönland ein eigenständiger Staat im Königreich Dänemark. 89 Prozent der Einwohner sind Inuit, die offizielle Landessprache ist Kalaallisut, also Grönländisch, daneben wird auch dänisch gesprochen.

Bewohnt ist Grönland schon seit etwa 4500 Jahren, Jäger der so genannten Independance-I-Kultur kamen von Kanada auf die Insel. Es folgten weitere Inuit-Kulturen, und im Jahr 980 der Isländer Erik der Rote, der drei Jahre lang aus seiner Heimat verbannt worden war, weil er zwei Männer getötet hatte. In diesen drei Jahren segelte er nach Westen und stieß auf Grönland, von dem er nach seiner Rückkehr seinen Landsleuten als »det gronne land« – das grüne Land – vorschwärmte, um Siedler zu finden. Tatsächlich ließen sich auch isländische Siedler auf Grönland nieder, die während der Kleinen Eiszeit im 15. Jahrhundert allerdings wieder verschwanden. Ende des 16. Jahrhunderts kam erneut Besuch nach Grönland, als Seefahrer auf der Suche nach der Nordwestpassage und Walfänger in Grönland Halt machten. 1721 erreichte der Däne Hans Egede die Insel, und damit begann mit der Christianisierung der verheerende, ignorante Eingriff in die Kultur der Inuit. Im 19. Jahrhundert begann Dänemark mit dem Aufbau einer Verwaltung in Grönland, und nach dem zweiten Weltkrieg wurde Grönland ein wichtiger Stützpunkt in der Verteidigunglinie der USA nach Osten. Mehrere Armee-Stützpunkte der USA wurden errichtet.

Unter anderem verursacht durch die unsensiblen Eingriffe der Europäer in die grönländische Kultur steht das Land heute vor großen Herausforderungen. Die Inuit, einst ein stolzes Jägervolk, lebten von der Subsistenzjagd, der Jagd zur Sicherung der eigenen Existenz. Darüber hinaus betrieben sie später auch Handel mit Robbenprodukten, dies alles aber in einem überschaubaren, umweltverträglichen Maß. Inuit jagen dabei vor allem erwachsene Tiere – etwa 1000 Tiere pro Jahr.

Ausländische kommerzielle Robbenfänger dagegen, vor allem aus Kanada, töten derzeit jährlich mehrere hunderttausend Tiere, vor allem Jungtiere. Diese exzessiven Robbenschlachtungen riefen in den vergangenen Jahrzehnten Umweltschützer auf den Plan und führten zum Beispiel zu einem Einfuhrverbot von Robbenprodukten in die Europäische Union. Obwohl in diesem Verbot zwischen kommerzieller Jagd und Subsistenzjagd unterschieden wird, ist diese Differenzierung in der breiten Öffentlichkeit nicht angekommen. Robbenjagd und die zugehörigen Produkte sind stigmatisiert. In der Folge ist der Markt für Robbenprodukte der Inuit völlig zusammengebrochen. Und damit die Lebensgrundlage eines ganzen Volks. Die Jagd allerdings war nicht nur die wirtschaftliche, sondern auch die kulturelle Grundlage der Inuit mit hohem identitätstiftendem Wert. Mit dem Wegfall der Robbenjagd und dem Überflüssigwerden des traditionellen Wissens geriet das Volk der Inuit in eine Krise. Heute herrscht unter den indigenen Einwohnern Grönlands eine der höchsten Selbstmordraten unter Jugendlichen, es gibt große Probleme durch Alkoholsucht und Gewalt in Familien. Und das in einem Volk, dessen Sprache einst keine Schimpfworte kannte und seine Kinder ohne jede Gewalt erzog. Sehr beeindruckende Schilderungen des fatalen europäischen Einflusses verfasste Fridtjof Nansen – der geradezu verzweifelte angesichts des absehbaren Verfalls dieses Volks – schon im Jahr 1891 in seinem Buch »Eskimoleben«.

Seit einigen Jahren nun nimmt der Tourismus in Grönland stetig zu. In dieser Entwicklung kann, wenn sie behutsam vonstatten geht, eine neue Chance für Grönländer liegen. Mit einem ehrlichen Interesse für Wissen und Kultur der indigenen Völker und ihrer Einbeziehung in den Tourismus kann sich eine neue, identitätstiftende Wirkung entfalten. Bei einem solchen Tourismus allerdings muss der sensible arktische Lebensraum berücksichtigt werden, und vor allem dürfen die Inuit nicht als lebende Ausstellungsobjekte missbraucht werden, die etwa vor Zuschauern kurios anmutende Tänze aufführen, ohne dass eine darüber hinausgehende Wissensvermittlung geschieht – wie es zum Beispiel in Luxushotels in der Südsee mit Polynesiern passiert. Dieser Tourismus muss auf eine Art weiterentwickelt werden, bei der die indigene Bevölkerung in absehbarer Zeit gleichberechtigt mit ausländischen Anbietern zusammenarbeiten kann. Profitieren werden dabei alle, Inuit, Veranstalter und Gäste. Denn wenn die Kultur dieser Völker richtig vermittelt wird, wird eines sehr schnell klar: Wir Südländer können mindestens genauso viel von ihnen lernen, wie sie von uns.

Halo
Als Halos bezeichnet man mehrere optische Phänomene, für die man bei einer Inlandeisquerung auch bei größter Kälte die Schlittenabdeckung öffnet und den Fotoapparat herausholt.
 Das Bild eines blauen Himmels, an dem urplötzlich drei Sonnen scheinen, wird man nie vergessen. Halos entstehen jedoch nicht nur in Polargebieten, sondern können auch in Europa beobachtet werden – immer dann, wenn sich das Sonnenlicht an Eiskristallen in der Atmosphäre bricht. Abhängig von der Form und Anordnung der Eiskristalle, dem Einfallswinkel des Lichts und dem Standpunkt des Betrachters können unterschiedliche Halos beobachtet werden, die häufigsten sind zum Beispiel der 22°-Ring (ein Ring um die Sonne), Nebensonnen, die oft zusammen mit dem 22°-Ring entstehen oder eine Lichtsäule, die senkrecht vom Horizont durch die Sonne verläuft.

Iridium
→ siehe Satellitentelefon

Kangerlussuaq
Kangerlussuaq zählt heute 540 Einwohner und ist ein vergleichsweise junger Ort auf Grönland. An dem 170 Kilometer »langen Fjord« – das bedeutet Kangerlussuaq übersetzt – haben sich nie Inuit fest angesiedelt, hier wurde lediglich im Sommer gejagt. Wie viele Orte des Nordens hat Kangerlussuaq eine militärische Geschichte: Am 7. Oktober 1941 gründeten die USA hier eine erste Air Base, Bluie West 8 genannt, die wegen ihres stabilen Flugwetters zu einem wichtigen Zwischenlande-

platz und Nachschubdepot der Alliierten im Zweiten Weltkrieg wurde.

Nach dem Ende des Kriegs erhielten die USA den Stützpunkt aufrecht: Er wurde zusammen mit mehreren über das Inlandeis verteilten Radarstationen – zu der auch die → DYE-2 gehört – zu einem Teil des Raketenabwehrsystems der USA. Der Militärflughafen wurde schließlich vermehrt auch zivil genutzt und Kangerlussuaq entwickelte sich zum zentralen Flughafen Grönlands. Nach 51 Jahren gaben die amerikanischen Streitkräfte die Station am 30. September 1992 auf und verkauften die Stadt für einen Dollar an die grönländische Regierung. Damit kauften sich die USA auch von jeglicher Verpflichtung frei, sich um ihre giftigen Hinterlassenschaften zu kümmern.

Die Soldatenunterkünfte wurden daraufhin teils in Hotels umgewandelt, Fitnesscenter und Bowlingbahn werden noch immer genutzt, im ehemaligen Ruderclub am See Tasersuatsiaq ist jetzt ein Restaurant untergebracht, und zwei Museen informieren nun über die zivile und militärische Geschichte.

Heute ist Kangerlussuaq *die* Anlaufstelle in Grönland, 2010 musste deshalb auch das Terminal ausgebaut werden: 90 Prozent aller Reisenden kommen hier an, darunter auch alle Expeditionsteilnehmer, die das Inlandeis auf der am meisten begangenen Route von Westen nach Osten durchqueren wollen.

Kangerlussuaq hat einen vergleichsweise herben Charme, das Ortsbild ist geprägt vom Flughafen und der militärischen Vergangenheit – anstelle farbenfroher Holzhäuschen stehen hier die typischen amerikanischen Containerbauten, die mittlerweile aber zumindest teilweise bunt gestrichen wurden.

Kugelkompass
Ein Kugelkompass arbeitet nicht mit dem Magnetfeld der Erde, sondern mit der Erdrotation: Im Innern befindet sich

ein schnell rotierender Kreisel, dessen Achse sich parallel zur Erdachse ausrichtet. Der Kugelkompass ist deswegen genauer als magnetische Modelle, denn er zeigt den geografischen und nicht den magnetischen Pol an. Entwickelt wurde der Kugelkompass, weil Magnetkompasse in den zu Anfang des 20. Jahrhunderts immer mehr aus Eisen bestehenden Schiffen samt Elektronikinventar immer mehr gestört wurden. Der Erfinder Anschütz-Kämpfe konzipierte deshalb den Kugelkompass und entwickelte ihn nach dem Ersten Weltkrieg unter anderem zusammen mit Albert Einstein weiter.

Peroni, Robert
Robert Peroni ist jedem ein Begriff, der sich in Grönland auch nur ein bisschen abseits der Pfade bewegt. Wer Grönland durchqueren will oder bereits durchquert hat, spricht Peronis Namen mit größtem Respekt aus, denn der Südtiroler war der Erste, der das Inlandeis zusammen mit zweien seiner Freunde, Pepi Schrott und Wolfgang Thomaseth, an der breitesten Stelle überwand – im Jahr 1982, ohne jede Unterstützung von außen und mit sehr fraglichem Ausgang, 1400 Kilometer weit und 88 Tage lang. Diese Expedition beschreibt er in dem packenden Buch »Der weiße Horizont. Drei Männer durchqueren Grönlands unerforschte Eiswüste«, ein Bericht, der recht ungeschminkt davon erzählt, wie es auch in diesem Dreierteam geknirscht hat – was angesichts der großen psychischen Belastung nicht verwundert. Im Verlauf seiner Expeditionen hat Peroni seine Ausrüstung insoweit perfektioniert, als er eine eigene Nahrung erfand: Das nach ihm benannte Peronin, ein hochkalorisches Nahrungspulver, das viel Gewicht spart und heute noch bei allen Spezialanbietern von Expeditionsnahrung erhältlich ist.

Geboren wurde Peroni 1944 in Klobenstein bei Bozen, er

studierte Medizin, Psychologie und Archäologie, wurde zu einem versierten Alpinisten und leitete mehrere große Expeditionen, unter anderem nach Spitzbergen, in den Hindukusch und die Naomidwüste in Südafghanistan.

Peroni ist Grönland und seinen Bewohnern verfallen, er lebt seit 25 Jahren in Tassilaq an der Ostküste und ist einer der wenigen Ausländer, die sich die Mühe gemacht haben, die Sprache der Inuit zu erlernen. In Tassilaq hat Peroni ein bemerkenswertes Projekt geschaffen, das Rote Haus, ein Hotel, in dem er ausschließlich Einheimische beschäftigt. Die Inuit betreiben nicht nur das Haus, sondern arbeiten auch als Guide für Touren, bei denen Touristen zum Beispiel Jäger bei der Robbenjagd erleben können.

2010 begleitete der Schweizer Filmemacher Humbi Entress Peroni für den sehr bewegenden Film »Weißer Horizont« noch einmal hinauf auf das Inlandeis bis zu der Stelle, an der man kein Land mehr sieht. Für Peroni, mittlerweile schwer erkrankt, eine enorme Strapaze.

Hannes hat Robert Peroni schon 2011, ganz am Anfang unserer Vorbereitungen angeschrieben, mit einem umfangreichen Fragenkatalog. Peroni hat ihm und uns all diese Fragen sehr freundlich, ausführlich und geduldig beantwortet, wie auch noch mehrere weitere Mails mit immer noch mehr Fragen. All das, obwohl wir keinen seiner Expeditionsservices in Anspruch genommen und am Ende (leider!) nicht einmal im Roten Haus übernachtet haben. Ihm gebührt für diese freundliche und kompetente Hilfe an dieser Stelle ein großer Dank.

Point 660
So wird der Startpunkt der Inlandeisquerungen genannt, die von Westen nach Osten führen, er liegt am Ende der längsten Straße Grönlands, die über etwa 35 Kilometer von Kangerlus-

suaq hinauf zur Eiskante führt. Der Ursprung des Namens ist einfach: Er liegt auf 660 Metern über dem Meer und wurde schlicht nach dieser Meereshöhe benannt.

Piteraq
Piteraq bedeutet: das, was dich angreift. Es ist damit ein sehr treffender Begriff für einen katabatischen Wind, der in Grönland vor allem im Herbst und Winter auftritt. Katabatische Winde sind Fallwinde, die entstehen, wenn sich die Luft über einem Eisschild abkühlt. Mit dieser Abkühlung erhöht sich die Dichte der Luft, und so bildet sich eine Druckausgleichsströmung mit der wärmeren Umgebung. Piteraqs erreichen Geschwindigkeiten bis zu 300 Kilometern pro Stunde.

Pulka
Mit Pulka bezeichnet man Transportschlitten, die bei Expeditionen verwendet werden. Pulkas waren früher aus Holz und wurden – und werden – von fast allen indigenen Völkern des Nordens gebaut, um Lasten zu transportieren. Heute sind Pulkas in der günstigen Form aus einfachem Plastik; die bekannteste dürfte hier der so genannte Paris-Schlitten sein, eine orangefarbene Plastikwanne, in die man einen Packsack schnürt.

Gerade beim Schlitten etwas mehr Geld in die Hand zu nehmen kann sich allerdings durchaus lohnen. Das merken diejenigen, die weniger ausgegeben haben, wenn ihr günstiges Gefährt an einem Sastrugi oder Presseisrücken zerschellt und damit die gesamte Expedition vorbei ist – denn in der Regel hat man zwar alle lebenswichtigen Dinge doppelt und dreifach dabei, aber den Schlitten nur einmal.

Die Anforderungen an diesen Gefährten sind hoch: Eine Pulka muss leicht, dabei aber extrem robust sein. Sie muss allen Arten von Schnee und Eis möglichst geringen Reibungswiderstand bieten, gut gleiten, Temperaturunterschiede von bis zu 60 Grad wegstecken können (bei gleichbleibender Gleitfähigkeit und Robustheit), sie muss kippstabil und ihre Abdeckung schließlich auch mit dicken Handschuhen zu öffnen und verschließbar sein.

Der Schlitten, der diese Herausforderungen meiner Meinung nach am besten erfüllt, ist der von Thomas Ulrich entwickelte Polar Sledge, der seit Kurzem in einer kleinen Serie produziert wird. In diesem Schlitten stecken mehrere tausend Kilometer Erfahrung aus dem Eis und ziemlich viele Berechnungen der Uni Bern.

Das Geschirr zur Pulka sollte immer auch über Schultergurte verfügen, da man das Gewicht des Schlittens damit nicht nur an der Hüfte, sondern am gesamten Oberkörper hängen hat und wesentlich mehr Zugkraft in die Seile bringen kann. In die Seile macht man am besten mehrere Knoten – sie dienen als Griffe, wenn man die Hände beim Ziehen zu Hilfe nehmen muss, ohne rutscht das Seil sonst einfach durch die Handschuhe.

Seile sind meiner Meinung nach wesentlich besser und ökonomischer in der Handhabung als ein Zuggestänge, da das lästige Ein- und Aushaken entfällt, wenn man kurz etwas aus dem Schlitten nehmen oder in den Schlitten stecken will. Bergauf ist man in der Kurvenführung in welligem Gelände mit Seilen wesentlich flexibler, und man kann an Kanten Schwung holen, was mit einem starren Gestänge nicht möglich ist. Auch bergab ist ein Schlitten an Seilen mit etwas Übung leicht zu handhaben, wenn man das Seil dann sehr kurz fasst und in eine Hand nimmt, den Schlitten neben sich herlaufen lässt und mit dem Knie in Schach hält. Der Schlitten darf nur nicht überholen, aber das lernt man schnell.

Unsere Schlitten haben bei der Grönlandquerung anfangs

etwa 75 Kilo gewogen, allein 30 Kilo davon machten Nahrungsmittel aus. Damit sind unsere Schlitten aber noch vergleichsweise leicht: Wer von Kanada zum Nordpol startet, zieht etwa 150 Kilogramm hinter sich her, Thomas Ulrich muss bei seiner Arctic-Solo-Querung von Russland nach Kanada mit einem Gewicht von 180 Kilogramm rechnen.

Rasmussen, Knud
Knud Rasmussens Aufzeichnungen ist es zu verdanken, dass viel Wissen über die Kultur der Inuit erhalten geblieben ist.

Rasmussen kam 1879 im westgrönländischen Ilulissat zur Welt. Sein Vater war der Missionar Christian Rasmussen, seine Mutter Sofia Rasmussen, eine Grönländerin mit grönländischen und dänischen Vorfahren. Rasmussen gründete in Nordgrönland die Handels- und Forschungsstation Thule, deren Gewinn er in den Aufbau einer Krankenstation, Kirche und einen Laden steckte. Rasmussen erkundete den Norden Grönlands auf mehreren ausgedehnten Expeditionen. Sein Ziel war dabei die Erforschung und Bewahrung der Kultur der Inuit sowie die Konservierung des Wissens der Inuit. Zusammen mit zwei Inuit brach Rasmussen 1921 zu einer Hundeschlittenexpedition auf, die die längste arktische Expedition dieser Art werden sollte, 3000 Kilometer weit von Grönland bis nach Nome in Alaska.

Rasmussens Thule existiert heute nicht mehr: Er starb 1933 an einer Fleischvergiftung, und 1953 wurden die Inuit der Thulesiedlung von den USA zwangsumgesiedelt, da die Thule Air Base gebaut wurde.

Sastrugi
Sastrugi können einem das Leben auf einer Grönlandquerung ziemlich schwer machen. Wenn es endlich nicht mehr bergauf

geht und der Schlitten leichter zu ziehen wäre, fräst der Wind tiefe Rillen in den Schnee. Der Untergrund wird so uneben, dass man des Öfteren mit den Skispitzen in den kantigen Löchern hängen bleibt, die manchmal bis zu einem halben Meter tief werden. Man vollführt auf einem solchen Untergrund und mit einem schweren Schlitten an den Hüften ein rechtes Geeier, das ziemlich anstrengend ist. Von einem leichten Dahingleiten in der Ebene kann dann keine Rede mehr sein.

Sastrugi – ein Wort, das aus dem Russischen stammt – kommen auch in den Alpen vor, dort heißen sie dann allerdings Windgangeln. Sie entstehen, wenn der Wind trockenen Schnee erst hart zusammenpresst und dann Vertiefungen hineinfräst. In der zahmen Variante sehen sie manchmal aus wie die Muster, die das Wasser an Sandstränden in den Untergrund malt, feine Wellenlinien. In der weniger zahmen Variante sind sie scharfkantige Zerklüftungen, die es zu übersteigen gilt. Bei diffusem Licht und besonders im → Whiteout erschweren Sastrugi das Vorankommen beträchtlich, weil man die Kanten oftmals erst erkennt, wenn man schon über sie gefallen ist. Aber auch wenn sie einem das Leben schwerer machen, will man die Sastrugi nicht missen. Sie sind das Einzige, was auf dem Inlandeis wenigstens ansatzweise so etwas wie eine Landschaft schafft.

Satellitentelefon
Satellitentelefone sind eine großartige Einrichtung, die es einem auch an den entlegensten Stellen der Welt noch ermöglichen, den Kontakt mit zuhause zu halten. Daneben sind sie die Lebensversicherung jeder Expedition, denn im schlimmsten Fall der Fälle kann mit ihnen ein Notruf abgesetzt werden.

Diese Wundergeräte sind heute kaum noch größer als Handys. Mit Thuraya, Iridium und Inmarsat gibt es mittlerweile drei verschiedene Systeme, die sich vor allem in ihrer

Abdeckungsbreite unterscheiden, die zum einen aus der Verwendung verschiedener Satellitensysteme und zum anderen aus den Besitzverhältnissen resultiert. Hinter Thuraya steht ein Konsortium arabischer Telekommunikationsanbieter, das vor allem den muslimischen Raum mit Satellitentechnik versorgen will, um zum Beispiel mit Ölplattformen oder weitab gelegenen Baustellen zu kommunizieren. Daraus folgend funktioniert Thuraya im arabischen Raum und weiten Teilen Asiens und Afrikas. Thuraya arbeitet dabei mit geostationären Satelliten, also Satelliten, die fest über dem Äquator bleiben und sich mit der Erde bewegen. Bedingt durch diese fixe Position und die Krümmung der Erdoberfläche können diese Satelliten zwei Regionen grundsätzlich nicht erreichen: die Polregionen, also alles, was nördlich und südlich des 70. Breitengrads liegt.

Ähnlich verhält es sich mit Inmarsat. Das mittlerweile private Unternehmen ist hervorgegangen aus der International Maritime Satellite Organization, die 1979 von den Vereinten Nationen gegründet wurde, um die Sicherheit auf See zu erhöhen. Inmarsat arbeitet mit geostationären Satelliten und deckt mit Ausnahme der Polgebiete fast den gesamten Globus ab.

Anders ist es bei Iridium, das vom US-Militär betrieben wird. Hier bedient man sich 64 so genannter Low Earth Orbit Satelliten – und weil die 64 im Periodensystem für das Element Iridium steht, trägt das System diesen Namen. Diese Satelliten sind nicht geostationär, sondern sie umkreisen die Erde und bilden dadurch ein Netz, das den gesamten Globus abdeckt. Aus diesem Grund haben wir in Grönland wie am Nordpol Iridium-Telefone verwendet.

Mit Thuraya-und Inmarsat-Telefonen muss man mit der Antenne erst einen Satelliten anpeilen, was relativ schnell geht. Bei Iridium fällt das Peilen weg, das Telefon sucht sich einfach den nächsten Satelliten und wechselt während des Gesprächs unter Umständen unbemerkt zu einem anderen, näheren Satelliten.

Die Kosten für beide Systeme sind überschaubar. Geräte kann man sich ausleihen, und die Gesprächsgebühren pro Minute sind je nach Tarif kaum höher als 1,50 Euro. Satellitentelefone sind damit bei Reisen in manche Länder sogar eine günstigere Alternative zu Mobiltelefonen.

Betrieben haben wir unsere beiden Telefone mit mehreren Akkus, die wir mehrmals mit zwei Solarpanels aufgeladen haben.

Sattel

Der Sattel war die zweite große Etappe unserer Tour nach der DYE-2-Radarstation. Als Sattel bezeichnet man im Gebirge, vereinfacht gesagt, die tiefste Stelle, an der man zwischen zwei Bergen in das nächste Tal gelangen kann. In den Alpen sind diese Sättel meist sehr ausgeprägte Einschnitte, die man sehr gut erkennt. Einen solchen Sattel darf man sich in Grönland nicht vorstellen. Der Sattel sieht ebenso flach und weit und weiß aus wie der Rest der Strecke. Irgendwo in dieser Region ist eine automatische Wetterstation angebracht, deren Werte man – ebenso wie die an der → DYE-2 gemessenen – auf der Seite des Greenland Climate Network im Internet abrufen kann *(http://cires.colorado.edu/science/groups/steffen/gcnet/map-Select.php)*. Dass wir das Sattelgebiet erreicht hatten, erkannten wir lediglich anhand der Karte auf unserem GPS und den Wegpunkten, die wir von Bengt bekommen hatten. Die Sattelhöhe erreichten wir auf unserer Strecke am 19. Tag, nach etwa 310 Kilometern bei 2506 Metern.

Danach, so die Legende, geht es bergab, und alles wird ganz einfach. Das ist aber erst mal mitnichten der Fall. Das Gelände flacht mit 100 bis 200 Höhenmetern pro Tag so unmerklich ab, dass von einem Gefälle oder gar einer Erleichterung beim Gehen sehr lange nicht die Rede sein kann, und zwischendurch geht es immer mal wieder auch kleine Strecken bergauf. So etwas Ähnliches wie eine Abfahrt hatten wir zum ersten Mal am 25. Tag – nach etwa 470 Kilometern.

Sérac

Mit Séracs mussten wir uns auf unserer Tour zum Glück nicht auseinandersetzen, doch wurde ich immer wieder nach der Beschaffenheit der Grönlandgletscher und eben der Gefahr durch Séracs gefragt, dass ich hier den Begriff dennoch kurz erkläre. Unter Séracs versteht man Eistürme, die sich in Gletschern an den Stellen bilden, an denen sich die Hangneigung rapide ändert. Dadurch bilden sich vermehrt Längs- und Querspalten und damit auch die Eistürme.

Die berühmtesten Séracs dürften die Eistürme im Khumbu-Eisbruch des Mount Everest sein. Dort können solche Türme enorme Höhen erreichen und unvermittelt einstürzen. In dem Gebiet, in dem wir unsere Tour begannen und auch beendeten, bilden sich wegen des relativ flach und konstant abfallenden Geländes kaum Eistürme. Im Frühjahr ist das Spaltengelände darüber hinaus unter einer tragenden Schneedecke verborgen.

Subsistenzjagd
siehe → Grönland

Whiteout

Auf unserem Weg über Grönland haben wir mehrere Tage im Whiteout verbracht, was die Laune nicht besser gemacht hat. Ein Whiteout ist das, was der Name sagt: Es ist vor allem weiß. Konturen, Schatten und der Horizont verschwinden, es ist kein Unterschied mehr zwischen Erde und Himmel auszumachen.

Das Auge erkennt keine Erhebungen oder Mulden mehr, kann nicht einmal mehr abschätzen, ob es bergauf oder bergab blickt und selbst die Einschätzung der Geschwindigkeit, mit der man unterwegs ist, fällt schwer. Jeder Skifahrer, der nicht nur bei Sonnenschein unterwegs ist, kennt dieses Gefühl.

Zu diesem Phänomen kommt es bei bedecktem Himmel über verschneiten und damit vorwiegend weißen Gebieten. Das von der Sonne eingestrahlte Licht wird dann von der hellen Schneeoberfläche reflektiert und an die Wolkenunterseite geworfen, wo es abermals reflektiert und wieder auf die Schneeoberfläche zurückgestrahlt wird. Dadurch wird es sehr hell – das merkt man, wenn man in der Meinung, man könne dann die Konturen besser erkennen, die Sonnenbrille abnimmt. Im Whiteout wird das Auge enorm geblendet, die Sehprobleme entstehen nicht durch einen Mangel, sondern einen Überschuss an Licht.

In polaren Gebieten kommen Whiteouts – wegen fehlender Bäume und durchgehender Schneedecke – relativ häufig vor, sie treten aber auch in den Bergen auf.

Whiteouts bergen mehrere Gefahren: Entfernungen und Landschaftsformen können nicht mehr eingeschätzt werden, Gleichgewichts- und Orientierungssinn gehen verloren. In Polarregionen muss im Whiteout ständig der Kurs anhand der → Windbänder, dem Kugelkompass oder mit dem GPS überprüft werden, da man sonst Gefahr läuft, im Kreis zu gehen. Besonders im Whiteout ist es außerdem sinnvoll, sich in der Führungsarbeit abzuwechseln, da das Führen unter diesen Bedingungen sehr anstrengend ist. In den Bergen sollte besonders im Absturzgelände besser biwakiert und das Ende eines Whiteouts abgewartet werden, bevor man weitergeht.

Im Whiteout kann das Gefühl entstehen, sich in völliger Leere zu bewegen. Bei manchen Menschen löst der Mangel an Orientierungspunkten, vor allem über einen längeren Zeitraum hinweg, großen psychischen Stress aus.

Windbänder
Windbänder sind ein sehr einfaches Mittel, das Polfahrer zur Navigation verwenden: An den Skistöcken werden leichte Plastikbänder angebracht, die auch schon bei geringem Wind gut flattern und somit die Windrichtung anzeigen. Da in Polarregionen der Wind in der Regel relativ konstant aus einer Richtung bläst, muss man sich nun nur den Winkel der Bänder einprägen, wenn man in der mit GPS oder Kompass überprüften richtigen Richtung steht – und dann einen Kurs gehen, bei dem dieser Winkel immer gleich bleibt. Eine regelmäßige Überprüfung empfiehlt sich, da der Wind natürlich dennoch wechseln kann und Menschen Fehler machen. Mit etwas Übung ist diese Art der Navigation aber erstaunlich exakt. Und nebenbei erledigt man dabei konstant wichtige Naturbeobachtungen, die Richtung und Stärke des Winds, und wird Veränderungen gegenüber aufmerksamer.

Windchill
Wenn man in sehr kalten Regionen unterwegs ist, wird es zu einer der Hauptaufgaben, Erfrierungen zu vermeiden. Am leichtesten entstehen Erfrierungen an vom Körperkern weit entfernten Regionen wie Fingern und Zehen, oder an exponierten Stellen wie der Gesichtshaut. Auch deswegen ist es gut, wenn man sich unterwegs nicht zu weit voneinander entfernt und sich immer wieder gegenseitig ins Gesicht schaut. Erfrierungen kündigen sich mit weißen Flecken an. Sieht man eine solche Stelle im Gesicht des anderen, zieht man am besten – im Windschatten – seine Handschuhe aus und legt seine warmen Finger auf die betroffene Stelle, um sie schnellstmöglich zu er-

wärmen. Grundsätzlich ist bei niedrigen Temperaturen und entsprechendem Wind aber das Tragen einer Gesichtsmaske aus Neopren angezeigt, um sich vor Erfrierungen zu schützen.

Denn die Windstärke ist ausschlaggebend für die Geschwindigkeit, in der es zu Erfrierungen kommen kann. Der Begriff Windchill veranschaulicht diesen Effekt mit recht eindrucksvollen Zahlen. Gängige Windchill-Tabellen zeigen, dass einer Temperatur von −15° in Kombination mit einem Wind von 50 Kilometern pro Stunde eine gefühlte Temperatur von −29° entspricht; −25° werden zu −42°. Diesen Effekt kann man sich übrigens auch ganz leicht selbst schaffen, indem man zum Beispiel bei −15° eine Schussfahrt auf einer Skipiste hinlegt.

Dem Windchill-Effekt kann man entgegenwirken, indem man dem Wind möglichst wenig Angriffsfläche bietet und zum Beispiel in Pausen, beim Zeltaufbauen oder Schlittenpacken immer mit dem Rücken zum Wind steht oder arbeitet. Eine wichtige Funktion übernimmt dabei der Pelzkragen an den Kapuzen, die meistens noch mit einem Draht verstärkt sind, so dass der Pelz das Gesicht schützend einrahmt. Dadurch entsteht vor dem Gesicht relative Windstille und ein Mikroklima, das vor Erfrierungen schützt. Ich habe diesen Pelzkragen allerdings nicht an meine Jacke genäht, sondern nur mit einem Klettband befestigt. Damit konnte ich den Pelz am Abend abnehmen und zum Trocknen im Zelt aufhängen, denn bei Seitenwind, der die feuchte Atemluft in den Pelz weht, vereist dieser beträchtlich. Pflegt man den Pelz dann nicht richtig, vereist und verfilzt er mit der Zeit und schützt nicht mehr ausreichend.

Meine Packliste für Grönland

Unterwäsche

- 2 Wollhosen, knielang
- 1 lange Funktionshose, dünn, Odlo
- 2 lange Wollhosen, Icebreaker 200
- 1 lange Wollhose, Icebreaker 260
- 1 kurzes Wollshirt, Icebreaker 200
- 1 langes Shirt, Icebreaker GT 200
- 2 lange Wollshirts, Icebreaker 200
- 1 langes Wollshirt, Icebreaker 260
- 4 Slips
- 1 Sport-BH, Triumph tri-action

Socken

- 1 Paar smartwool Mountaineering EH Crew
- 2 Paar Skisocken Icebreaker Ski+Lite W's OTC
- 1 Paar Skisocken Icebreaker Ski+Mid W's OTC
- Ersatzfilzschuhe
- Zeltdaunenschuhe

Handschuhe

- 1 Paar Icebreaker Glove Liner
- 2 Paar dünne Wollfäustlinge, von Mama gestrickt
- 2 Paar dicke Wollfäustlinge, von Mama gestrickt
- 2 Paar Sturmüberhandschuhe, Norrøna
- 1 Paar Handschuhe, Salomon Touring Lobster

Außenschicht

- 1 Jacke, Montane Alpine Endurance eVent
- 1 Hose, Mountain Equipment Valdez W's Salopette
- anklettbarer Pelzkragen
- 1 Daunenjacke, Mountain Hardware Absolute Zero
- dünne Windjacke, Montane Featherlite Smock
- Daunenweste Montane Nitro Vest
- Primalofthose Montane für Zelt
- Primaloftjacke Montane Prism

Transportgewicht	gesamt	Schlittengewicht	gesamt
168		84	
115		115	
330		165	
225			
138			
175			
380		380	
315			
48		36	
49	1943		780
123		123	
174		87	
91		91	
270		270	
433	1091	433	1004
24		24	
180		95	
386		193	
246		123	
113	949	113	548
527			
606			
25			
1145		1145	
108		108	
253		253	
289		289	
312	3265	312	2107

Kopf
2 dicke Mützen weit über Ohren
2 dünne Wollmützen, icebreaker
1 dickes Buff
2 dünne Merinobuffs
1 Kopftuch Baumwolle
dünnes Merinobalaclava
halbe Klettmaske
Extremneoprenmaske, selbst gemacht
Sonnenbrille Adidas Terrex Fast mit optischem Clip
Ersatzsonnenbrille Oakley
1 Skibrille
kleine Stirnlampe
Hardware
Ski Fischer BCX Europa 99 by Thomas Ulrich
Fell Contour Guide 38mm
Fellkleber Colltex
Schuhe Alfa Extreme North Pole GTX
Vapour Barrier Socken
Stöcke Komperdell Contour Titanal 2
Pulka: Polar Sledge Beluga by Thomas Ulrich
Zuggeschirr: Advance by Thomas Ulrich
leichte Steigeisen
Reparaturkit (Hannes)
Duct Tape (Thomas)
Zelt
Zelt: Helsport Fjellheimen Extrem 4 Camp
Zeltmatte: 2 Exped Doublemat Evazote, 4mm
Isomatte 1: Therm-A-Rest Ridge Rest SO Lite long
Isomatte 2: Therm-A-Rest Women's ProLite
Schlafsack 1: Mountain Equipment Everest
Schlafsack 2: Mountain Equipment Xero 300
faltbare Wärm-/Wasserflasche Vapur Shades
Zeltbürste
Schneeschaufel (Hannes)
Schnüre/Nadeln

Transportgewicht	gesamt	Schlittengewicht	gesamt
135		73	
86		86	
170		170	
120		60	
20		20	
35		35	
45		45	
98		98	
160			
40		40	
111		111	
74	1094	74	812

2600			
250			
80		80	
2020			
40			
540			
7500		7500	
850			
595	14475	595	8175

4090		4090	
830		830	
542		542	
600		600	
2300		2300	
775		775	
61		61	
100		100	
50	9348	50	9348

Kochen/Essen
Kocherunterlage (Hannes)
2 Töpfe (Hannes, Thomas)
3 Kocher (Hannes, Thomas)
5 Benzinflaschen, Primus, 1,5 Liter
Löffel, Isolierbecher, Taschenmesser
3 Thermosflaschen
Hygieneartikel
4 Paar Kontaktlinsen Acuvue Oasys und Dose
kleines Kontaktlinsenmittel Regard
Brille
Deo, Zahnbürste, Zahnpasta, Kaugummis
2 Labello Alpin
1 Neutrogena Intensive Repair Lippenbalsam
Sonnencreme Piz Buin 50+
altapharma Melkfett
Neutrogena Unparfümierte Handcreme
Haarbander/bürste
kleines Outdoor-Handtuch
Toilettenpapier
feuchtes Toilettenpapier
Tampons
Nagelklipser, Feile, Oropax
Pinkelflasche Nalgene
Ordnung in Schlitten/Zelt
Zeltsack (für alles, was ins Zelt muss)
Abfallbeutel
Beutel für Restessen (Stuff Schlafsack)
Packsäcke
Kameraausrüstung
Fototasche Loewepro
Nikon D90 mit AF-S Nikkor 18-105mm
AF-S Nikkor 70-300mm
2 Ersatzakkus Nikon EN-EL3e
Ladegerät Nikon
1 Ersatzchip Nikon

Transportgewicht		Schlittengewicht	
	gesamt		gesamt
1440		8940	
344		344	
1330	3114	4330	13614
35		35	
118		118	
113		113	
183		183	
48		48	
25		25	
31		31	
66		66	
33		33	
35		35	
23		23	
74		74	
80		80	
90		90	
26		26	
180	1160	180	1160
96		96	
380		380	
72		72	
230	778	230	778
440		440	
1171		1171	
813		813	
160		160	
177		177	
4	2765	4	2765

Persönliches
Bleistift, Spitzer
Notizbuch
Buch
Eisbär
Kommunikation/Sicherheit
Satellitentelefon Iridium 9505 plus drei Akkus
Solarpanel
GPS Garmin etrex
Kugelkompass Silva 58 Kayak
Essen
Adventure Food Knusper Müsli Einzelportion
Adventure Food Knusper Müsli Doppelportion
Müsli-Riegel Ovomaltine, eat natural, Schokolade
Suppen
Adventure Food Hauptgerichte Einzelportion
Adventure Food Hauptgerichte Doppelportion
Mix: Seeberger Nüsse, Rosinen, Cranberries, M&Ms
Adventure Food Nachspeisen
Adventure Food Apfel-Aprikosenkompott
Speck 150 Gramm
Speck 200 Gramm
Peronin Flüssignahrung
Cappuccino, Tee
Medizinpack
Expeditionsmedizin (Hannes)
eigenes Medizinpäckchen
Bonbons
Gesamtgewicht

Transportgewicht		Schlittengewicht	
gesamt		gesamt	
4		4	
255		255	
513		513	
217	989	217	989
900		900	
300		300	
150		150	
113	1463	113	1463
1300		1300	
4350		4350	
1630		1630	
1100		1100	
2600		2600	
3100		3100	
5110		5110	
1970		1970	
1200		1200	
1050		1050	
3800		3800	
2600		2600	
800	30610	800	30610
300		300	
500	800	500	800
	73844		74953

Ein paar Anmerkungen zur Packliste

Diese Tabelle hat mich über Monate begleitet. In ihr trug ich ein, was an Ausrüstung noch fehlte und vor allem, wie viel die einzelnen Dinge wogen und wie sich alles aufsummiert hat. Das war wichtig, denn so habe ich schon früh immer wieder Gegenstände durch leichtere ersetzt oder manches ganz weggelassen – denn es wurde schnell transparent, dass der Schlitten sonst zu schwer werden würde.

Mit Transportgewicht ist das Gewicht gemeint, das nach Grönland gebracht werden musste. Vier Pakete habe ich im März nach Kangerlussuaq geschickt, den Rest selbst im Flieger mitgenommen. Als Schlittengewicht ist dann erfasst, was wirklich in der Pulka sein würde – also die gefüllten Thermos- und Benzinflaschen, aber nicht die Ski, die ich anhabe, oder die Kleidung, die ich trage.

Generell gilt bei Arktis-Expeditionen, dass man nicht unbedingt die gleiche Ausrüstung wie in den Bergen verwendet. Oft ist sie einfacher, denn je einfacher Gegenstände sind, umso weniger kann kaputt gehen. Das schick geschnittene, taillierte und modische Design vieler aktueller Bergsportbekleidungen ist für die Arktis meistens ungeeignet – oder man muss sie sich mindestens eine Nummer größer kaufen, um isolierende Luftschichten zu ermöglichen, sie über mehrere andere Schichten anziehen zu können, und damit es nirgends reinzieht. Je mehr Naturfasern außerdem, umso besser. Keine Hightech-Faser hält die Zehen so warm wie einfache Filz-Innenschuhe.

Bei der **Bekleidung** habe ich mich an das norwegische System gewöhnt. Das bedeutet: Ich trage Wollunterwäsche – je nach Temperatur verschiedene Schichten und Dicken – und darüber eine Hardshell. Fertig.

Ich trage ausschließlich Wäsche aus Merinowolle und das aus mehreren Gründen: Bei richtig tiefen Temperaturen kommt man mit Kunstfasern nicht mehr weit. Ich hatte nur eine einzige Kunstfaserhose dabei, falls es sehr warm werden würde am Ende. Wolle ist deutlich besser expeditionsgeeignet, denn sie kann bis zu 30 Prozent ihres Eigengewichts an Feuchtigkeit aufnehmen, ohne sich ungemütlich klamm anzufühlen – weil sie die Feuchtigkeit in ihr Inneres weiterleitet, während sich die Oberfläche konstant trocken anfühlt. Wegen der eingeschränkten Möglichkeiten, Kleidung zu trocknen, trocknet man sie auf Expeditionen meistens am Körper. Das ist bei Wolle deutlich angenehmer – man merkt es kaum. Hinzu kommt als weiterer Komfort- und Sozialfaktor, dass Wollwäsche deutlich weniger stinkt. Anders als Kunstfasern enthält sie außerdem kein Mineralöl, ist biologisch abbaubar und aus einem nachwachsenden Rohstoff hergestellt.

Ich verwende Wollunterwäsche von Icebreaker, und auch das hat seinen Grund: Denn unsere Welt wäre nicht unsere Welt, wenn man nicht sogar beim Wollwäschekaufen was falsch machen könnte: Der manchmal große Preisunterschied von Marken- zu Discounterware liegt auch hier in der Herstellung. Es gibt Schaffarmen, die das so genannte Mulesing anwenden, eine Zuchtmethode, durch die dem Schaf mehr Haut wächst, damit es mehr Wolle produziert. Und jetzt wird es unappetitlich: Denn das arme Schaf bekommt dadurch Hautfalten, in denen Fliegen ihre Eier ablegen, was besonders um den Schafpopo herum zu eitrigen Geschwüren führt, und den Rest erspare ich uns hier. Möchte man Wäsche aus Wolle von gesunden und schafwürdig gehaltenen Schafen, sollte man sie nicht bei Discountern kaufen, wo man sowieso keine Kleidung und auch sonst nichts kaufen sollte, weil man mit jedem Einkauf derlei Methoden, Umweltverschmutzungen, Ausbeutungen oder grässliche Produktionsbedingungen unterstützt. Bei Icebreaker kann man mittels eines Codes den Weg der Wolle bis zu der herstellenden Farm zurückverfolgen.

Das Ziel richtiger Kleidung in der Arktis ist natürlich, dass man warm bleibt; mindestens ebenso wichtig ist aber, dass man nicht schwitzt. Schwitzen bedeutet nur, dass es einen später frieren wird. Die Kunst ist deswegen, sich so anzuziehen, dass man erst durch die Bewegung richtig warm wird. Die Temperatur wird dabei durch das Zufügen oder Weglassen äußerer, nicht innerer Schichten reguliert. Das heißt, Wollwäsche und Hardshell werden so gut wie nie verändert, denn es ist zu kalt und umständlich, um sich tagsüber richtig umzuziehen. Ist es zu warm, reicht es meistens, die Lüftungsschlitze zu öffnen oder eine dünnere Mütze und dünnere Handschuhe anzuziehen. Ist es zu kalt, zieht man eine Daunenweste oder Primaloftjacke über. Und beim Pausieren kommt die große Daunenjacke zum Einsatz, die ich auch »mein Wohnzimmer« nenne.

In Grönland ist die Temperaturregulierung anspruchsvoll, da die Temperaturen sehr stark variieren. Von Nachttemperaturen um minus 30 über Morgen- und Abendtemperaturen um minus 25 Grad bis zu Mittagstemperaturen nahe des Gefrierpunkts – und am Ende sogar deutlich darüber. Umso wichtiger ist es, sich ein paar mehr Gedanken um ein ökonomisches und sinnvolles Kleidungskonzept zu machen. Am Nordpol war das insofern einfacher, als es dort konstant eiskalt war. Ums Schwitzen mussten wir uns da sehr wenig Sorgen machen!

Socken würde ich künftig ein oder zwei Paar mehr mitnehmen, als ich es getan habe. Ganz einfach, weil sie durch die Dampfsperre einen erstaunlich infernalischen Geruch entwickeln.

Dass ich immer warme **Hände** hatte, verdanke ich vor allem meiner Mutter. Sie hat mir aus Filzwolle Fäustlinge gestrickt und mittels Waschmaschine gefilzt, zwei dünne und zwei dicke Paare. Bessere Handschuhe gibt es nicht! Die Handschuhproduktion meiner Mutter ist allerdings streng limitiert, Interessierte müssen sich an ihre eigenen Omas oder Mütter wenden … Im kältesten Fall, der nicht eingetreten ist, hätte ich Glove Liner, ein dünnes und ein dickes Paar der gefilzten Fäustlinge und darüber die Sturmhandschuhe getragen. Das war allerdings nicht nötig. Die einfache Schicht der dünnen Handschuhe hat gereicht, und manchmal war es sogar für die zu warm.

Die **Außenschicht** muss vor allem winddicht sein. Um möglichst viel Essen greifbar zu haben und auch um eine zweite Mütze oder andere Handschuhe einzustecken, ist es sinnvoll, wenn die Jacke so viele Taschen wie möglich hat – man muss dann nicht jedes Mal an den Schlitten ran. Die Montane Alpine Endurance eVent war perfekt für diesen Zweck. Sie hat einen relativ langen Schnitt, es zieht also nirgends hinein, und vier Fronttaschen. Der von mir noch angefügte Pelzkragen an der Kapuze ist unverzichtbar, wichtig ist hier, dass er anklettbar ist – so kann man am Abend das Eis herausbürsten oder ihn über dem Kocher trocknen und dann wieder sauber ankletten. Die Kapuze muss weit genug sein, dass zwei Mützen und eine Neoprenmaske darunter passen, ohne dass es eng wird.

Froh war ich um die ganz dünne Windjacke Montane Featherlite Smock an den letzten Tagen, an denen es sehr warm wurde – nur eine Wollschicht und dieser Überzieher haben dann tagsüber ausgereicht.

Bei der Hose war mir wichtig, dass sie weit hinaufreicht, damit es bei starkem Wind nirgends zieht. Ebenso wichtig ist, dass die Hosenbeine seitliche Reißverschlüsse haben, die man durchgehend öffnen kann, als Lüftung von unten und als Toilettenklappe von oben. Dafür ist wichtig, dass der Reißverschluss so leicht läuft, dass man ihn auch mit dicken Handschuhen schnell bedienen kann und dass die Halterungen des Hosenträgers beide am vorderen Teil der Hose angebracht sind – sonst stören sie beim Aufklappen. Leider gibt es sehr wenige intelligente Expeditionshosen für Frauen – die von Mountain Equipment ist eine der wenigen, und sie funktioniert prima. Nur die Steigeisenverstärkung ist leider lediglich als Zierde zu betrachten, ich hab mir die relativ weiten Hosenbeine total zerrissen. Und mit Tape repariert.

Bei den **Mützen** ist viel wichtiger als gutes Aussehen, dass sie wirklich bis über die Ohren reichen, damit es nicht zieht. Auch hier habe ich nur Wollmützen getragen. Für Stürme eignen sich Neoprenmasken am besten, da man mit ihnen verhindert, dass man sich die Wangen oder die Nase erfriert.

Sehr froh war ich um meine **Sonnenbrille**, die adidas Terrex. Es ist fast, als sei sie genau für Expeditionen konstruiert worden, will man doch unterwegs möglichst Dinge dabeihaben, die für mehr als nur einen Zweck einsetzbar sind. In diese Brille kann man unterschiedlich getönte Gläser einsetzen, was bei gleißender Sonne oder Whiteout wichtig ist, außerdem kann man die Bügel gegen ein Band austauschen und eine Schaumstoffdichtung einklipsen – man hat also Sonnen- und Skibrille in einem. Für Fehlsichtige hält sie außerdem noch einen Clou bereit: Sie ermöglichte mir einen Plan B, für den Fall, dass mich meine Kontaktlinsen im Stich lassen würden. Ich bin sehr stark kurzsichtig (−11 Dioptrien) – hätte ich aus irgendeinem Grund meine Kontaktlinsen nicht mehr tragen können, hätte ich nicht weitergehen können. Für die Terrex gibt es einen optischen Clip, den man in die Brille einsetzen kann. Standardmäßig in meiner Stärke natürlich wieder nicht, aber Oliver Jauß von Wendelstein Optik hat ihn mir trotzdem selbst gebastelt. Und so hatte ich mit dieser Brille Sonnen-, Ski- und optische Notfallbrille in einem dabei. Meine Skibrille habe ich dadurch überhaupt nicht benutzt, weil sich die Terrex auch als wesentlich bequemer erwies – sie ist deutlich flacher und schlanker als eine Skibrille und trägt sich besser unter der Kapuze. Und da man ohnehin eingepackt ist wie ein Bibabutzemann und manchmal ein Darth-Vader-ähnliches Kopfgefühl bekommt, ist das eine sehr angenehme Erleichterung.

Bei der **Hardware** gibt es wahrscheinlich keine bessere **Pulka** als den Beluga von Thomas Ulrich. Kippstabil, unkaputtbar, geräumig, gut gleitend. Besser geht's nicht. Auch das Zuggeschirr advance von Thomas hat sich bewährt – wichtig ist, dass man nicht nur mit dem Becken zieht, sondern auch Schultergurte verwendet, um die Last auf den Rumpf zu verteilen. Von Thomas Ulrich hatte ich auch die **Ski**, Fischer BCX Europa 99, Schuppenski, auf die ich anfangs ein Fell geklebt hatte. Tourenski sind in der Arktis untauglich, sie sind unsinnig breit, zu kurz, und beim Abfahren muss man ständig an- und abfellen – ich habe ein einziges Mal abgefellt, dann, als es nicht mehr steil bergauf ging. Von da an reichten die Schuppen aus, um mich samt Schlitten fortzubewegen, und am Ende konnte ich ohne Umbau abfahren. Seltsamerweise haben meine Ski am Ende auch am wenigsten von allen gestollt, aber woran das lag, kann ich nicht sagen.

Die Alfa Extreme North Pole GTX **Schuhe** haben meine Zehen immer zuverlässig warm gehalten – dank der dicken Filz-Innenschuhe. Nach knapp drei Wochen allerdings haben meine Fußsohlen im Tagesverlauf sehr zu schmerzen begonnen, was zum einen sicher an der generellen Belastung lag, zum anderen aber wohl auch am Fehlen eines Fußbetts. Auch andere berichteten von diesen Schmerzen. Beim nächsten Mal würde ich mir hier eine Sohlenlösung überlegen. Die Schmerzen in den Fußsohlen hielten sich hinterher ziemlich hartnäckig.

Meine **Stöcke** waren eine Notlösung, ich habe einfach meine Skitourenstöcke genommen. Von Teleskopstöcken ist aber eigentlich abzuraten, weil sie bei dieser Beanspruchung zu leicht kaputtgehen. Sind meine zum Glück nicht.

Ich bin ein großer Fan von Helsport-Zelten, weil sie stabil und schnell aufzubauen sind und arktischen Belastungen standhalten – ich würde immer wieder ein Helsport-**Zelt** nehmen, wenn auch nicht das Modell, das wir dabeihatten. Denn das erwies sich mit nur einer Apsis einfach als eng und unpraktisch zu dritt und für so lange Zeit. Dafür kann allerdings das Zelt nichts. Die Varianten mit zwei Apsiden und damit einem tunnelförmigen Innenzelt, das nicht an einer Seite abflacht, sind hier sicher besser.

Meine Nikon-**Kamera** hat mich in Grönland wie auch schon am Nordpol nicht im Stich gelassen, und das, obwohl ich sie oft nicht besonders gut behandle. Wichtig ist bei sehr niedrigen Temperaturen die Verwendung von Original-Akkus – die halten deutlich länger.

Essen würde ich immer wieder von Adventure Food mitnehmen. Ich habe schon sehr viel der Tütennahrung probiert, und Adventure Food schmeckt einfach am besten. Es schmeckt zum Teil sogar richtig gut. Überzeugt hat mich dabei auch ein Test, den ich einmal für die Süddeutsche Zeitung gemacht habe: Ich habe Holger Stromberg – Sternekoch und Koch der deutschen Fußballnationalmannschaft – Expeditionsnahrung testen lassen. Der Arme hat damals sehr geduldig und sehr viel getestet. Mit Abstand die besten Noten vergab er für Adventure Food. Auch weil hier wenig künstliche Aromen oder andere Inhaltsstoffe verarbeitet sind, mit denen sich der Organismus schwertut.

Die Peronin-Flüssignahrung habe ich leider nicht vertragen, warum, weiß ich nicht. Hannes war ganz begeistert davon und hatte auch keine Schwierigkeiten damit. Ich bin dann lieber bei meinen Nüssen und dem Speck geblieben. Mein Essen war insgesamt ganz gut geplant – nur würde ich nächstes Mal deutlich mehr Schokolade mitnehmen.

Verlauf der Grönland-Durchquerung vom 7. Mai bis 3. Juni 201[?]

Tag	Datum	Koordinaten abends	Tagesdistanz	Gesamtstrecke
1	07.05.13	67.08.55 N 49.59.20 W	2,4 km	2,4 km
2	08.05.13	67.08.08 N 49.52.28 W	5,2 km	7,6 km
3	09.05.13	67.08.44 N 49.40.24 W	8,8 km	16,4 km
4	10.05.13	67.08.01 N 49.21.58 W	15,8 km	32,2 km
5	11.05.13	67.05.01 N 49.01.23 W	15,5 km	47,7 km
6	12.05.13	67.02.56 N 48.36.30 W	18,8 km	66,5 km
7	13.05.13	66.58.24 N 48.13.38 W	18,6 km	85,1 km
8	14.05.13	66.52.37 N 47.50.40 W	20 km	105,1 km
9	15.05.13	66.47.00 N 47.27.14 W	20 km	125,1 km
10	16.05.13	66.40.47 N 47.04.53 W	20 km	145,1 km
11	17.05.13	66.35.10 N 46.41.34 W	20 km	165,1 km
12	18.05.13	66.29.33 N 46.18.58 W	20 km	185,1 km
13	19.05.13	66.34.52 N 45.51.40 W	22,3	207,4 km
14	20.05.13	66.34.44 N 45.21.53 W	22 km	229,4 km
15	21.05.13	66.32.53 N 44.52.01 W	22,3 km	251,7 km
16	22.05.13	66.29.50 N 44.30.38 W	16,8 km	268,5 km
17	23.05.13	66.25.19 N 44.00.18 W	24 km	292,5 km
18	24.05.13	Ruhetag		
19	25.05.13	66.23.18 N 43.24.36 W	26,8 km	319,3 km
20	26.05.13	66.17.15 N 42.50.47 W	27,6 km	346,9 km
21	27.05.13	66.12.08 N 42.21.12 W	24 km	370,9 km

Höhe	Gehzeit	Bedingungen	Bemerkungen
690 m	4h	+1°, Gegenwind, Sicht perfekt	Fahren zur Eiskante, tragen Schlitten zum Eis
737 m	6h	0°, anfangs diffus, dann Sonne	mit Steigeisen bergauf durch den Eisbruch
877 m	7,45h	0°, tagsüber windig, abends 30 km/h Wind	über den Gletscher bergauf
1062 m	7,15h	sehr windig, vor allem nachts, Schneesturm	wechsel auf Ski, tiefe Gletscherspalten, kein Land mehr in Sicht
1200 m	7,45h	strahlende Sonne, mittags sehr warm	wellenförmig geht es bergauf
1378 m	8h	nachts -20°, tagsüber erneut sehr warm	unser Gehrhythmus sorgt für Diskussionen
1497 m	8h	sonnig, kalt	weiter deutlich bergauf
1627 m	8,5h	Whiteout, später Schneesturm	laden Gewicht um
1742 m	7,5h	windig	gehen im Tandem
1894 m	8,5h	Sturm, ganzer Tag Whiteout	in der Nacht brechen die Zeltstangen
2004 m	9h	Whiteout, dann Sonne und sehr kalt	die konstanten Distanzen ermutigen
2108 m	8h	totales Whiteout, sehr windig	Am Abend erreichen wir die DYE-2
2194 m	7,5h	Sonnenschein, dann neblig, drei Sonnen	bis mittags an der DYE-2, gute Bedingungen
2255 m	8h	strahlende Sonne, kalt	die DYE hat uns Schwung gegeben
2325 m	8,5h	strahlende Sonne, abends wärmer, seltsame Stimmung	der Blick fällt ins Unendliche
2387 m	7,45h	anfangs windig, gute Sicht, dann Whiteout, Schnee, Windstärke 7	hören wegen Schneefall früher als geplant auf
2466 m	8,5h	anfangs windig, dann besser, warm	holen wieder auf, später Kreislaufkollaps
			Ruhetag
über 2500, am Abend 2463 m	9h	Sonnenschein, leichter Gegenwind	Sattel: wir überschreiten den höchsten Punkt (2504m)
2386 m	8,5h	extremer Rückenwind	müssen Polizei anrufen
2282 m	9h	sonnig, kalt, Sicht super, abends neblig	morgens tiefe Sastrugi, harte Bedingungen

Tag	Datum	Koordinaten abends	Tagesdistanz	Gesamtstrecke
22	28.05.13	66.07.43 N 41.46.00 W	27,6 km	398,5 km
23	29.05.13	66.04.18 N 41.10.51 W	27,2 km	425,7 km
24	30.05.13	65.58.53 N 40.32.37 W	30,4 km	456,1 km
25	31.05.13	65.54.37 N 39.50.56 W	32,5 km	488,6 km
26	01.06.13	65.54.35 N 39.13.21 W	28,5 km	517,1 km
27	02.06.13	65.36.27 N 38.51.22 W	39 km	556,1 km
28	03.06.13		4 km	560,1 km

Danke an Hannes Boneberger und Paul van Koppen
für die Hilfe beim Datensammeln und Ordnen!

Höhe	Gehzeit	Bedingungen	Bemerkungen
2125 m	12h	sonnig, mittags sehr warm	Anschluss an Bengts Gruppe
1976 m	11,5h	sonnig, dann diffus, sehr warm	wir kommen deutlich besser voran
1676 m	12h	sehr sonnig, sehr warm	Ski stollen, Traumstimmung
1400 m	13h	−9°, dann sehr sonnig, sehr warm, später Schneetreiben	Essensdepot und erste Abfahrt!
1317 m	12h	extrem sonnig und warm, wundervoller Sonnenuntergang	machen zwei größere Pausen, Berge und Meer in Sicht
118 m	15h	sonnig und warm, am Abend sehr neblig	wundervoller Tag, Abfahrt, erreichen die Hütte
0 m	1,5h	Isortoq	mit Boot nach Isortoq

Literaturhinweise und Bücher, aus denen ich zitiert habe

Christoph Quarch (Hg): *Angaangaq, der Schamane aus Grönland*. Kösel Verlag.
Sabine Barth: *Grönland*. DuMont ReiseTaschenbuch.
Fred Bruemmer: *Mein Leben mit den Inuit. Reisen zwischen Grönland und Alaska*, Frederking & Thaler.
Michael Köhler: *Spielplatz der Helden*. Serie Piper.
Freddy Langer (Hg): *Grönland. Ein Reiselesebuch*. Ellert & Richter Verlag.
Fridtjof Nansen: *Auf Schneeschuhen durch Grönland*.
Fridtjof Nansen: *Eskimoleben*.
Robert Peroni: *Der weiße Horizont*. Ullstein Sachbuch.
Knud Rasmussen: *Im Schlitten durch unerforschtes Eskimoland*, Edition Erdmann.
Knud Rasmussen: *Grönlandsagen*. Salzwasser Verlag.

Bildnachweis

Hannes Boneberger
Bildteil 1: Seite 4, 5 oben, 9 oben, 10 unten, 13 oben.
Bildteil 2: Seite 1, 4 oben, 5 unten, 7 oben, 12 oben, 13 unten, 14 oben, 16 unten.

Bengt Egil Rotmo
Bildteil 2: Seite 8 unten, 9 unten, 10 unten, 11 unten.

Paul van Koppen
Bildteil 2: Seite 5 oben, 7 unten, 13 oben.

Johanna Paul
Bildteil 1: Seite 1 oben.

Birgit Lutz
Bildteil 1: Seite 1 unten, 2–3, 5 unten, 6–8, 9 unten, 10 oben, 11–12, 13 unten, 14–15, 16 oben.
Bildteil 2: Seite 2, 3, 4 unten, 6, 8 oben, 9 oben, 10 oben, 11 oben (Selbstauslöser), 12 unten, 14 unten, 15, 16 oben.

Danke

Tusen takk, Bengt Egil Rotmo, though no words can thank you enough. Thanks go also to Bengts team, Paul van Koppen, Christoffer Stange, Einar Strand, LiHui and Jane Lee. Thanks to Borge Ousland, Lars Ebbesen and Mads Agerup for bringing fresh croissants up the greenlandic icecap. Norway, 12 points!

Thank you, Zalo, for bringing us safely across the fjord to Isortoq and thank you, Lars Poulsen in Isortoq, for taking care of our sledges.

Danke: Hannes, fürs Wärmflaschenmachen, Sackschleppen, Aufpassen; Thomas Ulrich, für den Schlitten und so viel mehr; Mami für meine selbst gestrickten Handschuhe und die Essensbeutel; Papi für den Skiständer; Katharina und Marlene Lutz für eure Nachrichten; Petra und Wolfgang Lutz für das beste Basislager auf der Welt; Hanna Paul für das Training; Cameron Paul für die Knoten; Hauke Bendt für den Plan; Vroni Freundl für die Geduld; Stephan Loichinger für das Licht; Hans Ambühl für die Technik; Robert Peroni, Björn Beck, Christoph Höbenreich für eure Informationen; Doris Wagner für die ärztliche Beratung; Sylvia Grütter für die Fäustlinge; Caroline Opp, Johannes Wessel, Britta Puce, Nina Portheine und Bärbel Nuss für die Blogbetreuung; Sarah Leibl für das Lektorat; Derya Nadjar und Turbo Tunar für den Klettverschluss; Sabine Hofferek, Herrn Blees und Frau Baier für das Expeditionslager; Ingrid Kögelmeier von der Bücher-Oase Schliersee für ihr offenes Ohr.

I also want to thank the extraordinary team of Poseidon Expeditions, starting from Nikolay Saveliev, Jan Bryde, Saskia Travert, John Flipper, James Cresswell, Melanie Ofner, Rickard Berg, Dimitry Kiselev, Katrin Schlegel, Dmitri Banin, Peter von Sassen, Katerina Petrova and Elya Shakmurzaeva for being how you are.

Vielen Dank allen Firmen, die uns oder mich mit Material unterstützt haben: Montane, Adventure Food, Icebreaker, Wendelstein Optik, Alfa, Mountain Equipment, Helsport, Prijon, Thermos.

And thank you, Flip, for never having any doubts. But always lots of food.

Printed in Great Britain
by Amazon

Bruce Terry

Nieves Natural Park to teeing off at world-class golf courses, Marbella has abundant options for diverse leisure activities.

With its combination of natural beauty, historical history, and contemporary conveniences, Marbella remains a sought-after destination for tourists from throughout the globe.

The Marbella Travel Guide for 2023 acts as a trustworthy companion, offering all the essential information to arrange an amazing vacation to this intriguing city. By exploiting the guide's insights, guests can make the most of their vacation, immersing themselves in Marbella's particular charm and making treasured experiences that will last a lifetime.

Bruce Terry

CONCLUSION

In conclusion, the Marbella Travel Guide for 2023 provides a thorough and up-to-date resource for tourists wishing to visit this lovely Spanish resort. Marbella continues to be a popular option for travelers seeking a sophisticated and colorful beachfront escape.

The book gives essential information on the city's greatest attractions, including its magnificent beaches, historic sites, and active nightlife. Travelers may explore the quaint Old Town, with its small alleys and ancient buildings, or soak up the sun on the famed Golden Mile coastline. Additionally, the book emphasizes the city's cultural events, such as the Marbella International Film Festival and the Starlite Festival, which exhibit the city's burgeoning arts sector.

Moreover, the Marbella vacation Guide gives practical recommendations on lodgings, eating alternatives, transportation, and local traditions, assuring a seamless and delightful vacation experience. Whether guests are seeking magnificent resorts, budget-friendly hotels, or comfortable vacation homes, they will discover a selection of alternatives adapted to their interests.

Furthermore, the book respects the different interests of tourists, including advice for outdoor enthusiasts, golf aficionados, and those seeking health and leisure. From touring the gorgeous Sierra de las

Bruce Terry

Bruce Terry

Conclusion: With this one-week plan, you can see all Marbella has to offer, from its ancient Old Town to its gorgeous beaches, active nightlife, cultural sites, and interesting day excursions. Whether you desire leisure, action, or a combination of the two, Marbella on the gorgeous Costa del Sol provides a fascinating and diversified holiday experience.

Bruce Terry

Don't miss seeing the changing of the guard at the Governor's Residence.

Day 6: Sierra de las Nieves Outdoor Adventure

Visit the adjacent UNESCO Biosphere Reserve Sierra de las Nieves Natural Park.

Hike across the magnificent highland scenery and pine woods on a hiking expedition.

Discover the majestic La Torrecilla summit, the park's highest point.

Visit Istán, a charming hamlet famed for its Moorish architecture and natural springs.

Enjoy a picnic in the middle of nature or dine at a typical mountain restaurant.

Day 7: Relaxation and Goodbye

Spend your last day in Marbella relaxing and pampering yourself.

Visit one of the area's premium spas, which offer a variety of revitalizing treatments.

Spend the day relaxing by the pool or on the beach, soaking up the rays.

In the evening, celebrate the delights of Andalusian cuisine with a goodbye supper at one of Marbella's finest gourmet restaurants.

Bruce Terry

Day 4: Marbella's Art and Culture

Visit the Contemporary Spanish Engraving Museum (Museo del Grabado Espanol Contemporáneo) to learn about Marbella's lively art scene.

Explore the sculptures and installations on the Avenida del Mar, a lovely pedestrian walkway.

Admire a collection of tiny trees at the Bonsai Museum (Museo del Bonsai).

In the evening, attend a live flamenco performance and immerse yourself in the intense rhythms and dances of this classic Spanish art form.

Day 5: Excursion to Gibraltar on

Take a day trip to Gibraltar, a British Overseas Territory situated only a short drive from Marbella.

Explore the famed Rock of Gibraltar, which is home to Barbary macaques and provides breathtaking views of the Strait of Gibraltar.

St. Michael's Cave is a natural limestone cave with stunning stalactite formations.

Main Street, the lively retail area noted for its duty-free stores and British influences, is worth a visit.

Bruce Terry

Explore the famous Golden Mile in the afternoon, a stretch of beachfront noted for its opulent resorts, posh stores, and beach clubs.

Visit Puerto Banus, a glitzy harbor teeming with luxury boats, high-end boutiques, and fashionable bars.

Indulge in a delicious supper at one of Puerto Bans' seaside eateries.

Day 3: Ronda's Day Trip

Take a day trip to Ronda, which is situated in the Andalusia Mountains.

Explore the ancient center and marvel at the famed Puente Nuevo, a stunning bridge that spans the El Tajo Canyon.

Visit Mondragon Palace and its lovely grounds, which provide breathtaking views of the surrounding countryside.

Explore the Bullring (Plaza de Toros), one of Spain's oldest and most magnificent.

Before returning to Marbella, dine on traditional Andalusian food at a local restaurant.

Bruce Terry

Remember that this schedule is just a suggestion, and you may change it to suit your tastes and interests. Marbella has a diverse choice of activities and attractions to ensure that you have a wonderful time in this lovely Costa del Sol seaside resort.

MARBELLA TRAVEL ITINERARY FOR 1 WEEK

Day 1: Arrival and exploration of Marbella's Old Town

When you arrive in Marbella, check into your hotel and enjoy a leisurely walk around the lovely Old Town (Casco Antiguo).

Plaza de los Naranjos is a lovely area dotted with orange trees, cafés, and stores.

Explore the whitewashed cottages, shops, and art galleries that line the small alleyways.

Enjoy magnificent views of the city and the sea from the ancient Marbella Castle (Castillo de Marbella).

Enjoy a great supper at one of the classic Spanish restaurants while relaxing on the seafront promenade (Paseo Martimo).

Beaches and the Golden Mile on Day 2

Spend the morning at a wonderful beach in Marbella, such as Playa de Venus or Playa Nagüeles.

Sunbathe, swim in crystal-clear waters, or participate in water sports.

Bruce Terry

lovely coastal surroundings. Choose from a variety of restaurants in the region that serve cuisines from all over the globe for supper.

Day 3: Cultural Experience and Rest

Morning: Begin your last day in Marbella by immersing yourself in the city's rich cultural legacy. Visit the Bonsai Museum, which is situated in the heart of Marbella's Old Town and features a wonderful collection of bonsai trees from all over the globe. Explore the Marbella Archaeological Museum, which displays relics from the Roman and Moorish eras, shedding light on the region's past history. Take a stroll along the Avenida del Mar, a lovely pedestrian promenade lined with Salvador Dali sculptures.

Afternoon: Pamper yourself with some relaxation and pampering in the afternoon. Marbella is famous for its opulent spas and wellness facilities. To relax and rejuvenate, get a revitalizing spa treatment or a massage. If you prefer an active day, travel to one of the area's golf courses and enjoy a game of golf in the magnificent Mediterranean surroundings.

Evening: As the sun sets on your last day in Marbella, treat yourself to a spectacular meal at one of the city's famed gourmet restaurants. Marbella's culinary scene is broad, ranging from traditional Spanish fare to international fusion delicacies made by world-class chefs. After dinner, take a leisurely walk down the promenade, taking in the balmy evening wind and the city's dazzling lights.

Bruce Terry

seafood and foreign cuisine while admiring the yachts and opulent surroundings. After that, visit the area's chic pubs and nightclubs, where you may dance the night away.

Excursions & Outdoor Activities on Day 2

Morning: On the second day, go on a day excursion to discover Marbella's natural beauties and adjacent attractions. Begin by visiting the UNESCO Biosphere Reserve Sierra de las Nieves Natural Park. This hilly area is well-known for its rich flora and wildlife, scenic hiking paths, and spectacular views. Take a guided stroll around the park, or hire a bike and explore the gorgeous paths on two wheels for a more relaxing experience.

Afternoon: you've had your fill of nature, proceed to the picturesque town of Ronda, which is about an hour's drive from Marbella. Ronda is well-known for its stunning setting atop a steep valley, which provides breathtaking vistas and unique architectural treasures. Visit the magnificent Puente Nuevo Bridge, which spans the canyon and links the ancient and modern portions of town. Explore the historic center, pay a visit to the Ronda Bullring, and dine at one of the classic Spanish restaurants.

Evening: Return to Marbella late in the afternoon and spend the evening touring the opulent Puerto Banus district. Explore the affluent marina while shopping at high-end designer stores. Take a walk down the promenade at sunset to view the luxurious yachts and

Bruce Terry

CHAPTER 8

TRAVEL ITINERARY

- ### MARBELLA'S TRAVEL ITINERARY FOR 3 DAYS

Day 1: Old Town and Beaches Exploration

Morning: Begin your first day in Marbella by touring the lovely Old Town (Casco Antiguo). Take a walk through the tiny lanes surrounded by whitewashed homes decorated with bright flowers and traditional balconies. Visit Orange Square (Plaza de los Naranjos), the hub of the Old Town, which is home to various ancient buildings, cafés, and restaurants. Enjoy a cup of coffee or a small breakfast at one of the local cafés while admiring the gorgeous architecture.

Afternoon: touring the Old Town, spend the day at Marbella's famed beaches. Playa de la Fontanilla, only a short walk from the Old Town, is one of the most popular. Spend the day lounging on the golden beach, soaking in the sun, and cooling off in the Mediterranean Sea. If you're feeling daring, try some water activities like jet skiing or paddleboarding, which are offered along the shore.

Evening: Enjoy the bustling nightlife that Marbella is famous for in the evening. Visit Puerto Banus, a posh marina district with upmarket restaurants, bars, and clubs. Enjoy a delectable supper at one of the waterfront restaurants, where you can experience fresh

Bruce Terry

summer days, it's also a good idea to use sunscreen and remain hydrated.

c) *Transit Safety:* Use licensed and reputed services while using public transit or taxis. Follow seatbelt laws, if applicable, and use caution while crossing roads, since traffic may be heavy in certain locations.

d) *Outdoor Activities:* Hiking, cycling, and water sports are just a few of the outdoor activities available in Marbella. To reduce the chance of accidents or injuries, it is best to employ approved providers, follow safety recommendations, and wear suitable protective gear.

Conclusion: When organizing a vacation to Marbella, it is essential to prioritize health and safety. You may have a wonderful and worry-free trip in this gorgeous city by being acquainted with the healthcare facilities, emergency services, COVID-19 standards, and general safety precautions provided in our travel guide. Remember to be educated, be careful, and enjoy all Marbella has to offer while putting your safety first.

Bruce Terry

Guardia Civil, as well as a Tourist Assistance Center that offers assistance and direction to visitors.

COVID-19 recommendations: Given the current COVID-19 pandemic, it is critical to follow local recommendations and laws in order to safeguard your health and the health of others. The Spanish government, in collaboration with local governments, changes public health and safety rules on a regular basis. Before and throughout your journey to Marbella, it's a good idea to remain up to speed on the latest travel warnings, admission restrictions, mask-wearing rules, and social distancing measures.

General Safety Recommendations:

Here are some basic safety guidelines to keep in mind when touring Marbella:

a) *Personal Safety:* Marbella is typically a safe city, but it's always a good idea to be cautious and aware of your surroundings, particularly in tourist areas. To avoid theft or pickpocketing, avoid exhibiting important objects publicly and keep a watch on your stuff.

b) *Swimming and Beach Safety*: Marbella is recognized for its gorgeous beaches, however, swimming should be done with caution. Follow lifeguard advice, swim in approved locations, and be aware of caution flags indicating sea conditions. During hot

Bruce Terry

HEALTH AND SAFETY

When organizing a vacation to the lovely city of Marbella, it is important to prioritize health and safety. You can guarantee a safe and pleasurable vacation by being well-informed and taking the appropriate steps. We will examine many elements of health and safety in Marbella, such as hospital facilities, emergency services, COVID-19 rules, and general safety suggestions, in this thorough travel guide.

Healthcare Facilities: Marbella has great healthcare facilities for both inhabitants and visitors. The city offers a number of private clinics, hospitals, and medical institutions that provide a wide variety of medical services. The Hospital Costa del Sol, Quirónsalud Marbella Hospital, and USP Hospital Marbella are three well-known medical institutes in Marbella. These institutions provide tourists with emergency services, specialist treatments, and bilingual personnel to guarantee that they get appropriate medical care if necessary.

Emergency Services: It is important to be informed of the emergency services contact information in Marbella in case of an emergency. In Spain, the universal emergency number is 112, which may be contacted for urgent help from police, fire, or medical services. Furthermore, Marbella has its own municipal police force,

Bruce Terry

Weather and Packing: The Mediterranean climate in Marbella results in hot summers and pleasant winters. Pack lightweight and breathable clothes, as well as sunscreen, a hat, and sunglasses for the warmer months. A simple jacket or sweater should be sufficient in the cold.

Marbella has an effective public transit system that includes buses and taxis. Consider getting a reloadable transit card for cheaper rates. You may also hire a vehicle and explore the nearby regions at your leisure.

Marbella is typically a safe city, however, it is recommended to exercise care and adopt normal safety measures. Avoid exhibiting precious stuff, be alert, and select trustworthy transportation services.

By being acquainted with currency exchange processes, visa regulations, and crucial travel information, you may assure a smooth and comfortable stay in Marbella. Pack your luggage and prepare to be captivated by the spectacular beauty and colorful culture of this lovely Spanish seaside city.

Bruce Terry

Citizens of numerous countries, including the United States, Canada, Australia, and the United Kingdom, may visit Marbella as tourists for up to 90 days without a visa. However, before going, it is essential to know the particular rules for your country.

If your nationality necessitates a visa, you must apply for a Schengen visa at the Spanish embassy or consulate in your home country. A passport, proof of housing, travel insurance, financial documentation, and a precise itinerary are normally required throughout the application process.

Visa Extensions: If you want to remain in Marbella longer than 90 days, you must apply for a long-term visa or a residence permit before your first 90-day period ends. Additional documents, such as a job offer, study enrolment, or confirmation of familial links, are usually required for this procedure.

Marbella Travel Tips:

Here are a few more Marbella travel tips to help you make the most of your visit:

Local Customs & Language: Because Spanish is the official language of Marbella, knowing a few keywords might be beneficial. It's also a good idea to learn about local customs and etiquette in order to respect the culture and traditions.

handy, but keep in mind any costs your bank may charge for foreign withdrawals.

Currency Exchange Tips: Consider the following suggestions to get the most bang for your buck:

Avoid converting cash at airports since the rates are usually less advantageous.

Compare the rates given by several exchange companies to identify the most cost-effective choice.

Inform your bank of your trip intentions in order to prevent problems with overseas transactions or ATM withdrawals.

Carry a combination of cash and credit/debit cards for further convenience.

Visa Prerequisites:

Visa requirements differ based on your country and the length of your stay in Marbella. The following is an outline of the visa requirements for the majority of visitors:

Spain is a member of the Schengen Area, a collection of 26 European nations that have removed border restrictions between them. If you have a Schengen passport, you may visit Marbella without a visa and remain for up to 90 days during a 180-day period.

Bruce Terry

Finally, travel insurance is an important part of preparing your vacation to Marbella. It offers financial security and peace of mind, letting you relax and enjoy your holiday without worrying about unforeseen circumstances. Remember to thoroughly evaluate your insurance requirements, compare products, and choose the coverage that best fits your trip plans. With comprehensive travel insurance, you can confidently explore the magnificent beaches, immerse yourself in local culture, and make unforgettable experiences in Marbella.

• CURRENCY EXCHANGE AND VISA

Currency Exchange: The Euro (EUR) is Spain's official currency. It is recommended that you convert your native money for Euros before your travel to ease transactions throughout your stay. Here are some crucial items to remember:

Exchange Rates: Because exchange rates vary on a daily basis, it is recommended to verify the rates before departing. Consult your bank, use online currency converters, or go to a reputable currency exchange company to do so.

Exchange Options: There are various options for converting your currencies into Euros. You may use banks, exchange offices, or ATMs to withdraw cash. Banks often provide competitive rates but may levy hefty charges. Exchange offices may be located anywhere, including airports, city centers, and tourist locations. ATMs are

Bruce Terry

Check the luggage coverage limitations for lost, stolen, or delayed baggage. Look for insurance that covers necessary products and has a realistic maximum limit.

Personal Liability Coverage: Examine the insurance policy's personal liability coverage. Make sure the coverage amount is enough for any possible damages or injuries you may inadvertently cause to others.

Exclusions and limits: Read the policy thoroughly to understand any exclusions, limits, or conditions that may apply to your coverage. Extreme sports, high-risk activities, and terrorist attacks are common exclusions.

Coverage Duration and Frequency: Think about the length of your trip and if you need single-trip coverage or yearly insurance if you travel regularly. Annual insurance can provide cost savings for many journeys within the same year.

Compare quotations and Providers: Get quotations from many insurance companies and compare coverage, costs, and customer reviews. Look for reputed insurance providers with a track record of providing dependable customer service and managing claims efficiently.

Bruce Terry

Personal Liability: Accidents happen, and if you cause harm or damage to people or their property unknowingly, you may be held accountable. Personal liability coverage is often included in travel insurance, providing financial protection against possible legal expenditures.

Travel Support and Emergency Services: Typically, travel insurance covers 24-hour travel support and emergency services. This useful tool gives you access to a hotline where you may get advice and support in the event of an emergency, such as medical referrals, emergency evacuations, or legal aid.

Considerations When Choosing Travel Insurance:

Medical Coverage: Ensure that your travel insurance policy includes enough medical coverage for emergencies, such as hospitalization, medical treatment, and, if required, emergency medical evacuations. Examine if pre-existing conditions are covered and whether extra coverage is available.

Trip Cancellation and Interruption Coverage: Look through the policy's terms and conditions for trip cancellations and interruptions. Check that the coverage amount is enough to compensate for non-refundable charges and take into account any exclusions or limits.

Bruce Terry

lovely Spanish resort has to offer. Remember to pack lightly, travel lightly, and enjoy Marbella's Mediterranean beauty!

- ## TRAVEL INSURANCE

Why Is Travel Insurance Necessary in Marbella?

While you wish for a safe and healthy travel, unforeseen medical problems might happen at any moment. Having travel insurance that covers medical bills means that you may obtain high-quality treatment without fear of expensive charges. Although Marbella offers great medical facilities, medical bills without insurance might be daunting, particularly for tourists from countries with higher healthcare prices.

Trip Cancellations or Interruptions: Unexpected situations such as airline cancellations, natural catastrophes, or personal problems might cause your vacation plans to be disrupted. Travel insurance may help preserve your financial investment by reimbursing non-refundable charges including flights, lodging, and pre-booked activities. It also covers travel disruptions, enabling you to recoup part of your expenses if you have to cut your vacation short.

Lost or Delayed Baggage: Losing or delaying your baggage may be an unpleasant experience. Travel insurance covers lost, stolen, or damaged luggage, allowing you to replace critical goods and continue enjoying your vacation without interruption.

Bruce Terry

Keep hydrated while visiting Marbella with a reusable water bottle. Carry a reusable water bottle with you to decrease plastic waste during the day.

Other Necessities: Here are a few more goods that will be useful throughout your trip:

Travel documentation: Remember to bring your passport, travel insurance, and any required visas or IDs. Keep them in a safe and immediately accessible location.

Prescriptions and first-aid kit: If you regularly take prescriptions, make sure you bring enough for the length of your vacation. Pack a simple first-aid kit as well for small situations.

While credit cards are generally accepted in Marbella, it's a good idea to have extra cash on hand for little transactions or instances when cards may not be accepted.

Although English is widely spoken in many tourist places, having a basic Spanish language guide or translation software on hand might be useful when dealing with locals.

Finally, packing for a vacation to Marbella requires careful consideration of the weather, activities, and local culture. By bringing the items listed above, you'll be well-prepared to enjoy the breathtaking beaches, exciting nightlife, and everything else that this

Bruce Terry

Beach Essentials: With its gorgeous coastline, Marbella's beaches are a must-see. Don't forget to bring the following beach essentials:

Sunscreen: The Spanish sun may be fierce, so bring sunscreen with a high SPF to protect your skin from dangerous UV rays. Never forget to reapply often.

Hat and sunglasses: To shield your face and eyes from the sun's rays, wear a wide-brimmed hat and a nice pair of sunglasses.

Although many resorts supply beach towels, it's a good idea to pack your own lightweight, quick-drying towel for visits to public beaches or pool areas.

Carry a large beach bag to store your needs such as sunscreen, water bottles, books, and snacks. Choose a bag that is resistant to sand.

In addition to clothes and beach gear, consider taking the following essential travel accessories:

Travel adaptor: Because Spain utilizes the European two-pin plug, you'll need to pack a travel adapter to charge your electronics.

Keep your phone and other gadgets charged throughout the day, particularly if you want to take photographs or use navigation.

Waterproof phone cover: A waterproof phone case will protect your phone from water, sand, and sunscreen. It's an excellent beach accessory.

Bruce Terry

CHAPTER 7

PLANNING YOUR TRIP TO MARBELLA

- ### WHAT TO PACK

Marbella has a Mediterranean climate, which means scorching summers and pleasant winters. Pack the following clothes items to suit the weather and activities:

Pack lightweight: breathable apparel such as cotton or linen shirts, shorts, dresses, and skirts to keep cool during the hot summer months.

Swimwear: Marbella is known for its beautiful beaches, so bring your favorite swimwear and beachwear. Don't forget to bring a cover-up or sarong for when you're not in the water.

Bring a variety of sandals, flip-flops, and comfortable walking shoes to wear when strolling along the beach, touring the town, and enjoying the nightlife.

Evening attire: There is a thriving nightlife culture in Marbella, and certain restaurants and clubs have dress rules. For nighttime excursions, include a couple of dressier clothes or smart-casual gear.

Light layers: Although summers might be hot, nights can be chilly. For chilly evenings or air-conditioned settings, bring a lightweight cardigan or jacket.

Bruce Terry

the length of your trip, the attractions you wish to see, and your own tastes when deciding on the best means of transportation for your time in Marbella.

Bruce Terry

services. Marbella is readily accessible by bus or cab from Fuengirola or Malaga. Trains are a convenient and cost-effective way to travel around Andalusia.

Ferries & Boats: Because of Marbella's coastline position, you may explore the Mediterranean Sea by ferry or boat. Excursions to adjacent sites like Puerto Banus, Gibraltar, and Morocco are offered, enabling you to appreciate the picturesque coastline while also learning about other cultures.

Tourist Trains: There are attractive tourist trains that go through the city center of Marbella. These trains are popular among visitors because they provide guided tours while you rest and take in the views. They are an excellent choice if you want to obtain a quick overview of Marbella's top attractions.

On-Demand Ride-Sharing Services: Popular ride-sharing services like Uber and Cabify are accessible in Marbella, making it a handy and dependable way to travel about. These services are especially handy if you prefer the comfort of door-to-door transportation or need to go to isolated regions that are inaccessible through public transit.

Finally, Marbella provides a variety of transportation choices to accommodate a variety of interests and demands. Getting about the city and visiting its surroundings is easy and pleasurable whether you walk, bike, utilize public transportation, or hire a car. Consider major cities and adjacent town locations. The major bus terminal, near the city center, connects to other cities in the area. Bus prices are reasonable, and timetables are often consistent.

Taxis: Taxis are widely accessible in Marbella, and you can either hail one on the street or locate one at one of the city's official taxi ranks. Taxis are useful for short excursions or when traveling with heavy bags. Before beginning your trip, make sure the taxi's meter is turned on or agree on a fee.

Rental Cars: If you want to explore Marbella and its environs on your own schedule, hiring a vehicle is a terrific alternative. There are many automobile rental firms in Marbella, including one near the airport. Having a vehicle enables you to explore more isolated regions, such as the picturesque Andalusian countryside, or neighboring cities such as Puerto Banus or Estepona. However, keep in mind that parking in the city center might be difficult, particularly during busy tourist seasons.

Scooters and Motorcycles: Renting a scooter or motorbike may be a fun and effective way to get about the city, particularly in the summer when traffic is severe. Several rental firms rent scooters and motorbikes, which are fantastic option for short journeys inside Marbella.

Trains: Although there is no railway station in Marbella, the neighboring cities of Fuengirola and Malaga are well served by train

Bruce Terry

CHAPTER 6

GETTING AROUND MARBELLA

Getting about Marbella is very simple, given the city's well-developed transportation system and variety of types of transportation. Marbella is a prominent tourist destination in southern Spain known for its magnificent beaches, active nightlife, and expensive resorts. It is located on the picturesque Costa del Sol. Here are five methods to travel to Marbella, whether you're a native or a visitor:

Strolling: The city center and beachside promenade in Marbella are both pedestrian-friendly, making strolling a delightful and easy way to explore the city. Walking enables you to take in the views, stop at small stores and eateries, and uncover hidden treasures in the Old Town's (Casco Antiguo) tiny lanes.

Cycling: Cycling has been adopted as a sustainable means of transportation in Marbella. The city has a large network of designated bicycle pathways and bike lanes, making it safe and simple to get about on two wheels. Bicycles are available for hire at many hotels and rental shops, enabling you to explore Marbella at your own leisure.

Avanza: the local transportation operator, operates a well-organized bus network in Marbella. The buses service a large region, covering

Bruce Terry

68 MARBELLA TRAVEL GUIDE 2023

Bruce Terry

Arrive early: To secure the finest locations and make the most of the party, try coming early to make use of the beach club's amenities before the party begins.

Respect the rules: Each beach club has its own set of rules and regulations, so be sure to read them thoroughly to prevent any misunderstandings.

Conclusion: The beach parties in Marbella provide an incredible blend of sun, sand, music, and high-energy enjoyment. Marbella offers a beach party for everyone, whether you want a sophisticated and elegant setting or a more laid-back ambiance. From the world-renowned Nikki Beach to the bustling Plaza Beach, each location has its own distinct personality. You'll be well-prepared to enjoy the spectacular beach party scene in Marbella and create lasting memories of an extraordinary experience if you follow our advice and suggestions.

Bruce Terry

Purobeach is popular among discriminating partygoers because of its easygoing and classy environment. The club features frequent events that include live music, DJ performances, and an excellent selection of beverages and gourmet food.

La Sala by the Sea: Located in Puerto Banus, La Sala by the Sea is a seaside sanctuary. This bustling beach club combines midday calm with nocturnal partying. La Sala by the Sea is a popular beach party destination because of its elegant white loungers, magnificent pool, and breathtaking views. The facility accommodates a wide range of events, such as live concerts, themed parties, and opulent VIP experiences. It's the ideal spot for soaking up the rays during the day and dancing the night away at night.

Beach Party Suggestions for Marbella:

Plan ahead of time: Check the beach clubs' event schedules and reserve your tickets or table reservations ahead of time to ensure your seat.

Dress to impress: Marbella beach parties often have a sophisticated dress code, so dress beautifully and be prepared for the dazzling ambiance.

Remain hydrated: The Mediterranean heat may be harsh, so drink lots of water in between drinks to remain hydrated.

Bruce Terry

legendary establishment, expect a combination of international DJs, live shows, and sophisticated clientele.

Ocean Club Marbella: Located in the heart of Puerto Banus, Ocean Club Marbella is a must-see for beach partygoers. This lavish beach club has a massive saltwater pool, soft loungers, and an affluent vibe. Ocean Club is famous for its lavish Champagne Spray events, where visitors may indulge in the best cocktails while listening to top-tier music from renowned DJs. Ocean Club is a favorite for partygoers in Marbella because of its dynamic energy, magnificent poolside location, and energetic party atmosphere.

Plaza Beach: Plaza Beach, located in Puerto Bans, is a popular beach club that offers a colorful party experience directly on the sand. Plaza Beach, known for its easygoing and welcoming ambiance, is ideal for those searching for a more laid-back beach party scene. Plaza Beach is great for both daytime and sunset parties, with a roster of outstanding DJs playing the newest tracks, amazing drink selections, and comfy daybeds. The club often holds unique events and themed parties, creating a fun and varied party atmosphere.

Purobeach Marbella: Purobeach Marbella, located inside the Laguna Village complex, provides an excellent environment for beach parties. This chic beach club has a Balinese-inspired design, a gorgeous pool, and panoramic views of the Mediterranean Sea.

Bruce Terry

Seven is a high-end nightclub and club located on the famed Golden Mile that is noted for its spectacular atmosphere and great service. The bar has a large range of premium spirits, unique cocktails, and a large wine list. Seven is a must-see for partygoers since it routinely holds themed parties, fashion presentations, and live entertainment.

Bar El Estrecho: In Marbella's Old Town, come to Bar El Estrecho for a taste of true Spanish ambiance. This typical tapas tavern is well-known for its welcoming environment, delectable tapas, and reasonably priced beverages. Mix with the locals, sample a range of Spanish delicacies, and relax with a cool drink of sangria or a classic sherry.

Remember to verify each venue's operating hours and dress code, since some may have unique restrictions, especially during peak season. Explore Marbella's thriving bar scene and experience the city's distinct combination of elegance, leisure, and entertainment.

- **BEACHES PARTIES**

Nikki Beach Marbella: is a world-renowned beach club noted for its sophisticated ambiance and raucous celebrations. Nikki Beach, located on the prestigious Playa Hotel Don Carlos, provides a one-of-a-kind combination of music, entertainment, and fine food. Nikki Beach is the ultimate beach party elegance, with its plush loungers, exquisite poolside spaces, and stunning beachfront backdrop. At this

Bruce Terry

News Cafe: Located on the busy Avenida Miguel Cano, News Cafe is a popular gathering place for both residents and visitors. It has a relaxed environment and a large patio where you can enjoy a wide range of beverages and cocktails. The News Cafe is well-known for its welcoming staff, live sports screens, and sometimes live music performances.

Olivia Valere: is a renowned nightclub and bar in Marbella that has become an iconic feature of the city's nightlife. The facility has various bars, VIP lounges, and a vast outdoor terrace with gorgeous Arabian-inspired architecture. Olivia Valere draws a sophisticated and dynamic audience and presents worldwide DJ events and live shows on a regular basis.

Suite del Mar: Suite del Mar, located inside the Puente Romano Beach Resort, is a trendy beach club and bar with a refined and easygoing ambiance. A big pool, luxury loungers, and a selection of refreshing beverages and light nibbles are available at the bar. It's a great area to relax and take in the views of the Mediterranean.

Barrocco: Located in the heart of Marbella's Old Town, Barrocco is a fashionable cocktail bar known for its innovative and inventive drink menu. The bar blends sophisticated mixology methods with an elegant touch, providing guests with an amazing taste experience. Cocktail seminars are also held at Barrocco for individuals interested in learning the art of mixology.

• BARS

La Sala by the Sea: La Sala by the Sea is a beachside bar on the famed Golden Mile that provides a sophisticated and fashionable ambiance. Relax on a sunbed while sipping delicious beverages and listening to live music or DJ performances. The venue often organizes elegant events and is a favorite of celebrities.

Nikki Beach: Nikki Beach is a well-known beach club and bar on the eastern outskirts of Marbella. It has a beautiful pool, a white sandy beach, and a chic outdoor bar. Nikki Beach is well-known for its vibrant environment, amazing music, and delectable food and beverages. It's a fantastic spot to spend the day relaxing by the pool or dancing to the rhythms of the regular DJs.

Pangea: Pangea is a sophisticated and upmarket nightclub in the center of Puerto Banus that draws a trendy and fashionable population. The bar overlooks the waterfront and provides a variety of drinks and quality spirits. Pangea is well-known for its opulent VIP rooms and frequent DJ performances.

Astral Cocktail Bar: Astral Cocktail Bar, located in Marbella's Old Town, is a hidden treasure recognized for its masterfully made drinks and comfortable environment. The bar offers a retro vibe and a large assortment of spirits, so you may enjoy traditional cocktails or try something new. Astral Cocktail Bar is ideal for a laid-back night out with friends or a romantic date night.

Bruce Terry

perform a wide range of music types. The suite provides a fantastic night out with its beautiful environment and first-rate service.

Dreamers Marbella: Dreamers is a bustling club in the heart of Marbella's entertainment zone that never fails to please. Dreamers draw a broad population of partygoers with its dynamic environment, cutting-edge music system, and attractive design. The club features a variety of music genres and holds themed parties and special events on a regular basis.

Sleek: Sleek is a prominent club in Marbella's center recognized for its sleek and modern decor. Sleek gives an immersive partying experience with its trendy décor, cutting-edge lighting, and high-quality sound system. Enjoy the colorful environment while dancing the night away to the rhythms of famous DJs.

Conclusion: Marbella is a party-goer's heaven, with a diverse choice of clubs and venues to suit all preferences. Marbella offers everything, whether you like sumptuous and luxurious surroundings or contemporary beach clubs. This Marbella travel guide has highlighted 10 of the city's must-see clubs, each of which provides a distinct and memorable nightlife experience. In Marbella's famed partying scene, embrace the dynamic environment, dance to world-class DJs, and make experiences that will last a lifetime.

Bruce Terry

roster of permanent and guest DJs. A magnificent outdoor patio and a lavish VIP room are also available at Aqwa Mist.

Funky Buddha: Funky Buddha, situated on the Golden Mile, is a well-known Marbella club. Funky Buddha provides an amazing partying experience with its Asian-inspired design, cutting-edge sound system, and dynamic atmosphere. The club has great DJs and worldwide performers, ensuring an unforgettable night out.

Nikki Beach: Nikki Beach, located on Marbella's coastline, mixes a classy beach club experience with a busy nightlife. Nikki Beach, known for its opulent ambiance, live entertainment, and world-class food, provides a unique combination of leisure and excitement. During the day, enjoy poolside parties, and at night, dance beneath the stars.

Aqwa Mist Beach Club: Part of the Aqwa Mist complex, Aqwa Mist Beach Club is a popular daytime party location in Puerto Banus. The club draws a youthful and sophisticated population due to its magnificent beachside setting, energetic atmosphere, and top-notch music. Enjoy poolside entertainment, live performances, and cool beverages.

The suite is a well-known nightclub in Puerto Banus, recognized for its stylish decor and privileged ambiance. The club has gorgeous furnishings, opulent VIP sections, and an amazing roster of DJs that

Bruce Terry

CHAPTER 5

NIGHTLIFE IN MARBELLA

- ### CLUBS

Olivia Valere: Olivia Valere, located in the heart of Marbella, is a renowned club noted for its magnificent design and wonderful ambiance. The club has an outdoor courtyard, an opulent interior, and a stellar roster of international DJs. Olivia Valere provides an amazing partying experience with its eclectic blend of music genres.

Pangea: A high-end club popular with celebrities and trendsetters, Pangea is located near Puerto Banus. Pangea provides a magnificent and refined setting with its breathtaking panoramic views of the Mediterranean. The club has world-class DJs, fashionable VIP rooms, and an outside terrace with a chill-out zone.

Tibu Banus: Located in Puerto Banus, Tibu Banus is a famous nightlife destination noted for its vibrant atmosphere and stunning party scene. The club has world-class DJs, live acts, and theme evenings. Tibu Banus also provides VIP table service, making it an ideal alternative for anyone looking for a more intimate experience.

Aqwa Mist: Located in Puerto Banus, Aqwa Mist is a fashionable club noted for its beautiful events and sophisticated environment. The club has a beautiful décor, a large dance floor, and an excellent flaky Spanish shortbread biscuits. They are served with a cup of coffee or a glass of sweet wine and come in a variety of tastes such as cinnamon, lemon, and chocolate.

Conclusion: Marbella's street food scene provides a delectable variety of tastes and meals that are guaranteed to please any foodie. From classic Spanish sweets like churros and gazpacho to local favorites like espetos de sardinas and bocadillo de calamares, Marbella's street cuisine reflects the region's rich culinary past. Exploring these 10 street dishes will not only tempt your taste buds but will also give you a real and immersive experience of local culture throughout your vacation to Marbella.

Bruce Terry

great tapas alternative and can be found in a variety of flavors at local street food vendors and restaurants.

Pinchos: Pinchos are little bits of food served on a skewer or toothpick, comparable to tapas. Marbella has a vast range of pinchos to choose from, including beef, fish, and vegetarian alternatives. They are ideal for experimenting with various tastes and textures while visiting the city.

Empanadas: Originally from Latin America, empanadas are delicious pastries filled with a variety of ingredients such as meat, cheese, or vegetables. These compact snacks are perfect for on-the-go snacking or picnics in one of Marbella's gorgeous parks.

Pescadito Frito: Fried fish, or pescadito frito, is a popular street snack in Marbella. The fish is gently battered and fried till crispy and is often prepared using little white fish like anchovies or boquerones. It's a refreshing beach treat when served with a splash of lemon.

Salmorejo: Salmorejo is another cold soup famous in Marbella. This creamy and thick soup is created with tomatoes, bread, garlic, olive oil, and vinegar for a velvety texture and a burst of flavor. Serve it as a light appetizer or as a light supper.

Polvorones: Polvorones are a must-try for individuals with a sweet craving. Almonds, flour, sugar, and spices are used to make these

Bruce Terry

- ## STREET FOODS

Churros with Chocolate: Begin your day in Marbella with a traditional Spanish treat: churros con chocolate. These deep-fried dough pastries have a crunchy outside and a soft inside. Dip them in thick, creamy hot chocolate for a delectable breakfast or snack.

Espetos de Sardinas: Look for the alluring scent of espetos de sardinas when walking down the Marbella beach promenade. Sardines are impaled on bamboo sticks and cooked over an open fire in this traditional meal. The smokey taste and delicate fish make it a local and tourist favorite.

Gazpacho: Beat the heat with a cold tomato-based soup like gazpacho. This chilled soup, made with fresh vegetables like tomatoes, cucumbers, peppers, and onions and seasoned with olive oil and garlic, is ideal for a light and nutritious lunch on a hot day.

Bocadillo de Calamares: A sandwich stuffed with crispy fried squid rings, the bocadillo de calamares is a famous street food item in Marbella. This delightful snack is a must-try for seafood enthusiasts, served on a crusty baguette and sometimes accompanied by a squeeze of lemon and a dollop of aioli.

Croquetas: are bite-sized croquettes filled with a creamy variety of foods like ham, cheese, or shellfish. These crispy delicacies are a

Bruce Terry

alternatives. Furthermore, Casa Tua's comprehensive wine selection guarantees that you may discover the ideal combination for your meal.

Bibo Marbella: Bibo Marbella is a casual restaurant created by famous Spanish chef Dani Garcia that mixes traditional Andalusian food with modern twists. The bold and colorful design, as well as the open kitchen, bring excitement to your eating experience. The menu at Bibo Marbella has a variety of shared plates, including unique takes on traditional meals like salmorejo, Spanish omelet, and oxtail burger. The restaurant's laid-back atmosphere and superb culinary offerings make it a favorite option among foodies.

Conclusion: Marbella's informal restaurants provide a wide range of gastronomic pleasures in a calm and pleasant setting. These restaurants serve a wide range of preferences, including traditional Spanish cuisine, foreign cuisines, and farm-to-table delicacies. From the Basque pintxos at La Taberna del Pintxo to the inventive concoctions at Bibo Marbella, there is something for every palette. So, while touring Marbella, don't forget to sample the city's bustling food scene by visiting these best casual eateries.

Bruce Terry

The Farm Marbella: Located in a lovely rural location just outside of Marbella, The Farm Marbella provides a one-of-a-kind and unforgettable eating experience. The restaurant specializes in farm-to-table food, with the majority of its products supplied straight from the restaurant's organic farm. The rustic-chic design, lovely outdoor deck, and pleasant personnel create a welcoming environment. The Farm Marbella presents the greatest local food in its inventive and delectable cuisine, from freshly grown veggies to luscious meats.

El Estrecho: El Estrecho is a terrific option for anyone looking for a taste of authentic Andalusian food. This modest family-run restaurant, nestled in the narrow lanes of Marbella's old town, has been feeding residents and travelers for decades. El Estrecho is famous for its substantial and genuine cuisine including gazpacho, grilled sardines, and bull's tail stew. The restaurant's historic atmosphere, courteous service, and moderately priced cuisine make it a popular informal dining destination for residents and visitors alike.

Casa Tua: Casa Tua is a fashionable but laid-back restaurant on Marbella's Golden Mile that serves a combination of Mediterranean and international tastes. Casa Tua delivers a dynamic and delightful eating experience with its contemporary and elegant décor, exciting ambiance, and live music. The menu includes a wide range of foods, such as fresh seafood, exquisite meats, and inventive vegetarian

Bruce Terry

delicacies. Grilled sardines, salmorejo (cold tomato soup), and the famed paella are among the outstanding meals. Casa Curro has a small and warm ambiance, making it popular with both residents and visitors.

Finally, Marbella's tapas bars provide a delectable gastronomic experience that allows you to appreciate the flavors of Andalusian cuisine while immersing yourself in the colorful Spanish culture. Whether you want to explore the Old Town's narrow alleyways or the coastal environment near the harbor, these tapas restaurants provide a fantastic chance to indulge in traditional specialties and make wonderful memories. So, to enrich your culinary adventure in this wonderful seaside city, make sure to visit these suggested tapas places in Marbella.

- ## CASUAL RESTAURANTS

La Taberna del Pintxo: This beautiful informal restaurant specializes in traditional Basque cuisine and is located in the heart of Marbella's old town. The premise of the restaurant focuses on pintxos, which are little meals served on a piece of bread. You may order hot food from the menu or select from an assortment of delectable pintxos placed on the bar. La Taberna del Pintxo is a must-visit for a casual dining experience due to its calm environment, vibrant atmosphere, and exceptional food quality.

Bruce Terry

This busy pub near the waterfront provides an interesting idea in which you may pick from a choice of pintxos, which are bite-sized pieces served on skewers. You may order from the menu or choose your favorites from the counter. The pub also has a lively atmosphere and a large range of regional wines.

Bodega La Venencia: Head to Bodega La Venencia, a typical tapas bar in Marbella, for a genuinely authentic Spanish experience. Since 1944, this vintage business has been serving clients and has retained its timeless beauty. The bar offers a comprehensive assortment of wines and beverages, including sherry, a regional specialty. Tapas are basic yet flavorful, with highlights including tortilla espaola (Spanish omelet) and croquetas (croquettes).

Restaurante Marbella Tapas: Restaurante Marbella Tapas, located near Plaza de los Naranjos, serves a blend of classic and contemporary tapas meals. The stylish and modern decor of the restaurant provides a refined ambiance. Their cuisine combines classic Spanish tapas with new dishes, demonstrating the chefs' culinary expertise. There is something for every appetite, from fresh seafood to exquisite meat meals.

Casa Curro: Casa Curro is a hidden treasure in Marbella's Old Town, nestled away on a quiet lane. This family-run tapas bar welcomes tourists with open arms and tasty handmade tapas. The cuisine is extensive, with a focus on seafood and Andalusian

Bruce Terry

find the right match for your meal. Don't pass up the chance to sample a wide range of Spanish wines, including well-known reds from Rioja and Ribera del Duero.

Conclusion: The fine dining scene in Marbella is a gastronomic treasure trove, catering to the most discriminating palates. Marbella has an unrivaled gourmet experience, with Michelin-starred restaurants, seafood specialties, fusion cuisine, waterfront dining, and amazing wine culture. Whether you're looking for a romantic evening, a celebration, or just an indulgent culinary adventure, Marbella's fine dining selections will leave you with lasting memories of exquisite tastes, superb service, and the pinnacle of luxury.

- ## TAPAS BARS

El Tapeo de Cervantes: El Tapeo de Cervantes, located in the heart of Marbella's Old Town, is a renowned tapas bar recognized for its superb assortment of classic Spanish meals. This establishment's quaint and rustic setting adds to its attractiveness. Tapas include favorites like patatas bravas (spicy potatoes), albondigas (meatballs), and gambas al ajillo (garlic shrimp) on the menu. Don't miss their large wine selection, which complements the savory tapas well.

La Taberna del Pintxo: Inspired by the culinary traditions of the Basque Country, La Taberna del Pintxo is a must-visit tapas bar.

Bruce Terry

Seafood Delicacies: Due to its seaside position, Marbella is a seafood lover's heaven. Many fine dining venues include fresh seafood from the Mediterranean Sea on their menus. Succulent prawns, lobster, sea bass, and oysters, masterfully cooked by trained chefs, are among the greatest seafood delights available. To complement the taste, have a glass of fresh local white wine.

Fusion food: The international culture of Marbella has drawn great chefs from all over the globe, resulting in a thriving fusion food scene. To produce creative and delectable meals, these restaurants combine tastes and methods from several culinary traditions. From Asian-inspired tapas to Latin American-inspired dishes, Marbella's fusion restaurants give a fresh spin on classic cuisine and a delicious gastronomic trip.

Waterfront Dining: Several restaurants along Marbella's gorgeous coastline provide magnificent waterfront dining experiences. Enjoy panoramic views of the Mediterranean Sea while dining on excellent food. These venues' ambiance is often enhanced with magnificent design, illuminated tables, and live music, giving a really romantic environment for a special occasion.

Wine Pairing: A nice dining experience would be incomplete without a well-designed wine selection. Marbella takes wine seriously and provides a wide range of Spanish and foreign wines. Sommeliers are on hand to help you navigate the wine selection and

Bruce Terry

CHAPTER 4

WHERE TO EAT IN MARBELLA

- ### FINE DINING

Restaurants with Michelin Stars: Marbella has an outstanding collection of Michelin-starred restaurants where brilliant chefs display their culinary talents. These restaurants combine traditional Spanish cuisine with modern methods and global influences. Here are a few Michelin-starred restaurants in Marbella to consider:

Dani Garca Restaurant: This three-Michelin-starred restaurant, led by acclaimed chef Dani Garca, provides a culinary voyage through modern Andalusian cuisine. The cuisinc combines tastes, textures, and aesthetic displays to offer a really memorable eating experience.

Skina: This Michelin-starred restaurant in Marbella's lovely Old Town charms customers with its excellent food. Chef Jaume Puigdengolas uses fresh ingredients to create meals that capture the essence of Mediterranean cuisine.

El Lago: El Lago, located inside the Greenlife Golf Club, has one Michelin star and provides spectacular views of the surrounding mountains. Chef Diego del Ro creates delicious cuisine with a focus on local, organic ingredients, resulting in an unforgettable dining experience.

Bruce Terry

Finally, tourists to Marbella may enjoy a variety of outdoor activities. This seaside town provides something for everyone, whether you enjoy resting on the beach, exploring nature on foot or horseback, playing golf, participating in water sports, or going on daring excursions. Pack your sunscreen, put on your hiking boots, and prepare to be immersed in Marbella's natural treasures.

Bruce Terry

visit the Sierra de las Nieves Natural Park, where you can hike mountain routes and take in breathtaking vistas.

Water Parks and Adventure Parks: Marbella offers a selection of water parks and adventure parks to pick from for a day of family fun and excitement. Aqualand Torremolinos and Aquamijas are two adjacent water parks with exciting water slides, lazy rivers, and wave pools. Furthermore, the Amazonia Adventure Park in Elviria offers zip lines, treetop obstacle courses, and other exciting activities for people of all ages.

Sailing & Yachting: The coastline of Marbella provides wonderful chances for sailing and yachting aficionados. Explore the gorgeous Mediterranean Sea by chartering a boat or joining a sailing tour. A leisurely yacht trip around the coast, enjoying the magnificent residences and scenic bays, is also an option. Sunset cruises are very popular, offering a spectacular experience as the sun sets beyond the horizon.

Day visits: Because of its position, Marbella is a good starting point for day visits to surrounding sights. Drive a short distance to Ronda, a lovely mountain community noted for its stunning canyon and ancient monuments. Another lovely alternative is the charming village of Mijas Pueblo, with its white-washed buildings and breathtaking vistas. You may also go to Gibraltar, which is known for its iconic rock and Barbary macaques.

Bruce Terry

Hiking & Nature Walks: Because Marbella is surrounded by natural beauty, it is a perfect location for hikers. The La Concha Mountain trek is one of the most popular. Its elevation of 1,215 meters provides stunning views of the beach and the Sierra de las Nieves mountain range. The Istán River Walk is another suggested path where you may discover the rich foliage and stunning waterfalls.

Golf: Marbella is a golfer's dream, with multiple world-class courses. Over 50 courses are available in the area, ranging from tough championship courses to more easygoing choices appropriate for novices. Los Naranjos Golf Club, Marbella Golf and Country Club, and Aloha Golf Club are among the best. Enjoy a day on the greens while admiring the scenery and perfecting your swing.

Riding on Horseback: Discover the splendor of Marbella's countryside on horseback. Several equestrian institutes and ranches provide horseback riding trips for riders of all skill levels. Enjoy the quiet and tranquillity of the surroundings as you ride over gorgeous routes, across rolling hills, and along the shore. It's an excellent opportunity to interact with nature while learning about traditional Andalusian culture.

Cycling: Whether you favor road cycling or mountain riding, Marbella has wonderful chances for you. The town has a network of beautiful roads and bike pathways that weave through stunning landscapes and attractive settlements. For a more strenuous activity,

Bruce Terry

b) Research the locations and activities you want to attend in advance, since some need reservations or have limited capacity.

c) *Be safe:* As with any nighttime venue, use care and be aware of your surroundings. If possible, stay in well-lit locations and travel in groups.

d) *Transit:* Marbella has good taxi and public transit options, making it simple to move about. Avoid drinking and driving by using these choices or hiring a private driver.

Conclusion: Whether you're looking for high-end clubs, a traditional Spanish atmosphere, or coastal celebrations, Marbella's nightlife culture has something for everyone. After dusk, the city pulsates with energy and excitement, from the glamor of Puerto Banus to the beauty of Marbella's Old Town. To make the most of your Marbella nightlife experience, prepare ahead, dress to impress, and enjoy the dynamic environment.

- **OUTDOOR ACTIVITIES**

Beaches and Water Sports: Marbella has numerous lovely beaches, each with its own distinct personality. There's a beach for everyone, from the busy and fashionable Nikki Beach to the calm and family-friendly Cabopino Beach. Swim in the brilliant turquoise seas, sunbathe on the golden dunes, or participate in exhilarating water activities like jet skiing, paddle boarding, and parasailing.

Bruce Terry

into bustling nocturnal locations. Expect fashionable cocktail bars, chic lounges, and seaside parties that draw both residents and travelers from across the world.

La Alameda: A lovely park in the center of Marbella, La Alameda comes alive at night. The lively promenade of the park is surrounded by fashionable clubs and open-air decks, making it a great site for pre-dinner cocktails or late-night mingling. The vibe is laid-back, with a mix of residents and visitors enjoying a casual evening out. For those who wish to try their luck at the gaming tables, the neighboring Marbella Casino is well worth a visit.

Concerts & Festivals: Throughout the year, Marbella presents a variety of concerts and festivals appealing to a wide range of musical preferences. The Starlite Festival, located in a natural amphitheater, gathers globally known musicians to play live in a variety of genres. The Festival de Jazz de Marbella brings together jazz fans for an unforgettable musical experience. Keep an eye on the local event calendar to see if there are any forthcoming shows during your stay.

Tips for Getting the Most Out of Marbella's Nightlife:

a) *Dress to impress*: The nightlife in Marbella often follows a smart-casual or upmarket dress code. Dress up to fit in with the fashionable crowd and win entry to elite locations.

Bruce Terry

- ## NIGHTLIFE

Puerto Banus: Puerto Banus is one of Marbella's most renowned and glamorous nightlife spots. This upmarket harbor is home to magnificent boats, high-end stores, and a profusion of fancy nightclubs and clubs. The nightlife in this city begins late, with many establishments not starting until after midnight. With international DJs, live music, and celebrity sightings, the environment is colorful and dynamic. Olivia Valere, Aqwa Mist, and Pangea are popular clubs in Puerto Bans where you may dance the night away in sumptuous settings.

Marbella's Old Town: Head to Marbella's lovely Old Town for a more genuine Spanish evening experience. A dynamic environment is created by narrow cobblestone alleyways packed with historic taverns, tapas restaurants, and flamenco venues. Plaza de los Naranjos (Orange Square) is a popular meeting spot for both residents and visitors who enjoy refreshments and live music. Discover hidden jewels like La Taberna del Pintxo or Taberna El Txoco, where you can sample local dishes and immerse yourself in the bustling atmosphere.

The Golden Mile: is a fashionable strip that runs between Marbella and Puerto Banus and is noted for its opulent hotels, fancy stores, and great nightlife. High-end beach clubs like Nikki Beach and Ocean Club are ideal for daytime relaxation and smoothly transition vegetables, fish, meats, and cheeses. It's a terrific spot to immerse yourself in the local culture and sample the tastes of Andalusia.

Street Markets: Marbella is renowned for its vibrant street markets, where you may discover a treasure trove of unusual things and deals. The weekly markets, such as the Marbella Market on Mondays or the Puerto Banús Market on Saturdays, provide a broad variety of items including apparel, accessories, crafts, and fresh vegetables. These markets give a fantastic chance to mix with people and enjoy the colorful street environment.

Designer Outlet Shopping: For those seeking bargains on designer items, the Designer Outlet Shopping area is a must-visit. Located on the outskirts of Marbella, this retail hamlet offers reduced rates on premium brands such as Burberry, Armani, and Jimmy Choo. Enjoy a day of exploring select shops and delighting in high-end clothes at more reasonable pricing.

Conclusion: Marbella's retail culture caters to all interests and budgets, from upscale shops to local markets. Whether you're seeking high-end apparel, unusual handicrafts, or delectable local food, Marbella provides a broad choice of shopping experiences. Explore the fashionable Puerto Banús, meander through the lovely alleyways of the Old Town, or uncover hidden jewels at local markets. Whatever your shopping inclinations, Marbella delivers a wonderful retail therapy experience.

Bruce Terry

caters to all your shopping requirements. Explore their designer items or indulge in a nice lunch at their gourmet cuisine department.

Marina Banús: Adjacent to Puerto Banús, Marina Banús is a stylish retail complex with a mix of fashion boutiques, accessory stores, and gift shops. Here, you'll discover distinctive and elegant apparel, footwear, and accessories from both Spanish and international designers. The colorful environment and fashionable boutiques make Marina Banús a favorite place for fashion fans.

Avenida Ricardo Soriano: Running alongside Marbella's magnificent seafront, Avenida Ricardo Soriano is a lively retail area featuring a mix of high-street brands, independent shops, and local businesses. Enjoy leisurely strolls as you explore stores providing apparel, shoes, accessories, and homeware. Take a pause at one of the street-side cafés to take up the Mediterranean ambiance.

Paseo de Gracia: Located in the heart of Marbella's city center, Paseo de Gracia is a trendy road lined with elegant shops, jewelry stores, and art galleries. Here, you'll discover Spanish and worldwide designer labels, together with local designers displaying their distinctive creations. Paseo de Gracia is great for people seeking unique and luxury retail experiences.

Mercado de Nueva Andalucía: If you're seeking fresh fruit, local specialties, and a bustling ambiance, come to Mercado de Nueva Andalucía. This lively market provides a vast choice of fruits,

Bruce Terry

worldwide names such as Gucci, Louis Vuitton, and Dior, among fine jewelry shops and fashionable fashion businesses. The glittery environment and gorgeous yachts contribute to the attractiveness of this famous shopping location.

Marbella Old Town: Step back in time and immerse yourself in the lovely alleyways of Marbella's Old Town. Calle Ricardo Soriano, the major shopping area, is packed with typical Spanish businesses, boutiques, and modest souvenir shops. Explore the small lanes to uncover unique handicrafts, locally created leather products, and gorgeous jewelry. Don't miss the Plaza de los Naranjos (Orange Square), where you may relax at a café and absorb the colorful ambiance.

La Cañada Shopping Center: For a contemporary shopping experience, travel to La Cañada, one of the main retail malls in Marbella. This multi-level mall has a broad selection of businesses, including fashion merchants like Zara and Mango, electronics stores, home décor outlets, and a range of eateries. It's a fantastic spot to locate both worldwide brands and Spanish favorites under one roof.

El Corte Inglés: Located in Puerto Banús, El Corte Inglés is a prominent Spanish department store selling a broad selection of merchandise. From clothes and accessories to cosmetics, home products, and gourmet cuisine, this upmarket department store

Bruce Terry

Playa de Rio Real: Nestled close to the Rio Real Golf Club, this beach provides a tranquil and serene atmosphere. With its tranquil waters, smooth beaches, and gorgeous background of rich greenery, it offers an excellent setting for relaxation and renewal. Visitors may enjoy oceanfront dining at the luxurious Trocadero Arena.

Playa de El Pinillo: Located west of Marbella, Playa de El Pinillo is a hidden treasure that provides a calm beach experience. This unspoiled stretch of beach is flanked by natural dunes and offers crystal-clear seas, making it excellent for snorkeling and swimming. Its remote environment gives a pleasant retreat from the city's hustle and bustle.

Conclusion: Marbella's beaches provide an assortment of experiences, appealing to varied interests and inclinations. From crowded and fashionable beachfront to isolated and tranquil coves, each beach has its own particular character and attraction. Whether you desire leisure, water sports, or a dynamic environment, Marbella's beaches provide something for everyone. So, grab your sunscreen, towel, and appreciate the sun-drenched seaside beauty that greets you in Marbella.

- ## SHOPPING

Puerto Banús: The first stop on any shopping spree in Marbella should be Puerto Banús, a world-famous harbor dotted with high-end stores and luxury boutiques. Here, you'll discover known

Bruce Terry

dunes, pine woods, and pure waters. It also includes a lovely marina and a range of beachside eateries.

Playa de Alicate: Popular among locals, Playa de Alicate provides a laid-back ambiance and a large choice of services. The beach features excellent golden sand and mild waves, making it perfect for swimming and sunbathing. Well-maintained chiringuitos (beach bars) give superb meal choices and cool beverages.

Artola-Cabopino Nudist Beach: Located inside the protected area of Dunas de Artola, this nudist beach is a sanctuary for those who want a clothing-optional experience. With its unspoiled beauty, sand dunes, and panoramic vistas, it provides a unique and freeing environment for naturists and nature enthusiasts alike.

Playa de San Pedro de Alcántara: Situated in the lovely town of San Pedro de Alcántara, this beach is noted for its laidback mood and breathtaking landscape. The vast sandy beach is great for lengthy walks, while the neighboring promenade provides a choice of taverns and restaurants offering traditional Andalusian cuisine.

Playa del Faro: Located near Marbella's famed lighthouse, Playa del Faro offers a magnificent setting with its golden sand and breathtaking vistas. It provides a choice of water sports activities, seaside eateries, and sun loungers. The lighthouse acts as a signpost and lends a touch of elegance to the beach's surroundings.

Bruce Terry

CHAPTER 3

THINGS TO DO IN MARBELLA

- ### BEACHES

Playa de la Fontanilla: Situated in the heart of Marbella's town center, Playa de la Fontanilla is a popular option for residents and visitors alike. With its golden sand, crystal-clear waves, and superb facilities, this family-friendly beach provides a selection of water sports activities, beach bars, and restaurants.

Puerto Banus Beach: Located near the famed Puerto Banus marina, this fashionable beach is the embodiment of wealth and beauty. It draws a stylish clientele, and tourists may bask in the sun while admiring expensive boats and high-end businesses. The beach also has stylish beach clubs and upmarket eateries.

Playa de Nagüeles: For those wanting a more calm and serene beach experience, Playa de Nagüeles is a hidden treasure. This quiet stretch of beach features immaculate sands and a tranquil ambiance. Surrounded by rich flora and flanked by magnificent dunes, it provides a calm getaway away from the busy masses.

Cabopino Beach: Situated east of Marbella's town center, Cabopino Beach captivates tourists with its natural beauty and untouched sceneries. This Blue Flag beach is recognized for its gorgeous sand kitchenette, living space, and a private patio. Guests may enjoy the neighboring shops, restaurants, and active nightlife.

Hotel Pyr Marbella: Conveniently placed within a short walk from the beach and Marbella's busy town center, Hotel Pyr Marbella provides budget-friendly rooms. The hotel includes pleasant flats and apartments with kitchenettes, an outdoor pool, and a bar. Its central position gives easy access to the city's attractions and leisure offerings.

Hotel Marbella Inn: Hotel Marbella Inn offers economical rooms in a fantastic position, only a stone's throw away from the beach and Marbella's busy promenade. The hotel provides pleasant rooms, a sun patio, and a 24-hour lobby. Its closeness to the vibrant city center makes it a good option for budget-conscious guests who want to be in the midst of the activity.

Conclusion: Marbella provides a selection of budget-friendly hotels that give decent rooms and convenient access to the city's attractions. From strategically placed alternatives to those hidden in serene environs, these hotels provide an economical stay without sacrificing quality. Whether you're visiting Marbella for its magnificent beaches, historical beauty, or busy nightlife, these budget-friendly hotels will assure a wonderful and cost-effective vacation.

Bruce Terry

hotel has big rooms, an outdoor pool, and a calm garden. Guests may have a continental breakfast on the balcony while taking in the magnificent surroundings.

Hotel Monarque El Rodeo: Located in the city of Marbella, Hotel Monarque El Rodeo provides nice accommodations at moderate prices. The hotel features facilities such as a swimming pool, a sun deck, and an on-site restaurant. Its closeness to the renowned Avenida del Mar and the seaside make it a perfect option for budget-conscious guests.

Hotel Diverhotel Marbella: Families seeking economical lodgings may love Hotel Diverhotel Marbella. This family-friendly hotel has large rooms, a children's pool, a playground, and a mini-club. Guests may also enjoy the hotel's buffet restaurant, which provides a range of foreign and local foods.

Hotel Roc Marbella Park: Situated in a calm neighborhood just outside Marbella, Hotel Roc Marbella Park provides budget-friendly accommodations in magnificent natural surroundings. The hotel has an outdoor pool, a tennis court, and a buffet restaurant. It is a fantastic alternative for people searching for a calm vacation away from the city core.

Hotel Vasari Resort: Located in Puerto Banús, a spectacular harbor near Marbella, Hotel Vasari Resort provides cheap self-catering apartments. The large and well-equipped apartments contain a

Bruce Terry

With specialized kids' clubs, pools, and a vast assortment of activities, these hotels provide a great visit for all family members, generating treasured memories that will last a lifetime.

• BUDGET-FRIENDLY HOTELS

Hotel Lima Marbella: Situated in the center of Marbella, Hotel Lima provides warm and clean rooms at moderate pricing. The hotel has a rooftop patio, 24-hour reception, and free Wi-Fi. Its central position gives easy access to famous sites, including the Old Town and the seashore.

Hotel Central Boutique: Nestled in Marbella's Old Town, Hotel Central Boutique mixes affordability with a lovely location. The hotel provides pleasant rooms with contemporary conveniences, including air conditioning and flat-screen TVs. Guests may explore the tiny alleyways of the old neighborhood or relax on the adjacent beaches.

Hotel San Cristóbal: With its great position only steps away from the beach, Hotel San Cristóbal offers cheap accommodations and a welcoming ambiance. The rooms are basic but well-maintained, with individual balconies in certain instances. The hotel also includes a classic Andalusian patio and a 24-hour front desk.

Hotel Don Alfredo: Set in a peaceful residential location, Hotel Don Alfredo provides inexpensive lodgings with a touch of luxury. The

Bruce Terry

Iberostar Marbella Coral Beach: Iberostar Marbella Coral Beach is a family-friendly hotel situated on the beachfront. The hotel has big rooms, a children's pool, and a kids' club with varied activities. Families may enjoy the huge swimming pool, beach access, and on-site restaurants serving foreign and local cuisine.

Gran Meliá Don Pepe: Gran Meliá Don Pepe is a premium hotel that caters to families with its large rooms and suites. The hotel features a children's pool, a kids' club, and a playground. Families may enjoy the spacious swimming pool area, direct beach access, and superb eating selections.

H10 Andalucía Plaza: H10 Andalucía Plaza provides a family-friendly experience in the heart of Marbella. The hotel features pleasant accommodations, a children's pool, and a little club with activities for youngsters. Parents may relax at the poolside bar or explore the neighboring sites while the youngsters are amused.

Hotel Fuerte Marbella: Hotel Fuerte Marbella is a coastal hotel that caters to families. The hotel has big rooms, a children's pool, and a kids' club. Families may enjoy direct beach access, on-site eateries, and easy access to Marbella's lovely Old Town.

Conclusion: Marbella is a terrific location for families, and these 10 family-friendly hotels give superb rooms and services for an enjoyable trip. From luxury resorts to beachfront hotels, Marbella provides a varied choice of alternatives to fit any family's demands.

Bruce Terry

a good option. The resort has big accommodations, a mini-golf course, and a children's club with daily entertainment. Parents may enjoy the on-site golf course, wellness facilities, and a variety of restaurants providing wonderful Mediterranean cuisine.

Los Monteros Spa & Golf Resort: Situated near the beach, Los Monteros Spa & Golf Resort is an attractive hotel with family-friendly services. The resort features large rooms and suites, a children's pool, and a kids' club. With an outdoor playground, beach volleyball court, and a variety of water sports activities, there's something for everyone in the family.

Don Carlos Leisure Resort & Spa: Don Carlos Leisure Resort & Spa is a prominent family-friendly hotel in Marbella. The resort provides family rooms, suites, and villas furnished with all the required conveniences. Children may enjoy the Kids' Club, which includes activities such as arts & crafts, sports, and pool games. The resort also has swimming pools, tennis courts, and direct access to the beach.

Amàre Beach Hotel Marbella: Amàre Beach Hotel Marbella mixes modern style with a family-friendly ambiance. The hotel provides large rooms and suites, some with direct sea views. Families may relax by the pool or enjoy the beach club, while youngsters can have fun in the Mini Club. The hotel also provides a selection of culinary alternatives appropriate for all preferences.

Bruce Terry

These 10 boutique hotels in Marbella provide a variety of distinct experiences, from magnificent coastal getaways to historic and intimate apartments in the center of the city. Whether you seek leisure, gastronomic pleasures, or cultural discovery, Marbella's boutique hotels offer the right setting for an outstanding stay.

- ## FAMILY-FRIENDLY HOTELS

Marbella Club Hotel, Golf Resort & Spa: The Marbella Club Hotel is an iconic luxury resort that specializes in delivering family-friendly services. With large accommodations, private villas, and specialized kids' clubs, the hotel provides a range of activities for children, including sports, arts & crafts, and beach experiences. The resort also features a kids' pool, playgrounds, and babysitter facilities to ensure parents enjoy a relaxed vacation.

Puente Romano Beach Resort: Nestled on the banks of the Mediterranean Sea, Puente Romano Beach Resort is recognized for its family-friendly amenities. The resort provides big accommodations, gorgeous gardens, and direct beach access. Kids will appreciate the Mini Club, which provides a choice of exciting activities such as culinary courses, sports, and face painting. The resort also has a tennis club, swimming pools, and a selection of eating options appropriate for families.

Hotel Guadalmina Spa & Golf Resort: For families seeking a blend of pleasure and relaxation, Hotel Guadalmina Spa & Golf Resort is

Bruce Terry

grounds, enjoy the beach club with direct access to the sea, and luxuriate in the health center and spa.

Hotel Villa Padierna Palace Hotel Villa Padierna Palace: is a magnificent boutique hotel set in the hills of Marbella, giving beautiful views of the Mediterranean coastline and golf courses. The hotel provides tastefully appointed rooms and suites with a traditional and refined style. Guests may enjoy the famed 18-hole golf course, relax in the spa, and eat at the Michelin-starred restaurant.

Los Monteros Spa & Golf Resort: Situated in a secluded region east of Marbella, Los Monteros Spa & Golf Resort is a boutique hotel nestled within beautiful gardens and only steps away from the ocean. It provides large rooms and suites with a contemporary style and modern conveniences. Guests may repose at the spa and health center, play golf at the surrounding courses, and eat Mediterranean cuisine at the beachside restaurant.

La Villa Marbella: La Villa Marbella is a beautiful boutique hotel situated in the heart of Marbella's Old Town, near the renowned Orange Square. It has distinctively furnished rooms and suites with a combination of rustic and boho flair. Guests may relax in the charming courtyard area, eat a handmade breakfast, and explore the bustling streets and shops of the Old Town.

Bruce Terry

Amàre Beach Hotel Marbella: Amàre Beach Hotel Marbella is a fashionable adults-only boutique hotel located immediately on Marbella's seafront. It provides beautiful rooms and suites with a lively and contemporary style. Guests may relax by the infinity pool, recline on the rooftop terrace with magnificent sea views, and enjoy live music and DJ performances at the hotel's beach club.

The Town House: The Town House is a boutique hotel situated in the center of Marbella's Old Town, steps away from the Plaza de los Naranjos. It provides attractively designed rooms and suites with a modern style and luxury facilities. Guests may enjoy a customized service, relax on the rooftop patio, and explore the neighboring shops and eateries.

Hotel El Fuerte Marbella: Hotel El Fuerte Marbella is a boutique hotel noted for its ideal beachfront position and spectacular views of the Mediterranean Sea. The hotel has pleasant rooms and suites with traditional and sophisticated decor. Guests may take a plunge in the outdoor swimming pool, eat authentic Andalusian cuisine at the beachfront restaurant, and wander along the coastal promenade.

The Oasis by Don Carlos Resort: Nestled inside the Don Carlos Resort, The Oasis is a boutique hotel providing a serene and discreet refuge in Marbella. It has large and modern rooms and suites with a hint of Mediterranean flair. Guests may relax on the verdant

Bruce Terry

taste, providing an amazing stay filled with indulgence and relaxation.

• BOUTIQUE HOTELS

The Marbella Club Hotel : The Marbella Club Hotel is a beautiful boutique hotel located in a lovely Mediterranean garden on the Golden Mile of Marbella. It provides exquisite rooms and suites with a combination of classic and modern styles. Guests may enjoy spectacular sea views, engage at the spa and wellness facilities, and dine at the famous Michelin-starred restaurant.

Puente Romano Beach Resort: Located on Marbella's famed Golden Mile, Puente Romano Beach Resort is a beautiful boutique hotel with a beachfront location. It includes tastefully designed rooms and suites with a Moorish-inspired décor. The resort features a range of eateries, including the famed Nobu restaurant, and includes a tennis club and a world-class spa.

Hotel Claude Marbella: Tucked away in Marbella's historic Old Town, Hotel Claude is a boutique hotel located in a renovated 17th-century townhouse. This tiny hotel provides distinctively decorated rooms with a blend of modern and historical themes. Guests may eat a superb breakfast in the courtyard area and explore the lovely alleys of the Old Town.

Bruce Terry

Nobu Hotel Marbella: Nestled inside the luxury Puente Romano resort, Nobu Hotel Marbella mixes Japanese beauty with modern design. Guests may enjoy modern and spacious suites, a beach club, the famed Nobu restaurant, a cutting-edge spa, and access to the resort's excellent facilities.

Hotel Puente Romano Beach Resort: Sister resort of Nobu Hotel Marbella, Hotel Puente Romano Beach Resort provides a magnificent Mediterranean retreat. With its seaside setting, beautifully planted grounds, and elegant suites, this hotel offers a calm respite. Guests may enjoy the spa, tennis club, beach club, and gourmet eating selections.

Hotel Guadalmina Spa & Golf Resort: Located in the prestigious Guadalmina area, Hotel Guadalmina provides an exquisite escape for golf aficionados and luxury seekers. The resort includes beautiful accommodations and suites, two championship golf courses, a revitalizing spa, various swimming pools, and great dining choices.

Conclusion: Marbella stands as a sanctuary for luxury tourists, and these 10 magnificent hotels represent the city's devotion to giving exceptional comfort and lavishness. Whether you choose coastal splendor, palatial elegance, or modern refinement, Marbella's luxury hotels provide a variety of alternatives to suit every discriminating

Hotel Don Pepe Gran Meliá: Ideally positioned in the center of Marbella, Hotel Don Pepe Gran Meliá emanates refinement and flair. The hotel features magnificent rooms and suites with spectacular sea views, a sumptuous pool area, a beach club, a luxury spa, and an exceptional culinary scene, including a Michelin-starred restaurant.

Finca Cortesin Hotel Golf & Spa: Set within expansive groomed grounds, Finca Cortesin Hotel Golf & Spa provides a quiet and serene hideaway. The hotel boasts luxury accommodations, a championship golf course, a revitalizing spa, various swimming pools, and many gourmet restaurants, including one with a Michelin star.

Hotel Villa Magna: Located on Marbella's prestigious Golden Mile, Hotel Villa Magna symbolizes modern luxury and elegance. The hotel provides spacious rooms and suites furnished with exquisite art and modern furniture. Guests may luxuriate in the hotel's spa, fitness facility, great dining selections, and customized services.

Kempinski Hotel Bahía Estepona: Situated just outside Marbella in the gorgeous town of Estepona, Kempinski Hotel Bahía provides a tranquil and luxurious beachside experience. The hotel has attractively constructed rooms and suites, a beach club, three swimming pools, a magnificent spa, and a broad range of restaurants and bars.

Bruce Terry

CHAPTER 2

WHERE TO STAY IN MARBELLA

• LUXURY HOTELS

Marbella Club Hotel Golf Resort & Spa: Nestled within magnificently planted grounds, Marbella Club Hotel emanates old-world charm and elegance. This iconic five-star resort provides a selection of magnificent rooms, suites, and villas, integrating contemporary conveniences with classic Andalusian decor. Guests may enjoy a private beach club, world-class golf facilities, a luxurious spa, and various great dining alternatives.

Puente Romano Marbella: Situated on Marbella's Golden Mile, Puente Romano is a luxurious beachside resort showcasing stunning Mediterranean-inspired architecture. The hotel exhibits magnificent rooms and suites, beautiful tropical gardens, a private tennis club, a beach club, and a choice of luxury restaurants, including the famed Nobu restaurant.

Villa Padierna Palace Hotel: Perched on a hilltop overlooking the Mediterranean Sea, Villa Padierna Palace Hotel provides a royal experience with its magnificent style and exquisite services. This majestic five-star hotel boasts beautifully decorated rooms, a world-class spa, three championship golf courses, a beach club, and superb gourmet choices.

25 MARBELLA TRAVEL GUIDE 2023

companies, notably Avanza and ALSA, operate frequent trips to and from Marbella.

Taxi: Taxis are widely accessible at both Malaga and Gibraltar Airports, allowing a simple and direct travel option to Marbella. Although it is a more costly solution compared to public transit, it delivers a hassle-free experience, especially if you have a lot of baggage or want door-to-door service.

Helicopter service: For a really lavish and grandiose arrival, try a helicopter service to Marbella. Helicopter charter services are offered at Malaga and Gibraltar Airports, affording a beautiful aerial view of the coastline as you fly to your destination in elegance.

In conclusion, accessing Marbella is quite uncomplicated, given its closeness to international airports, well-connected road networks, and fast public transit. Whether you like flying, driving, or utilizing public transit, you have various alternatives to select from. Consider your budget, travel preferences, and the degree of comfort you wish to pick the most suited method of transportation for your trip to this charming Spanish seaside town.

Bruce Terry

automobile rental businesses operate at both Malaga and Gibraltar Airports, offering a broad selection of cars to meet your requirements. The travel from Malaga Airport to Marbella takes roughly 40 minutes along the AP-7 motorway.

Private transports: For a more intimate and customized experience, private transports provide a pleasant and convenient method to reach Marbella. These services may be pre-booked and offer door-to-door transportation, avoiding the need to manage public transit or wait for taxis.

Train Travel: Although Marbella does not have a train station, you may still utilize the Spanish railway network to travel near the city. From Malaga Airport, you may take a train to Malaga Maria Zambrano Station, and then transfer to a bus or cab for the final trip to Marbella. The train travel from the airport to the station takes around 10 minutes.

Ferry: If you are going from neighboring areas, such as Morocco or Gibraltar, you might consider taking a ferry to reach Marbella. Regular ferry services run between Algeciras (in Gibraltar) and Ceuta or Tangier (in Morocco). From Algeciras, it is a lovely trip of roughly 78 kilometers to Marbella.

Bus: Marbella is well-connected to other major cities in Spain by an extensive bus network. You may take a bus from towns like Malaga, Seville, or Madrid to the Marbella bus terminal. Several bus to appreciate the enchanting beauty and appeal of this Mediterranean jewel.

GETTING TO MARBELLA

By Air: Marbella is serviced by two main airports: Malaga-Costa del Sol Airport (AGP) and Gibraltar International Airport (GIB). These airports provide frequent flights from several foreign locations. Malaga Airport is the closest alternative, located roughly 52 kilometers northeast of Marbella, while Gibraltar Airport is around 64 kilometers southwest. From either airport, you may pick up numerous transportation ways to reach Marbella.

Airport Transfers: After arriving at Malaga or Gibraltar Airport, you may arrange airport transport to Marbella. Many firms offer private cabs, shuttle buses, or shared transportation. These services provide convenience and comfort, assuring a hassle-free ride straight to your destination in Marbella.

Public Transportation: Public transportation is an economical and accessible alternative for reaching Marbella from Malaga Airport. A direct bus service, provided by Avanza, operates between the airport and Marbella bus station. The trip takes roughly 45 minutes and provides a cost-effective way of transportation.

Car Rental: Renting a car is a popular solution for people wanting flexibility and freedom during their stay in Marbella. Several

Bruce Terry

extravagant floats, and traditional music. It provides a unique cultural experience and exhibits the local customs of Marbella.

Marbella International Film Festival: Held in October, the Marbella International Film Festival welcomes filmmakers and movie aficionados from throughout the globe. It's a terrific chance to experience screenings of indie films, attend seminars, and interact with industry experts.

Feria de Marbella: Celebrated in June, Feria de Marbella is a week-long celebration including flamenco music, traditional dance, fairground attractions, and scrumptious local food. It's a vibrant and colorful festival that exhibits the Andalusian culture and tradition.

Particular interests: Ultimately, the ideal time to visit Marbella depends on your particular interests and the sort of experience you desire. If you prefer busy nightlife, crowded beaches, and an enthusiastic environment, the summer months will be great. However, if you want a more relaxing holiday with favorable weather, try going in spring or fall.

Conclusion: Marbella is a year-round resort with plenty to offer in every season. Considering aspects such as weather, people, local events, and personal tastes can help you pick the ideal time to visit. Whether you're seeking beach relaxation, cultural adventures, or thrilling events, Marbella caters to a broad variety of interests throughout the year. Plan your vacation thoughtfully, and be ready

Winter (December to February): Marbella receives warm winters, with temperatures averaging approximately 16°C (61°F). While it's not beach weather, winter is an enticing season for vacationers seeking a calmer, more relaxed ambiance. You may enjoy sightseeing, seeing cultural places, and taking advantage of discounted lodging costs.

Crowds and pricing: Considering the crowds and pricing is vital while planning a vacation to Marbella. The peak tourist season, from June to August, draws the biggest number of people, resulting in crowded beaches, lengthy lineups, and increased hotel expenses. If you want a more serene experience, it's preferable to come during the shoulder seasons of spring and fall when the weather is still good, but the crowds are more bearable.

Additionally, traveling during the winter months has the benefit of much-reduced hotel rates and airfare tickets, making it an appealing alternative for budget-conscious tourists.

Local Events and Festivals: Marbella holds many events and festivals throughout the year, bringing an added charm to your vacation. Here are some important events to consider while planning your trip:

Semana Santa (Holy Week): Taking place in spring, Semana Santa is a prominent religious holiday highlighted by processions,

Bruce Terry

WHEN TO VISIT MARBELLA

Weather: Marbella boasts a Mediterranean climate, typified by moderate winters and scorching summers. However, there are subtle differences throughout the year that might impact your vacation. Here's a summary of the weather in Marbella by season:

Spring (March through May): Spring is a wonderful season to visit Marbella as the weather is delightfully mild with temperatures ranging from 18°C to 25°C (64°F to 77°F). It's the ideal season for beach activities and touring the city without the burning heat or heavy crowds.

Summer (June to August): Summer in Marbella is hot and sunny, with temperatures regularly topping 30°C (86°F). It's the peak tourism season owing to the school vacations and draws a big number of people. If you don't mind the heat and hectic environment, summer provides excellent beach days and exciting nightlife.

Autumn (September to November): Autumn in Marbella provides cooler temperatures, ranging from 20°C to 28°C (68°F to 82°F). It's an excellent time to come if you want fewer people and nice weather. The water stays warm, and you can still enjoy outdoor activities and tour the city without feeling overwhelmed.

Bruce Terry

architecture provides a distinct ambiance, allowing a look into Marbella's rich past.

Cultural Attractions: Marbella is rich in history and culture, apparent in its myriad attractions. Explore the 10th-century Arabic fortification walls, see the lovely Church of the Incarnation, or find the Bonsai Museum featuring an incredible collection of small trees. The Ralli Museum is another must-visit, featuring a vast collection of modern Latin American and European art. The annual Starlite Festival, located in a natural amphitheater, draws famous artists and entertainers from across the globe.

Gastronomic Delights: Marbella's gastronomic scene is a food lover's heaven. From classic Spanish tapas to cosmopolitan fusion food, the city provides a vast choice of eating alternatives. Experience Michelin-starred restaurants, fashionable beach clubs, and traditional local eateries. Indulge in fresh seafood, classic Andalusian meals, and the best Spanish wines while enjoying breathtaking views of the Mediterranean.

Bustling Nightlife: When the sun sets, Marbella comes alive with its bustling nightlife. Puerto Banús, a world-famous port, is a hive of luxury and excitement. Rub elbows with the affluent and famous as you tour its designer stores, luxurious boats, and private clubs. Marbella's Golden Mile, a stretch of high-end nightclubs and restaurants, provides an unparalleled party experience.

water sports, Marbella's agreeable climate promises a pleasurable experience.

Beautiful Beaches: Marbella is endowed with a magnificent coastline that spans for kilometers, giving a choice of pristine beaches. From the fashionable and private Nikki Beach to the family-friendly Playa de Fontanilla, there's a beach to suit every taste. Relax on a sunbed, take a plunge in the crystal-clear waters of the Mediterranean, or indulge in beachfront cuisine at one of the fashionable chiringuitos (beach bars) strewn around the coastline.

Luxurious Resorts & Accommodation: Marbella is associated with luxury and splendor, and it's home to some of the most opulent resorts and hotels in Spain. From premium beachside resorts to boutique hotels hidden in the beautiful Old Town, you'll discover lodgings customized to every choice and budget. Enjoy world-class facilities, beautiful sea views, superb dining experiences, and outstanding service, assuring a genuinely luxurious stay.

Old Town Charm: Marbella's Old Town, known as Casco Antiguo, is a hidden treasure that shouldn't be overlooked. Stroll along its small cobblestone lanes, filled with bright flower pots and antique houses. Discover the Plaza de los Naranjos (Orange Square), the hub of the Old Town, surrounded by lovely cafés, restaurants, and boutique stores. The combination of Moorish and Andalusian

Bruce Terry

International Film Festival, the Marbella Carnival, and the Feria de San Bernabé are just a few examples of exciting festivals that take place throughout the year.

Practical Information:

6.1. *Best Time to Visit:* The temperature in Marbella is moderate year-round, although the most popular season to come is during the spring (April to June) and fall (September to November) when the weather is great, and the people are less.

6.2. *Getting Around:* Marbella has a well-connected transportation network, including buses and taxis. Renting a vehicle gives freedom, enabling you to explore the surrounding locations at your own speed.

6.3. *Safety:* Marbella is typically a safe location, although it is always essential to take conventional measures against pickpocketing and to be aware of your valuables, particularly in busy places.

WHY VISIT MARBELLA?

Glorious Weather: Marbella has a Mediterranean climate with more than 320 days of sunlight per year. The mild winters and long, scorching summers make it a year-round destination for sun-seekers. Whether you're wanting to bask in the sun on beautiful sandy beaches or enjoy outdoor activities such as golfing, hiking, or

Bruce Terry

Cuisine: Marbella provides a diversified gastronomic scene, where traditional Spanish cuisine and cosmopolitan tastes combine effortlessly. Don't miss the chance to sample fresh seafood delicacies, like "espeto" (grilled sardines), "paella" (a rice dish with varied ingredients), and "gazpacho" (a cold tomato soup). The Old Town is lined with tapas restaurants where you can indulge in a choice of small dishes coupled with local wines.

Outdoor Activities:

4.1. *Golf:* Marbella is a golfer's dream, with over 15 world-class golf courses. Golf fans may enjoy teeing off against a background of magnificent scenery and panoramic vistas.

4.2. *Hiking and Nature:* The natural surroundings of Marbella provide wonderful chances for outdoor sports. Explore the Sierra Blanca Mountains, explore the majestic La Concha peak, or enjoy the grandeur of the adjacent natural parks, such as Sierra de las Nieves or El Torcal.

4.3. *Water Sports:* The turquoise seas of the Mediterranean attract tourists to partake in a number of water sports, including jet skiing, paddleboarding, snorkeling, and sailing. Marbella's marinas allow easy access to these exhilarating excursions.

Festivals & Events: Marbella offers various yearly festivals and events that demonstrate its cultural vitality. The Marbella

Bruce Terry

center plaza, and explore the old Marbella Castle for panoramic views of the city and the Mediterranean Sea.

2.2. *Golden Mile:* Stretching from Marbella's city center to Puerto Banus, the Golden Mile is a 6-kilometer stretch of opulent beachfront residences, upmarket hotels, high-end shops, and world-class restaurants. Take a leisurely walk down the palm-lined promenade and absorb the magnificent ambiance.

2.3. *Puerto Banus:* A little distance west of Marbella sits the posh marina of Puerto Banus. This recognized destination is noted for its luxurious yachts, fashionable stores, and an active nightlife. Enjoy a leisurely stroll around the marina, eat at waterfront restaurants, or enjoy the flash and glamour of the elite clubs and nightclubs.

2.4. *Beaches:* Marbella features approximately 25 kilometers of gorgeous sandy beaches. From family-friendly beaches with good amenities to more private places, there is a beach to suit every desire. Some popular beaches are Playa Fontanilla, Playa Nagüeles, and Puerto Banus Beach.

2.5. *Museums and Cultural Sites:* Immerse yourself in Marbella's rich legacy by visiting the Museum of Contemporary Spanish Engravings, the Bonsai Museum, and the Ralli Museum, which highlights contemporary Latin American art.

Bruce Terry

CHAPTER 1

WHAT IS MARBELLA?

Located on the gorgeous Costa del Sol in southern Spain, Marbella is a famous resort city that provides a combination of breathtaking beaches, rich history, exciting nightlife, and opulent facilities. Known for its glitter and glamour, Marbella draws people from across the globe wanting a taste of the Mediterranean lifestyle. In this complete travel guide, we will dig into the core of Marbella, studying its attractions, gastronomy, culture, and all you need to know for a great stay.

A Brief Overview:

Marbella, located in the province of Malaga, is part of the Andalusia area of Spain. Its history extends back to Roman times, as shown in the archaeological remains discovered across the region. Today, Marbella is a booming cosmopolitan city that integrates modernity with its historical beauty, making it a sought-after destination for sun-seekers, nature aficionados, and culture lovers alike.

Top Attractions:

2.1. Old Town (Casco Antiguo): Begin your Marbella tour in the center of the city. The small, scenic alleyways of the Old Town are packed with whitewashed houses, flower-laden balconies, tiny shops, and attractive squares. Explore Plaza de los Naranjos, the

Bruce Terry

Summer (June to August) is the main tourism season in Marbella. The weather during this season is marked by long, bright days and mild temperatures. July and August may encounter periodic heat waves, with temperatures climbing beyond 35 degrees Celsius (95 degrees Fahrenheit). It is crucial to remain hydrated and utilize sun protection while traveling during the warmer months.

Winter (December to February) in Marbella is mild compared to many other European resorts. While temperatures might dip at night, it seldom drops below freezing. Winter days are often comfortable, with average temperatures ranging between 12 and 18 degrees Celsius (54 and 64 degrees Fahrenheit). It is worth mentioning that winter is the wet season in Marbella, as detailed in the following section.

Precipitation: Marbella sees most of its rainfall during the colder months. The rainy season normally starts in November and goes through February, with December being the wettest month. Rainfall is rather sporadic over the remainder of the year, with summer being the driest time. Annual precipitation in Marbella averages approximately 600 millimeters (23.6 inches), adding to the beautiful flora of the area.

Bruce Terry

WEATHER AND CLIMATE

Geographical Factors: Marbella is located in a fortunate position, sandwiched between the Mediterranean Sea and the Sierra Blanca mountain range. These geographical considerations greatly impact the local climate. The water has a moderating impact, keeping temperatures gentler, while the mountains function as a barrier against cold winds and assist sustain a nice environment throughout the year.

Temperature: Marbella has a Mediterranean climate, characterized by moderate winters and scorching summers. The average yearly temperature in Marbella is from 17 to 24 degrees Celsius (63 to 75 degrees Fahrenhcit). The hottest months are July and August, with average high temperatures reaching approximately 30 degrees Celsius (86 degrees Fahrenheit). On the other side, January is the coldest month, with average low temperatures of roughly 8 degrees Celsius (46 degrees Fahrenheit).

Seasonal Changes: Spring (March to May) and fall (September to November) are transitional seasons in Marbella. During these months, temperatures steadily increase or decrease, producing suitable weather for outdoor activities. Spring delivers blossoming flowers and nice temperatures, while fall exhibits brilliant leaves and moderate weather. These seasons are considered good for those who desire to escape the high summer throng.

Bruce Terry

want a calm day at one of Marbella's luxury beach clubs or prefer the thrill of premium casinos and rooftop bars, the city pulsates with a dynamic energy that captivates every visitor.

Venture outside the city boundaries to experience the natural beauties that surround Marbella. From the rough beauty of the Sierra de las Nieves mountain range to the beautiful vistas of the Andalusian countryside, outdoor enthusiasts will find themselves in a playground of options. Hike through gorgeous paths, tee off on world-class golf courses, or engage in exhilarating water sports activities along the coast—Marbella's natural beauty has no boundaries.

In the Marbella Travel Guide for 2023, we want to present you with an intensive and complete overview of this gorgeous location. Whether you are seeking the ultimate luxury hideaway, organizing a romantic trip, or hoping to engage in a multitude of cultural events, our guide will be your trusted companion, exposing the hidden jewels and must-see sites that Marbella has to offer.

Get ready to immerse yourself in the attraction of Marbella—where the Mediterranean sun dances on your skin, the sapphire waters whisper stories of old civilizations, and the spirit of indulgence calls you to make memories that will last a lifetime. Join us as we begin an incredible adventure through Marbella, a location that epitomizes the ultimate elegance, beauty, and pure Mediterranean charm.

Bruce Terry

INTRODUCTION

Welcome to the stunning seaside treasure of Marbella, where bustling energy meets pristine beauty. Nestled along the sun-kissed sands of the Costa del Sol in Spain, Marbella stands as a tribute to wealth, splendor, and Mediterranean charm. As you begin on your trip through the Marbella Travel Guide for 2023, be ready to be fascinated by a location that perfectly mixes ancient heritage with modern attractiveness.

As one of Europe's most desirable vacation destinations, Marbella draws people from across the globe with its seductive combination of beautiful beaches, blue oceans, and a year-round agreeable temperature. Beyond its stunning shoreline, this fascinating city uncovers a treasure trove of experiences and adventures waiting to be found. From wandering down the famed Marbella seafront flanked with palm trees and elegant stores to visit the charming Old Town with its tiny cobblestone lanes and whitewashed homes, Marbella provides a wonderful combination of history and modern flare.

Indulge in the famed Marbella lifestyle as you immerse yourself in a world of excellent dining, bustling nightlife, and luxurious resorts. The city's Michelin-starred restaurants appeal to even the most sophisticated palates, delivering a gastronomic voyage of Mediterranean tastes blended with local products. Whether you

Bruce Terry

- WHAT TO PACK...73

- TRAVEL INSURANCE.......................................76

Why Is Travel Insurance Necessary in Marbella? 76

- CURRENCY EXCHANGE AND VISA...........................79

HEALTH AND SAFETY..83

Healthcare Facilities: 83

Emergency Services:...83

COVID-19 recommendations: 84

CHAPTER 8 86

TRAVEL ITINERARY 86

- MARBELLA'S TRAVEL ITINERARY FOR 3 DAYS....86

Day 1: Old Town and Beaches Exploration 86

Excursions & Outdoor Activities on Day 2 87

Day 3: Cultural Experience and Rest.......................................88

MARBELLA TRAVEL ITINERARY FOR 1 WEEK.............89

CONCLUSION...95

Bruce Terry

- NIGHTLIFE 43

Tips for Getting the Most Out of Marbella's Nightlife: 44

- OUTDOOR ACTIVITIES 45

CHAPTER 4 49

WHERE TO EAT IN MARBELLA 49

- FINE DINING 49

- TAPAS BARS 51

- CASUAL RESTAURANTS... 53

- STREET FOODS.. 56

CHAPTER 5 59

NIGHTLIFE IN MARBELLA 59

- CLUBS.. 59

- BARS 62

- BEACHES PARTIES 64

Beach Party Suggestions for Marbella:.................................... 66

CHAPTER 6 69

GETTING AROUND MARBELLA 69

CHAPTER 7 73

PLANNING YOUR TRIP TO MARBELLA........................... 73

Bruce Terry

TABLE OF CONTENTS

MAP OF MARBELLA 3

INTRODUCTION 9

WEATHER AND CLIMATE.................................. 11

CHAPTER 1 13

WHAT IS MARBELLA? 13

WHY VISIT MARBELLA?..................................... 16

WHEN TO VISIT MARBELLA 19

GETTING TO MARBELLA 22

CHAPTER 2 25

WHERE TO STAY IN MARBELLA 25

- LUXURY HOTELS.. 25

- BOUTIQUE HOTELS.................................... 28

- FAMILY-FRIENDLY HOTELS.................... 31

- BUDGET-FRIENDLY HOTELS 34

CHAPTER 3 37

THINGS TO DO IN MARBELLA........................... 37

- BEACHES 37

- SHOPPING... 39

4 MARBELLA TRAVEL GUIDE 2023

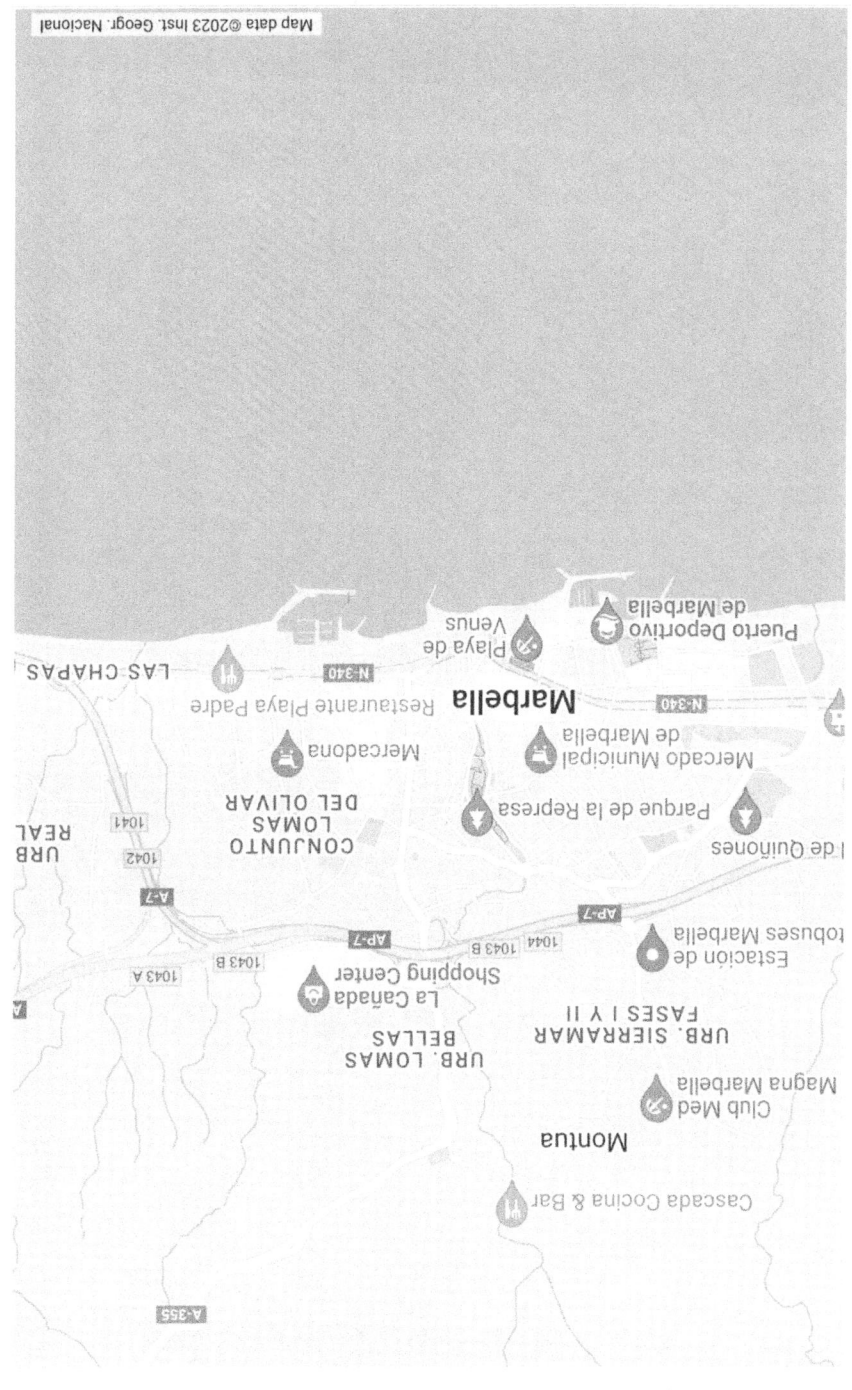

Bruce Terry

MAP OF MARBELLA

Bruce Terry

Bruce Terry

Copyright © 2023 Bruce Terry All rights reserved.

No part of this book may be reproduced, stored in a retrieval system, or transmitted in any form or by any means electronic, mechanical, photocopying, recording, scanning, or otherwise without the prior written permission of the publisher.

The work contained herein is the sole property of the author and may not be reproduced or copied in any form without express permission from the author. All information is provided as is, without any warranty of any kind, liability expressly disclaimed. The publisher and the author disclaim any liability for any loss, risk, or damage allegedly arising from the use, application, or interpretation of the content herein.

Marbella Travel Guide 2023

Exploring Marbella's Stunning Beaches and Promenades

Bruce Terry